体育场馆与设施

林建君 曹雪莹 陈巧燕 编著

上海交通大学出版社
SHANGHAI JIAO TONG UNIVERSITY PRESS

内容提要

本书以体育运动项目最新规则及国家对体育场馆的建设标准要求为依托,首先阐述体育场馆与设施的发展史,了解体育场馆发展历程。其次是体育场馆构造及器材要求,分别对场馆的选址、规模、布局、设计、照明、测量、维护保养及器材设施的各类标准要求进行分类说明。接着按田径、球类、水上类、体操类、武术类以及冰雪类六大类项目的场馆规格以及开展相应项目的器材设施规格要求进行分别立章阐述,做到与时俱进,符合新课程体系改革要求。

本书可作为大中专院校体育专业教材,也可作为体育场馆知识读物。

图书在版编目(C I P)数据

体育场馆与设施 / 林建君,曹雪莹,陈巧燕编著
. —上海:上海交通大学出版社,2023.6(2024.12 重印)
ISBN 978 - 7 - 313 - 28666 - 6

Ⅰ.①体…　Ⅱ.①林…②曹…③陈…　Ⅲ.①体育场
-设施　Ⅳ.①G818

中国版本图书馆 CIP 数据核字(2023)第 080946 号

体育场馆与设施
TIYU CHANGGUAN YU SHESHI

编　　著:林建君　曹雪莹　陈巧燕
出版发行:上海交通大学出版社　　　　　　　地　　址:上海市番禺路 951 号
邮政编码:200030　　　　　　　　　　　　　电　　话:021 - 64071208
印　　刷:上海万卷印刷股份有限公司　　　　经　　销:全国新华书店
开　　本:787mm×1092mm　1/16　　　　　　印　　张:17
字　　数:408 千字
版　　次:2023 年 6 月第 1 版　　　　　　　　印　　次:2024 年 12 月第 2 次印刷
书　　号:ISBN 978 - 7 - 313 - 28666 - 6
定　　价:69.00 元

前　言

为了充分发挥运动技能及体现体育赛事的竞技性、观赏性和娱乐性,体育赛事的比赛规则一般一个奥运周期稍作修改,随之体育场馆设施稍有更新。对体育场馆与设施的要求日益提高,体育场馆设施逐渐趋向规范化、标准化和智能化方向发展。体育场馆与设施是开展各项体育活动的硬件保障,在我国《体育法》《公共文化体育设施条例》《全民健身计划纲要》《学校体育工作条例》等法规条例中都提到体育场馆设施的重要性。各部门为响应国家法规条例规定,出台相应的政策措施,以保障体育赛事、活动、教学等的正常开展。"体育场馆与设施"作为教育部《全国普通高等学校体育教育本科专业课程方案》中体育教育、运动训练、社会体育方向的专业选修课程,而部分现有教材内容已经不能很好地适应现代学生对体育场馆设施知识的掌握和理解,反而产生误导作用。基于严谨治学,并符合高等教学高质量人才培养需求,正确传授体育场馆与设施知识体系,在前人研究的基础上,推陈出新,并与现代体育对场馆设施要求的规则相适应,着手编写该课程教材,符合新教学大纲更新的要求。本教材可以作为体育专业学生进入教学工作岗位后设计体育场馆、管理场馆器材等作指导,对其他相关专业人士从事体育活动、管理社会体育场馆设施作参考。

本教材八个章节撰写分工为:第一章由王国庆、林建君完成;第二章由林建君完成;第三章由李萍、林建君、汪琦文完成;第四章由王新雷、林建君完成;第五章由王新磊(首都医科大学)、戴美仙完成;第六章由夏东明、陈巧燕(浙江同济职业技术学院)完成;第七章由曹雪莹完成;第八章由王鑫、林建君完成。本教材由林建君统稿,汪琦文完成本书部分图的制作及修改,除注明作者外,其他均为宁波大学教师和研究生。

另外,本教材得到宁波大学教师教育专项研究——教材建设项目(422209932)和国家一流本科专业教材建设项目资助。

目　录

第一章 体育场馆发展概述

教学目标

    (1)知识:从体育建筑的历史渊源出发,了解古今国内外体育场馆建设发展趋势,使学生初步懂得体育场馆发展的一般规律,加深学生对体育场馆建筑的特色。

    (2)能力:运用体育场馆的基本知识和方法,能查阅国内外体育场馆设施的最新动态,培养学生结合地方文化特色,了解体育场馆建筑文化内涵。

    (3)素质:贯彻正确的思辨观念,理论联系实际的指导思想,逐步树立辩证唯物主义观点,以实事求是的精神,正确理性对待体育场馆的建设历史发展观。

教学内容

    本章主要教学内容涉及体育场馆的发展历史,包括我国古代及现代体育场馆、古近代国外体育场馆发展历程、现代奥运场馆、典型场馆简述,另外简述体育场馆的分类。

第一节 我国体育场馆的发展历史演进

体育场馆是社会发展到一定程度的产物,在原始体育产生时期并没有出现专门的运动场馆,随着体育活动成为一种社会活动,原始的、简陋的体育场所产生,人类文明的更替推动了体育场馆发展。

从有文字可考的商、周时期开始,各色体育文化初露端倪,经过春秋战国时期的发展,在秦汉时期大一统背景下逐渐成形,在2000多年的历史长河中各色具有雏形或成型的“体育场馆”竞相绽放。

一、秦汉时期

根据社会阶级和运动规模不同,先秦时期修建了不同的射箭场所,如射庐、学宫、射宫和射圃,其中射宫因其使用人群为大臣们,配置相对较高,有专门的人进行管理,另外还设有休息堂。此外齐桓公为了训练水军专门修建过方形游泳池,以训练士兵的游泳技能。

到了汉代,蹴鞠、马球、角抵十分盛行,蹴鞠活动第一次达到高潮。据《汉书·戚夫人传》记载,西汉刘邦曾在宫苑建造“鞠域”,供蹴鞠比赛使用,鞠域呈东西走向,正面设有供皇帝观看蹴鞠比赛用的大看台。四周有围墙,称之为鞠城,鞠城两端分别有月状的“球门",称之为鞠室。东汉人李尤的《鞠城铭》中写道:"圆鞠方墙,仿象阴阳。法月衡对,二六相当。建长立平,其例有常。不以亲疏,不有阿私。端心平意,莫怨其非。鞠政犹然,况乎执机。"其中"圆鞠方墙"和"法月衡对"讲出了当时蹴鞠比赛场地是方的,球场上的球门像一年的12个月份对立于两侧,一边六个球门。

二、隋唐时期

随着隋朝灭陈,统一帝国的建立和人民社会生活开始趋于稳定,封建统治者刘军事和科举(包括武举)的重视,体育活动迎来全面勃兴。唐代球类运用的兴盛,是这个朝代体育活动的一大特点。特别是唐代马球(击鞠)的蓬勃发展,更是中国封建社会里空前绝后的。击鞠即马球,又名打球(唐代为"打毬"),是骑于马上,持杖击球的体育活动。章怀太子墓出土的《马球图》绘于墓道西壁,上面有20余名骑马者,均着深浅两色窄袖长袍,戴幞头,穿黑靴,其中,前面5位骑马者击球的场面最为精彩。铜镜和马球图刻画的形象展现出唐代马球盛行的场景。

唐代的马场有的设围墙,有的不设围墙,同时马球场的四周设有观礼台。从韩愈的诗"毬场千步平如削"、陆游的诗"打毬筑场一千步"和陈元晋的诗"筑场千步柳营东"中得知古代马球场的周长约一千步,与近代欧美马球球场周长定为一千码以及我国马球规定球场周长一千米基本相符。马球的比赛分直接与间接对抗两种,直接对抗的设双球门,间接对抗的设单球门。单球门立于球场南面中场,两柱下部置一木板,底部开有一尺许的圆孔为球门。双球门则是于东西两端各立一门,分别有人把守,打球以先入网者胜,名头筹。文献记载:"毬门,高仗余,首刻金龙,下施石莲花座。"由此可知古代球门高约3m,与现代马球规定球门高3m相似。同时古代的马球门宽度为5步①,约7.5m,也与现在英国规定的8码和中国规定的8m相差甚微。可见现代马球运动延续唐代的击鞠运动。

马球球场一般分为四种:泥土球场、灯光球场、草皮球场、沙地球场,其中灯光球场为满足贵族击球需要而产生,在球场的四周点燃蜡烛和灯油,同时出现了平整光洁、不扬尘土的油浇球场,通过在精筛泥土中调和适量动物油,夯实打压制作而成。西安大明宫出土的刻有"含光殿及球场"的石碑表明在修建宫殿的同时也修建了球场。当时球场多是三面用矮墙围着,一面是殿、亭、楼、台之类建筑供观赏,有的还在马球场上撒油以免尘土飞扬。这些矮墙的作用首先是作为边界线墙提醒打球人在接近边界时,应减慢奔马的速度,其次球在出界时遇墙弹回,打球人可避免跑到很远的地方捡球,矮墙的设置与现代球场的围栏作用相似。

三、宋辽夏金元时期

宋、金时代马球由双球门演变为一个球门的射门比赛,步打球也由对抗性竞赛改为打球入门,并改球门为球窝,后来打球进一个球窝改为进几个球窝,有了分队竞赛,成了一个新的竞技游戏,就是捶丸,即现代高尔夫的起源。捶丸场地要求在广阔的郊外或花园的自然地带,地形要复杂有变化,球场上设有穴、窝、发球台、标志旗、障碍物等,发球台与窝的距离近者一丈,远者50～60步,最远不超过100步,球窝与球窝之间的距离在

---

① 步:唐代的一种计量单位,一步相当于5尺,一尺约为31cm,则此处1步约1.55m。

30～100m,捶丸场地最好是要经常更换,不要打熟窝。捶丸的最早记述在《丸经》中,《丸经》全书共32章,详细地介绍了捶丸运动的方法、规则、场地设备及器材规格,其中第四章写道:"地形有平者、有凸者、有凹者、有峻者、有仰者、有阻者、有妨者、有迎者、有里者、有外者。"反映出捶丸场地地形复杂多变。

四、明清时期

明清时期骑射之术仍然受到重视,蹴鞠和捶丸运动在明朝仍然受欢迎,在《明宣宗行乐图》中可以清晰看出蹴鞠、捶丸、射箭、马球的专门场地,从侧面表明在明朝体育场地已形成一定程度的规范性。

清朝以前,除了北方一些少数民族生活的地区外,冰雪运动开展得并不广泛,而且方式比较简单。清朝是中国古代冰嬉发展的黄金时代,与统治者满族人的生活习俗有直接关系。在故宫博物院珍藏的《冰嬉图》将清朝乾隆时高超的花样滑冰技术生动地展现出来,滑冰者展示着不同的滑冰技术,组成一条如龙般的队伍,蜿蜒盘旋,场面十分震撼。

五、中国近代(1840—1949)

鸦片战争打开清王朝封闭的大门,西方近代体育伴随着西方殖民者的入侵传入中国,中国体育也随之发生显著变化,中国近代体育建筑也由此产生。体育建筑作为一种新的功能类型,逐渐取代了以校场、瓦舍为代表的古代中国传统体育场地类型。西方体育建筑对中国近代体育建筑造成影响主要分为三个阶段:第一个阶段是西方殖民者在开埠城市中建造供西方侨民使用的竞技及大众型体育建筑;第二个阶段是洋务运动创办的新式学堂中的体育场地;第三阶段是教会学校及基督教青年会建设的体育建筑及会所,包括运动场、体育馆、基督教青年会所等。

随着租界的设立,外国人的大量进入,西方殖民者为了适应侨民的生活习惯,网球场、体育公园、高尔夫球场、跑马场、滑冰场和自行车场等在租界纷纷建立。1848年上海租界已经出现了室内保龄球和室内墙手球运动;1850年上海修建跑马场,设有类似现代体育场的看台;1887年广州建成我国第一个室内游泳池——沙面游泳池;1907年上海兴建虹口游泳池;1913年黑龙江满洲里建成体育馆,是我国近代最早的体育馆;1915年筹建的上海公共体育场,是我国近代第一个由中国人自己建造的公共体育场。"虹口娱乐场"是上海最早的体育公园,是靶场、运动场和花园结合的综合性体育场,和跑马厅成为上海最著名的两处娱乐场,其中包含一个小型高尔夫球场、75个草地网球场、8个硬地网球场、3个足球场,若干曲棍球场、篮球场和田径场。从体育设施来看,虹口娱乐场体育场地丰富,比现在的大多数体育公园具有更多的体育场地,但绿化面积占比较少。除了虹口娱乐场,之后租界内又陆续建立了逸园、胶州公园、汇山公园等以体育娱乐为目的的公园。

清政府1904年颁布"癸卯学制",1912—1913年中华民国教育部颁布"壬子癸丑学制",1922年国民政府教育部颁布"壬戌学制",改"体操科"为"体育科",废除兵器,确立以田径、球类、游戏、体操等为主要内容的新体育课程体系,随着新体育课程体系的设立,学校里体育场地和设施相继增多。民国时期的部分学校出现小型体育馆和游泳池,如圣约翰大学、集美大学、清华大学、沪江大学等,这一时期学校的场馆呈现出规模小、设施简陋、功能单一、数量少的特点。而当时的体育设施也主要是篮球场、足球场、田径场、网球场、游泳池等。基督教青年会和教会学校同样为中国带来具有西方特色的体育建筑，如上海、天津、福州、厦门、杭州、广州、南京等地均有青年会所，为中国带来多项全国最早的体育设施。

新中国成立前的体育建筑逐渐从租界和学校走向社会，从外国人和学生走向大众。1917年上海第一公共体育场的建成标志上海近代体育由学校走向社会，为市民参加体育活动提供了场所，促进了体育项目的普及和开展。自南京国民政府成立后，从1928年到1937年中国近代体育建筑进入一个快速发展的时期。这一时期国内开展了许多国际性、全国性和各省市级的运动会，全国各省的运动场和体育设施也随之修缮，达到国际标准，中国近代部分公共体育设施见表1-1。经过近十年的发展，到1936年全国有公共体育场2 863所，而到1949年时仅剩132座遗留的场馆，而正规的体育场和馆各只有13座。

表1-1　中国近代部分公共体育场（1912—1949）

地点	体育馆名称	建成时间	体育设施
上海	上海第一公共体育场	1917	2座办公楼、1个足球场、300m跑道、1座健身房，还有篮球、排球、网球和妇孺活动等场地
南京	江苏省立公共体育场	1918	中部为足球场，其四周围6条300m跑道，2片篮球场，2片网球场。足球场东端，辟有女子和儿童运动场一大片，其中有秋千、廊木、滑梯、独木桥等体育设施
安庆	安徽省立公共体育场	1918	300m煤屑跑道及1个篮球场、1所简易篮球房
南昌	江西公共体育场	1919	场地狭小，设备简陋，仅有1条全长约300m的跑道和1个小型足球场
南昌	江西省立体育场	1933	400m篮曲式跑道、2个足球场、4个篮球场、2个排球场、2个网球场、1个障碍物赛跑场、1座儿童乐园
西安	北大街公共体育场	1922	场内设有梯城、木马、双杠、浪桥、平台、秋千、轮子秋、拳术场、击准场、篮球场、足球场、网球场
南宁	省立第一公共体育场	1926	400m跑道的田径运动场、1个足球场、2个篮球场、2个排球场、1个网球场，还有乒乓球室、木马、浪桥、滑板等器械
西安	革命公园公共体育场	1928	只划有篮球、排球、足球、网球场
广州	广东省立体育场	1932	8条400m塑胶跑道，足球场，篮球场，可容纳观众2.5万人
镇江	省立镇江公共体育场	1933	有500m田径场、1个足球场、2个篮球场、2个排球场、4个网球场、1座健身房（今体操房）、一座办公楼内设乒乓球室和弈棋室
兰州	甘肃省立公共体育场	1936	内有400m跑道的田径场、足球场各1个，篮球、排球场各2个，网球场和体操场各1个。场南建有可容3000人座位的看台及司令台

地点	体育馆名称	建成时间	体育设施
北京	北平公共体育场	1937	内有田径场、篮球场、排球场、网球场、摔跤场、运动员宿舍等,可容纳观众 15000 人

资料来源:《中国体育建筑 150 年:1840—1990》

从商周时期到新中国成立前,从郊外自然环境到初具规模的体育场馆,体育场馆逐渐兴盛到由盛而衰,再到结合西方近代体育走出近代中国体育建筑新的道路,中国体育建筑发展的背后是中国体育的更迭发展,以及体育项目的出现、流传、消失和盛行。

第二节　国外体育场馆的发展历史演进

一、文明古国的体育场馆

（一）古埃及的体育场馆

埃及位于非洲东北部,尼罗河畔。古埃及人游泳和划船是他们谋生的手段,后来从生产劳动和战争中分离出来,逐渐成了上层社会的一项娱乐活动,一些贵族家中也因此建有私人游泳池。

古埃及人对世界体育的主要贡献之一是球戏,在公元前 5200 年的埃及儿童墓中发现了类似今天保龄球的大理石球与球瓶。2002 年发现的托勒密王朝(公元前 332 年—公元前 30 年)遗址中发现保龄球场,保龄球场有一条长度为 60 英尺的石灰岩球道,球道中有一条深约 10cm、宽约 20cm 的凹槽,除了凹槽在球道中部还有一个边长为 12cm 的正方形坑洞,在球道附近还发现两个表面被打磨光滑的石灰岩石球,其中一个石球的直径与凹槽以及坑洞尺寸相符。这一遗址可看作是最早的保龄球场。

（二）古希腊的体育场馆

城邦的兴起和奥林匹亚竞技会等泛希腊赛会的迅速发展,古希腊的体育场馆数量从无到有,内部设施日益完善,这些场馆不仅为体育竞赛提供了良好的条件,同时也成为城邦公民日常生活的重要场所。在古希腊体育制度化的特征是修建功能性体育设施,这些功能性体育设施主要分为四种类型。

第一种是体育场(stadion)。体育场是体育竞赛的主要场地,承担着赛跑、铁饼、标枪、跳远、五项全能、摔跤、拳击等大部分体育项目。古希腊体育场通常呈长方形,长为 600 希腊尺(约为 200m),但是因为希腊没有统一尺度标度,导致各地体育场实际长度并不相同,如奥林匹亚体育场长约 192.27m;埃皮达鲁斯(Epidaurus)体育场长约 181.30m;珀加蒙(Pergamum)体育场长 210m。体育场大多建于山谷中,谷底平地为赛道,赛道的起点和终点一般都有标杆或划线做简单的标明,通常在看台的一侧设有裁判席——一排半圆形座椅,在裁判席的对面是专门为国王、大臣等官员设立的席位,在体育场的一端通常设有进入赛场的通道。

第二种是赛马场（hippodrome）。赛马和赛车是古希腊传统的体育项目，根据现代学者的推测，奥林匹亚赛马场呈椭圆形，赛马场长约5斯塔德（约900m），宽约64m。赛马场两端的中间位置各设有一个转折柱，参赛者们必须顺利地绕过这一转折点，由于起始区约2斯塔德长，实际比赛的单程赛道长约3斯塔德，往返6斯塔德，大约1152m。

第三种是体育馆（gymnasion）。在古典时期，几乎所有的希腊城市都建有体育馆。著名的建筑师和建筑史家维特鲁维乌斯（Vitruvius）在《建筑论》（*On Architecture*）中对希腊体育馆进行描述，希腊体育馆由柱廊围绕，其中一排柱廊与摔跤场外墙相连，柱廊围绕的中心是一块空地，柱廊的巧妙构造使体育馆有"露天跑道"和"室内跑道"。在公元前5世纪左右，体育馆开始出现专门的浴室。

第四种是摔跤场（palaitra）。摔跤场多为方形构造，三面由单排柱廊环绕，另一面为双排柱廊，中间是一个露天的内院。在柱廊里分布着很多门廊，三面是墙，一面是柱廊，面向内院敞开，在其内部设有座椅。除了门廊，摔跤场内还设有多个房间，如摔跤室、拳击室、浴室、储物室、更衣室等。

（三）古罗马的体育场馆

公元前146年罗马征服希腊，罗马帝国治下的希腊本土保留和维修了体育场，但并没有在帝国其他地方采纳这类建筑，而是兴建了属于自己的新的圆形大体育场，罗马帝国西部拉丁区的皇帝多米提安体育场是个例外。

古罗马进行赛马和战车比赛的竞技场与希腊的跑马场不同，其特征是有一条相对窄、长半公里的平整跑道，两端各有一个基座，上面的三个锥体标志转弯处，一道坚实的屏障隔开两条跑道，屏障上装饰着纪念像、圣迹、祭坛、神像或方尖碑。在比赛场地的两侧搭建有观众席，在终点线附近和沿跑道为政要和嘉宾建有包厢席，在转弯处设有裁判席。这类型竞技场作为制度化程度较高的运动场是以伊特鲁里亚赛道为蓝本的，著名的马克西穆斯竞技场的前身就是公元前600年左右在相同地点让人修建的体育设施。

古罗马圆形剧院式的竞技场称为"Arena"，其形状是将古希腊的两个剧院拼合起来而形成的椭圆形，四周建造人工坡道，设置层层升高的座位层，座位材料最初使用的是木头，从公元1世纪起开始使用石头和混凝土。这类竞技场最具有代表性的是科洛西姆（Coliseum）竞技场，该竞技场馆始建于公元70年，历经12年完工，竞技场形状为长189m、宽155m的椭圆形，中心的场地区域为长88m、宽55m的椭圆形，四周有4.6m的高墙围绕，竞技场的上面设有4层看台，地下设置了大量房间和通道，供参与表演的角斗士和动物使用。科洛西姆竞技场用于角斗士的竞技、斗兽比赛、战车竞赛甚至可以灌输水模拟海战，其功能多样，布局合理，外观和谐，表面造型富有表现力，可以看作是世界综合体育场馆的典范。

二、中世纪欧洲的体育场馆

早期中世纪因古罗马帝国的衰落、基督教的传播、日耳曼人的入侵等因素导致体育活动陷入低落时期，体育场馆也随之进入萧条期，随着骑士制度和骑士教育的兴起，骑士比武活动促进一些比武场的出现。

随着文艺复兴和宗教改革运动的兴起,体育运动冲破教会的禁锢,身体活动得到重视并在各阶层人们生活中重新得到开展,体育场馆和设施也随之出现,原始足球、棒球、板球、槌球、摔跤、投石、赛跑和使用棍棒的比武、滑冰、赛马、跳舞、跳跃以及攀登陡坡或盘旋形坡地的游戏也在欧洲民间广泛流行。同时在现代体育思想形成中,一些人文主义先驱努力将其付诸实践,作为军事训练、民俗娱乐的许多身体活动被改造为教育手段,逐渐完成体育的教育化的转变。维多里诺·达·费尔特雷(Vittorino-da-Feltre)认为运动是健康的基础,他制定了各种身体锻炼的制度和方法,规定学生必须参加户外运动,并亲自带领学生从事骑马、跑、跳、击剑、游泳、射箭、角力、跳舞和球类活动。约翰·洛克的绅士教育认为对未来的绅士进行德智体全方位教育,体育占所有教育的第一位。这些人文主义教育家的努力,为体育运动被写进欧洲人文主义学校的校规,体育课成为培养全面发展人才的重要手段作出贡献,体育运动受到重视,推动了新式学校里体育场馆的建设,学校里的体育场馆成为这一时期的重要标志。

三、近代欧美国家的体育场馆

17世纪的英国资产阶级革命把世界历史推进了一个新时期,世界资本主义体系开始形成和发展,资本主义对人民生产和生活方式的影响也使体育运动重新进入人们视野并受喜爱,体育场馆的需求激增。19世纪中期到20世纪50年代是体育场馆的勃兴时期,而体育场馆建筑的复兴始于英国,英国第一个板球场是1814年建于伦敦的圣约翰·伍德体育场。体育场馆发展的另一个推动力是奥林匹克运动的兴起,奥运会的举办为世界带来了更多新型的体育场馆,资本主义大国都有了适用于大型体育赛事的专门体育场馆。这一部分主要介绍英国和美国近代体育场馆的发展。

(一)英国

从18世纪至20世纪初,英国体育发展迅速,形成了一部分现代竞技运动项目,例如赛马、赛艇、拳击、英式足球、英式橄榄球、现代网球、板球等。大致从18世纪末开始,赛马、射箭、拳击等逐渐演变为具有现代体育特征的竞技运动项目。

1. 赛马场地

早在罗马占领时期,英国就已经开展赛马运动。17世纪查理二世(Charles Ⅱ)赞助在位于伦敦以北约105公里的纽马基特(Newmarket)建立英格兰的赛马中心,1809年和1814年先后创办了著名的2000几尼赛(2000 Guineas Stakes)和1000几尼赛(1000 Guineas Stakes)两项赛事,19世纪之后,纽马基特赛马场成为全世界赛马活动的心脏和纯种马的交易中心。

2. 足球场地

现代足球形成于19世纪的英国,随着职业足球在英国的发展,现代化的足球场开始出现。位于伦敦市北部的温布利大球场(Wembley Stadium)是现代足球在英国发展历程中的另一座里程碑,温布利大球场本是为迎接1924—1925年在伦敦市举办的大英帝国博览会而建设的,原名"大英帝国博览会体育场",又被称为"帝国球场",被公认为是世界上最伟大的球场之一。温布利大球场长105m,宽69.5m,为保证排水球场的中心比边线高25cm,纵长的场地两端为两个半圆形,与跑道形状相对应,看台也被建成纵长型,能够容纳 6 万名观众,观众看台结构的设计上采用了建造横向通道、楼梯以及开放每个单独看台区等方法。

3. 白城体育场

白城体育场是 1908 年伦敦奥运会的主场馆。这座体育场在 10 个月之内兴建完成,依靠英法联合举办的博览会经费建造。看台可容纳 7 万余名观众。田径场首次采用煤渣跑道,周长 536.45m。场内除了田赛地跳部、掷部场地,尚有体操、角力及足球比赛场,另外还在场地中间修建了一个 100m 长、15m 宽的游泳池和一个跳台,后来又在跑道的外侧,加建了一条周长 666m 的自行车赛道。白城体育场是一个集合四种功能于一体的 7 万人的综合体育场,这种体育场在历届奥运会中,是唯一的也是非常特别的一座。

(二) 美国

欧洲殖民者的入侵使得美洲殖民地的体育活动主要为赛马、纸牌、钓鱼及其他户外运动,赛马和赌博的盛行促使了赛马场的不断出现,早在 1665 年富足的南加州人就在离查尔斯顿不远的地方建立了赛马场。户外运动多是上层社会人士参与的,在弗吉尼亚种植园主威廉·伯德二世(William Byrd II)的日记中可以看出 1721 年他在位于詹姆斯敦的家中建造了草地保龄球场。19 世纪,城市化进程的推进促使提供体育锻炼的公共设施诞生,1851 年纽约市长安布罗斯·金斯兰德(Ambrose Kingsland)划拨 160 英亩的土地建造中央公园,中央公园为人们进行溜冰、槌球、游泳等活动提供了场地。

1. 棒球场地

棒球的出现成为 19 世纪后半期美国最重要的体育活动,1845 年纽约尼克巴克棒球俱乐部的秘书亚历山大·卡特莱德(Alexander Cartwright)编写了棒球的比赛规则,规则中规定本垒与二垒间的距离为 42 步,一垒到三垒间的距离也是 42 步,本垒距投球手不少于 15 步,同时他提议的棒球场为钻石形,各角落垒与垒间的距离为 90 英尺(27.4m)。20 世纪初期,棒球运动受欢迎程度前所未有地上升。一些俱乐部为了棒球比赛建立了较大的体育场,或者在现有场地扩建,宽大的棒球场使比赛得分变得更低。由于当时规则的设置,使这些球队在一个宽阔的球上进行比赛,限制了力量打击。在波士顿红袜队主场,从本垒板到中外野墙是 635 英尺(约 194m)。

随着棒球职业化和商业化的发展,更完善的棒球场也逐渐出现,如位于波士顿著名的芬威球场(Fenway Park)目前为美国职棒大联盟波士顿红袜队的主场,此球场落成于 1912 年,为现今大联盟所使用中的最古老场地。而芬威球场最著名的莫过于俗称"绿色怪物"的左外野本垒打墙,因为自 1912 年芬威球场建好之后,由于左外野的长度太短,仅有 310 至 315 英尺(94 至 96m),导致很容易被击出左外野方向的本垒打,但又因位于市中心而无法扩建,故便将本垒打墙建高至 11.3m 以弥补左外野太短的缺点。

2. 篮球场地

现代第一块篮球场地是奈史密斯博士在体操馆的地板上距墙 6 英尺(1.82m)画出界线,构成了基本的比赛场地,然后他把两只盛桃子的木框钉在体操馆两端的墙上,距地面 10 英尺(3.05m)作为"球门",最初的球场大小大致为长 200 英尺、宽 150 英尺。随着篮球运动的开展,由室内转向室外,最初在室外开展篮球运动,场地上立起一根柱子,挂上一个篮子,对球场地面也无具体要求,只要球场空间无障碍物,地面平坦即可。1893 年在原始球场的基础上跟着改进了设置,分为了三个区域。对场地的规定有三种:100×50英尺、90×45英尺,70×35英尺,出现9人3区制。参加比赛的队员被分为了三个区域,队员只能在自己的区域里完成比赛,而不能进入其他区域。1894年球场的中央增设了中圈,但由于三分区限制了队员的活动范围,为了增加比赛的竞争性,随之又把三分区改为二分区,出现了5人2区制,场地上增画了分区线、中圈。1897年取消了两区制,保留了中圈跳球圈,并增加了罚球区,限定篮球场的面积为3 500平方英尺,在这期间大学篮球运动限定比赛场地的尺寸为长90英尺、宽55英尺,大体上接近现代的场地大小。到了20世纪美国篮球职业联盟的建立,也进一步推动现代化篮球场的建立。

3. 洛杉矶纪念体育场

1904年美国密苏里州圣路易斯举办的第三届奥运会并没有修建专门的体育场,圣路易斯奥运会的主会场设在华盛顿大学的田径场,有较好的跑道,周长为536.45m,直道为220m,是当时世界上最长的直跑道。看台可容纳4万人,且有顶篷设备,但场馆内设施异常简陋,可供更衣的地方只有一个大厅。

1932年在美国洛杉矶举办的第十届奥运会主场馆是洛杉矶纪念体育场(Los Angeles Memorial Coliseum),是一座仿古罗马竞技场的现代化圆形运动场,规模宏伟,设计先进,可容纳观众10.5万人。跑道周长400m,并第一次进行了颜色搭配:跑道上铺设红色砖粉,中间则为绿色的草坪,增加了视觉上的美感。另外还修建了可容纳一万多人的露天游泳池和可容纳1.2万人的综合性体育馆,还为男选手们修建了700个木头小屋,可供2 000余人住宿(女选手住在市区的旅馆),深受运动员的欢迎。这就是以后所说的奥林匹克村。鉴于这次经验,国际奥委会后来在《奥林匹克宪章》中作出明确规定,主办国必须修建一座奥林匹克村。

四、现代国外奥运会体育场馆

现代奥林匹克运动兴起于欧洲资本主义工业化时代,以坚实的社会经济、政治、文化基础为依托,是人类社会进入工业文明后开始的一项伟大的社会实践。法国教育家顾拜旦(Pierre de Coubertin)在各国复兴奥运会经验的基础上为奥林匹克运动的最终诞生和发展作出了卓越的贡献。从1894年举办的第一届雅典奥运会到2021年举办的第三十二届东京奥运会,现代奥林匹克运动走过百余年风雨,历经世界大战,见证经济繁荣和萧条,而奥运场馆是奥运会成功举办不可或缺的部分,更直观地展现现代奥运场馆设施的发展历程和现状。

自1972年以来,现代奥运会的竞赛和训练的场馆主要包括主体育场、主体育馆等(见表1-2),主办城市往往采取维修现有场馆、增加场馆功能、临时搭建场馆、使用大学已有体育场馆、使用替代场馆等多种措施来确保奥运会比赛的需要。

表1-2 现代奥运会的主要体育场馆类型、功能及解决方案

奥运会场馆类型	功能	解决方案
主体育场	开幕式、闭幕式、田径和足球决赛	座席数量80 000个以上,多数主办城市在申奥成功后新建主体育场

奥运会场馆类型	功能	解决方案
主体育馆	篮球、排球、手球、体操等项目的比赛	主体育馆是奥运会举办球类比赛的体育场馆,其规模比其他体育馆大,多数也为新建场馆
多用途体育馆、会展中心	柔道、摔跤、拳击、举重、击剑、羽毛球、乒乓球、跆拳道等项目的比赛	在奥运会期间,由于这些项目不需要太大的场馆面积,因此为了节省建设投资并考虑赛后利用,通常把这些场馆建设成多用途馆,可以举行体育比赛,也可以举办商贸和会展活动
训练场馆	用于训练	奥运会期间大约需要 100 个训练场馆,这些场馆大多使用现有场馆,许多奥运会组委会都向学校、俱乐部等机构租用小型体育场馆
户外球类体育场	足球预赛、曲棍球比赛、训练场地	足球预赛通常在主办城市以外的其他城市举行,观众数量并不多,因此足球预赛场地通常要小于主体育场
户外绿地及其他户外场地	马术、射箭、沙滩排球的比赛	这些比赛项目通常都使用临时设施,奥运会后可以拆除,建设费用通常较低
游泳馆	游泳、跳水等项目的比赛	游泳比赛场馆通常采用室内游泳馆和露天游泳池,是奥运会场馆中投入比较高的设施
自行车场	自行车比赛	现代奥运会历史上,自行车比赛长期使用主体育场,1960 年罗马奥运会第一次新建了自行车场。大多数主办城市都需新建自行车场馆
棒球场	棒球比赛	在棒球运动不发达的国家,通常将足球场临时改作棒球场
皮划艇赛场	皮划艇比赛	通常建成集比赛与休闲娱乐相结合的场地,以利于奥运会赛后利用,有的城市使用临时场地
帆船赛场	帆船比赛	

第三节　新中国成立后的体育场馆设施

　　1949 年新中国的成立标志着中国迎来了新的发展,体育事业随之迎来全面进步,体育场馆设施也迎来了四个大发展时期和一个衰退时期。体育建筑具有投资成本高、建设周期长、占地面积大等特点,因此每一座体育建筑都带着属于所处时代政治、经济、文化及技术背景的烙印,也从侧面反映出当时中国的发展情况。

一、曲折发展时期(1949—1977 年)

(一)体育场馆设施发展概述

　　这一时期新中国刚刚成立,百废待兴,由于薄弱的国民经济基础,建设的规模、数量、质量都受到很大影响,据统计,旧中国保存下来的场馆设施仅 132 所,其中体育场、体育馆各 13 座,游泳池 101 座。新中国成立之初,党和国家高度重视体育工作,但当时颁布的体育政策的主要目的是"为国防服务、保卫国家",因此"广泛的"和"尽量增加"是这一时期对于体育运动的开展范围和对体育场馆建设总量的要求。国家体委(中华人民共和国体育运动委员会)加强对体育场地设施的建设工作。1955年,中华全国体育总工会颁布《关于开展体育运动暂行办法纲要》,对体育场馆的建设、维修、保养和利用做出明确规定。

由于新中国初期国家财政薄弱影响,体育场地的修建只在几个重点城市进行开展,并且采取了大中小结合、国家投资和地方自筹、土洋结合、体育部门修建和各系统自建结合的办法,因陋就简,尽量利用自然条件,还发动社会义务劳动修建场地。在这个时期,体育项目较为单一,主要有体操、游泳、射击和武术。体育运动具有强烈的军事色彩,农村基层将民兵训练与体育锻炼相结合,而城市体育活动项目如投掷、射击等也与军事相关。除了大型体育赛事,体育场馆还多用于文化和大型集会场所,由于体育场可容纳大量的观众,因此该时期体育场的建设量高于体育馆。1950年至1959年,共建成体育场、体育馆和各类训练房639个,这一时期的体育场馆规模不大,体育馆座席数量集中在4 000~6 000个,体型以矩形等简单形状为主,结构形式也简单,跨度在40~50m,功能分区尚不明显。

1955—1966年间中国的高等体育院校数量从6所增至18所,新成立一些体育系,一些地、市的师范学院也办起了体育班,这些体育院校为了扩充设施、增添师资力量,在校址内新建和改建了一批体育建筑,为我国体育建筑的发展提供了一份力。1971年的"乒乓外交"为中国参加比赛提供了良好的外交形势,1974年的第7届亚运会和第二届世界中学生运动会、1977年第9届世界大学生运动会上取得的成绩引起了国家对体育事业的重视,以及《国家体育锻炼标准》和《国家体育锻炼标准条例》的颁布,推动了体育场馆的发展。

除了上述的发展,体育场馆同样经历了曲折。1959—1972年,由于经济和政治的影响,体育场馆的建设停滞不前,已有的场地场馆也出现了被毁被占的现象。1961年《国家体委关于一九六一年体育工作的建议》中明确提出"集中力量管好现有场地,一律不新建体育场、体育馆"。

(二) 代表性体育场馆——北京工人体育场

中华人民共和国成立时,竟没有一座可以供大型比赛用的体育场、馆。为迎接中华人民共和国成立十周年庆典和举办第一届全国运动会,北京兴建了能容纳10万名观众的工人体育场。

由中华全国总工会投资兴建,包括3组建筑群,第一组为应能容纳10万名观众的中心运动场(工人体育场);第二组为可容纳1.5万名观众的体育馆(工人体育馆);第三组为游泳场(由练习池、比赛池、跳水池和室内游泳馆组成)。全部场馆占地面积40公顷,建筑面积12万多 m²。

北京工人体育场在1959年8月建成,是当年著名的北京十大建筑之一。中心运动场是椭圆形的建筑,总占地面积达35公顷,总建筑面积达8万 m²,由主体建筑及附属场馆构成。运动场中央是草皮足球场,四周是400m塑胶跑道共8条。场周围还有西南、西北两个足球、田径场,8个篮球场,5个排球场,4个网球场。在中心运动场内设有电子公告牌、计时钟、电视导演室、对外转播和灯光控制室等。

北京工人体育场在时代的延续中，为完成不同使命，进行多次的改造修建，大型改建工程有三次：第一次 1986 年，为承办 1990 年北京亚运会，北京工人体育场进行了大规模改建工程。第二次 2006 年 4 月 18 日，为迎接 2008 年北京奥运会，北京工人体育场奥运改扩建工程正式开启。第三次，确保 2023 年亚洲杯办赛任务圆满完成，2020 年 7 月起，北京市工人体育场启动保护性改造复建，改造后，工人体育场将由综合性体育场转变为一座具有国际一流水准的专业足球场。

该时期全国很多省市建设体育场馆，如首都体育馆、上海体育馆、江苏省五台山体育场、辽宁体育馆、浙江体育馆等等，都成为当时的地方标志性建筑，成为举办国际、国内重大体育竞赛的重要场馆，也是举行大型文艺演出、全市性重大集会的重要场所。

二、改革探索时期（1978—1992 年）

（一）体育场馆设施发展概述

1978 年改革开放，中国开始走社会主义市场经济道路，经济开始高速发展，人民生活水平显著提高，为体育场馆设施的发展提供了有利条件。1978 年，全国体育工作会议明确提出，建设现代化的体育设施，强调体育场地设施要列入城市和县镇建设规划。1986年城乡建设部于国家体委共同颁布《城市公共体育运动设施用地定额指标暂行规定》，首次就不同人口规模的城市的公共运动设施面积做出详尽的规定。

中国在国际奥委会合法地位的恢复以及竞技体育"举国体制"的实行，使得这一时期体育场馆建设的重点从考虑群众体育到举办各级体育竞技赛事。围绕着国家举办的全运会、亚运会等一系列大型赛事，开始从单体设计扩展到体育中心设计、城市设计、环境设计和城市发展等领域，可以一次规划、兴建大型赛事所需场馆，建设了一批高规格高标准的体育中心和场馆，如上海游泳馆、广州天河体育中心、深圳体育馆等。

除了竞技体育对体育场馆的发展起到了促进作用，学校体育同样促进了体育场馆设施的发展。随着高考制度的恢复，高校数量也随之增加，配备相应的配套设施成为不可或缺的需要，不少高校因地制宜，合理利用空间，创造出一批符合实际需求、功能可观的学校体育馆。

（二）代表性体育场馆——天河体育中心

天河体育中心是为迎接 1987 年在广州举办的第六届全国运动会而兴建的，建筑面积 124 700m²，包括三大场馆：60 000 座的体育场、8 000 座的体育馆、3 000 座的游泳馆和其他场地及附属建筑物，是国内首个一次建成的具有国际先进水平的体育中心。

建筑造型朴素自然、粗犷有力，敞开的观众休息平台和休息廊，既为观众提供了舒适的休息空间，又赋予建筑浓厚的岭南地方特色。现代的建筑、开阔的绿化景观和抽象的雕塑有机结合，融为一体形成一个面貌全新的公园。

另外，以北京亚运会为契机，以国家奥林匹克体育中心、北京工人体育场、工人体育馆、英东游泳馆新建和改建体育场馆，掀起了体育场馆建筑大潮。

三、快速发展时期(1993—2008 年)

(一)体育场馆设施发展概述

随着社会主义市场经济的确立和社会主义市场经济体制框架的基本建立,市场成为资源配置的基本手段,原先计划经济体制下的体育政策开始向与市场经济体制相适应的体育体制转变。1984 年国务院发布《关于进一步发展体育运动的通知》,强调体育事业经费和基建投资纳入各级政府的国民经济和社会发展计划,首次提出体育场馆经营管理"实行多种经营,逐步向企业、半企业性的单位转变"。体育场馆社会化政策的推行,大城市体育部门开始进行场馆承包、出租、土地转让、兴办公司等有形资产的创收经营活动,同时开放体育竞赛市场,引进外资开发体育场馆建设,开拓了体育场馆的发展模式,例如1992—1994 年,福建省共引进 6 个外资项目,合同总金额达 20 多亿元,很好地推进了福建省的体育场馆建设。

自 20 世纪 90 年代后期以来,在国家政策的支持下,我国体育场馆建设出现了高标准、科技化、综合化等特征;在经营和管理方面真正实现了"事业型""福利型"向"市场化""经营型"转变,出现了多元化经营与管理模式场馆。

2001 年北京赢得 2008 年奥运会举办权,这是中国第一次举办奥运会,举国振奋。2002 年中共中央、国务院发布《关于进一步加强和改进新时期体育工作的意见》,强调要以举办 2008 年奥运会为契机,大力推进全民健身计划,构建多元化体育服务体系,继续深化体育体制改革,进一步提升我国竞技运动水平。举办一届成功的奥运会,让全世界看到中国,让全世界重新认识中国成为重要目的,为了奥运会一大批现代化、具有中国特色的体育场馆也随之建设,如"鸟巢"和"水立方"等。全民健身计划的推进,抓住奥运带来的热潮,推进体育场馆的发展,不仅是奥运场馆的建设,更多以群众为服务对象,以群众体育为主体的基层体育场馆设施也迎来了发展。

(二)代表性体育场馆——北京奥运会场馆

这一时期具有代表性的主要是奥运场馆、大学体育场馆和市级体育中心。

国家体育场是 2008 年北京奥运会的主体会场,坐落在奥林匹克公园中央区南部平缓的坡地上,建筑面积 25.8 万 m²。国家体育场主体建筑为南北长 333m、东西宽 298m 的椭圆形,最高处高 69m、最低处高 40m,在建设中采用了先进的节能设计和环保措施,比如良好的自然通风和自然采光、雨水的全面回收、可再生地热能源的利用、太阳能光伏发电技术的应用等。

整个建筑通过巨型网状结构联系,内部没有一根立柱,看台是一个完整的没有任何遮挡的土红色碗状造型,可容纳 10 万观众。比赛时看台通过多种形式的变化,满足不同场合不同观众量的要求,碗状座席环抱着赛场的收拢结构,上下层之间错落有致,无论观众坐在哪个位置,和赛场中心点之间的视线距离都在 140m 左右。"鸟巢"的观众席里,还为残障人士设置了 200 多个轮椅座席。这些轮椅座席比普通座席稍高,保证残障人士和普通观众有一样的视野。赛时,场内还将提供助听器并设置无线广播系统,为有听力和视力障碍的人提供个性化的服务。体育场的大厅是一个室内的城市空间,设有餐厅和商店,如同商业街或广场。

　　临时的场馆有国家会议中心击剑馆、奥林匹克森林公园曲棍球场、奥林匹克森林公园射箭场、奥林匹克森林公园网球场、五棵松棒球场、城区公路自行车赛场、朝阳公园沙滩排球场。

　　北京外的场地还有青岛奥林匹克帆船中心、香港奥运赛马场、上海体育场、天津奥林匹克中心体育场、秦皇岛市奥体中心体育场、沈阳奥林匹克体育中心,以及各省市相继建造的场馆设施,如南京奥林匹克体育中心、浙江省黄龙体育中心等。

四、体育强国迈进期(2009 年至今)

(一) 体育场馆设施发展概述

　　国家体育总局颁布的《体育产业"十二五"规划》中提出的创新体育场馆运营机制,推进了体育场馆所有权和经营权的分离,体育场馆运营专业机构开始大规模出现,体育赛事品牌的概念也逐渐地深入人心,体育场馆的功能也从之前的单一针对竞赛功能,逐渐向包含健身、商业和休闲等复合功能发展。

　　2014 年国务院印发《关于加快发展体育产业 促进体育消费的若干意见》中提倡注重现有体育场馆的利用率,推动公共体育场馆和学校体育场馆向社会开放,在注重体育场馆数量的同时,更加注重体育场馆设施的质量和效率,注重体育场馆的科学管理。

　　2019 年国务院办公厅发布《关于促进全民健身和体育消费推动体育产业高质量发展的意见》中提出加大对体育产业新增建设用地的支持力度,鼓励各类市场主体利用工业厂房、商业用房、仓储用房等既有建筑及屋顶、地下室等空间建设改造成体育设施,合理利用公园绿地、市政用地等建设足球场、篮球场、排球场等体育设施。支持中小学对校园体育场地设施进行社会通道改造,在课余时间和节假日向社会开放;推动体育综合体、运动休闲特色小镇的建设。

　　2020 年国务院办公厅印发《关于加强全民健身场地设施建设发展群众体育的意见》中提出要系统梳理可用于建设健身设施的城市空闲地、边角地、公园绿地、城市路桥附属用地、厂房、建筑屋顶等空间资源,以及可复合利用的城市文化娱乐、养老、教育、商业等其他设施资源,聚焦群众就近健身需要,优先规划建设贴近社区、方便可达的全民健身中心、多功能运动场、体育公园、健身步道、健身广场、小型足球场等健身设施。

　　随着全民健身计划的推动以及体育产业比重不断上升,成为国民经济支柱性产业,体育场馆设施从以前的大型向小型、数量少到数量多、单点状向多点状发展,从功能复合型向基础型发展,体育场地设施更多考虑跑、走、骑行、篮球等最基本的体育需求,争取建成 15 分钟可达的健身圈,做到人人有场地健身。

(二) 代表性体育场馆——北京冬奥会场馆

　　2022 年北京冬季奥运会是第 24 届冬季奥林匹克运动会,于 2022 年 2 月 4 日开幕,2 月 20 日闭幕,共设 7 个大项,15 个分项,109 个小项。北京赛区承办所有的冰上项目和自由式滑雪大跳台,延庆赛区承办雪车、雪橇及高山滑雪项目,张家口赛区承办除雪车、雪橇、高山滑雪和自由式滑雪大跳台之外的所有雪上项目。

国家速滑馆是 2022 年中国冬奥会唯一新建场馆,建筑面积 80 000m²,建成时间为 2020 年,可用于冰球、冰壶、大道速滑项目,赛后对市民开放,既为运动员提供训练场地,也满足市民冬季运动的需求,为实现速度滑冰、短道速滑、花样滑冰、冰球等所有冰上运动的全覆盖,更多地为民众提供更大的冰上活动空间,特别采用了全冰面设计,12 000m² 的全冰面创造了亚洲之最。

另外还有国家网球场、上海东方体育中心、广州亚运会场馆、天津全运会、西安全运会场馆、杭州亚运会场馆等,场馆设计越来越时尚、美观、绿色、环保、智能、多样化等方向发展。

第四节　体育场馆的分类

一、体育场馆的概念

体育场馆是体育场和体育馆的总称,是进行体育活动的基础和专业性场地。体育场馆是人们进行体育运动训练、举办体育运动竞赛和参与身体锻炼活动或各种大型体育文化活动的专业性场所,是为进行体育教学、运动训练、运动竞赛、体育锻炼和体育娱乐等活动而专门修建的运动场所及其配套设施的总称。体育场馆满足了不同人群的不同体育需求,是体育产业和事业发展的基础,是推行健康中国和全民健身的重要保障。体育场馆根据带有固定看台性质区分,以观众席数量上规模情况分成大型体育场馆和一般体育场馆。

体育场是指有 400m 标准跑道,场地中心有足球场,并带有固定看台的田径场。不带看台的田径场也称为运动场。

体育场主要是田径、足球比赛为主的比赛场地,由运动场辅助设施、观众席、主席台及其辅助设施、电信设施、宣传中心、行政管理以及练习场地等部分组成。

体育馆是指配备有专门设备带有看台的,能够进行球类、室内田径、冰上运动、体操(技巧)、武术、拳击、击剑、举重、摔跤、柔道等单项或多项室内竞技比赛和训练的体育建筑。不设观众看台及相应用房的体育馆也可称训练房。

二、体育场馆的分类

体育场馆的类型丰富多样,在规模、功能、地理位置、面对人群等方面都存在差异,不同的体育场馆在建设和配备设施要求方面也都各有侧重,通过不同的标准将类型多样的体育场馆进行分类,利于多角度了解体育场馆。

(一)根据体育场馆的功能进行分类

根据功能不同,体育场馆可以分为体育竞赛场馆、体育教学训练场馆、体育健身娱乐场馆三类。

1. 体育竞赛场馆

体育竞赛场馆的建设是最严格的一类体育场馆,因其主要面向体育竞赛的需求,在场地和器材方面必须遵守国际奥林匹克委员会和世界各单项体育协会的要求,在场地规模、材质、布局等方面都有对应的标准。除必要的场地,还需要设置看台观众席和必不可少的辅助设施,以便各种比赛都能在此类体育场馆中进行。

2. 体育教学训练场馆

体育教学训练场馆的建设严格性介于体育竞赛场馆和体育健身娱乐场馆之间,主要按照体育训练或体育教学的实际需求进行建设,一般多为学校日常体育课场馆或运动队日常训练场馆。这类场馆一般不设置看台,基础设施如卫生间、更衣室、器材室一般均有设置,其他配备设施如淋浴室等根据场馆实际需求和场馆规模而进行设置。

3. 体育健身娱乐场馆

体育健身娱乐场馆是数量最多的一类场馆,其面向人群主要为社会,以满足大众健身需要和进行体育消费为目的的修建的体育馆或体育场,主要有健身房、健身馆、康体中心以及现在流行在商场内以体验运动项目为主的各类项目场馆,这类体育场馆在提供健身娱乐设施的同时,一般还提供健身指导、运动处方、体质监测等多方面的体育服务。

(二)根据体育场馆适用项目进行分类

根据适用项目的不同,主要分为专用性体育场馆和综合性体育场馆两类。

1. 专用性体育场馆

这类场馆建设相对简单,因为其只适用于一种或一类体育项目,在建设方面考虑的因素比较少,而专用性体育场馆根据具体的项目也可以分为如游泳馆、篮球场(馆)、足球场、乒乓球场(馆)、射击场(馆)、滑冰场等。

2. 综合性体育场馆

这类场馆指能适用多种项目,可以满足多种项目需求的场馆,这类场馆在建设时考虑的因素比较多,如场地的建设需要考虑不同项目的场地标准,在材质、规模方面需要选择多种项目均适用的。如美国加利福尼亚州洛杉矶的斯台普斯中心(Staples Center),不仅是 NBA 湖人队和快船队的主场,同时也是 NHL 洛杉矶国王队的主场,它在满足高水平篮球比赛需求的同时可以通过拆卸地板满足冰球比赛的需求。

(三)根据体育场馆的经营性质进行分类

根据经营性质,可以将体育场馆分为公益型、事业型、商业型三类。

1. 公益型体育场馆

公益型体育场馆大多数为公共体育场馆,面向大众,主要由政府出资建设,具有公益性和非营利性,以满足全民健身的需求为主要目的。这类体育场馆不具有排他性,属于公共产品,这类体育场馆更多的是本国政府为了体育事业和国民体育发展而承担的一种社会责任和义务。如各个城市的大型体育中心、奥体中心大多属于公益型体育场馆。

2. 事业型体育场馆

这类场馆多指各国企、事业单位及各大高校所属的体育场馆,该类体育场馆多用于国企、事业单位及各大高校所属的体育场馆,多用于国企、事业单位员工及院、校师生等开展体育活动和体育教学,这类体育场馆带有公益型特征,一般情况下国家都会给予一定的财政补贴。而随着最近体育场馆利用率低以及全民健身热潮下体育场馆供应不足的现象,这类体育场馆也开始逐渐对社会大众开放。

3. 商业型体育场馆

商业型体育场馆的营利性决定了它具有一定的排他性,不属于公共产品,与公益型体育场馆相反。随着体育产业在国民 GDP 中的比重不断上升,私人或企业投资新建经营的商业型体育场馆层出不穷,商业型体育场馆缓解了全民健身体育场馆缺乏的问题,也缓解了体育场馆都由政府投资建设的困境,由于其营利性,能够提供多种体育服务满足不同体育消费需求的体育场馆,进一步丰富了体育场馆的类型,推动了体育场馆和体育产业的发展。

(三) 按体育场馆的建设规模进行分类

随着现代化的发展,体育场馆不再局限于单单的体育场或体育馆,包含停车场、工作人员办公室、起居室、便利店、体育用品销售店、绿化小公园等多种设施融合的体育场馆越来越多,同时也随之有了新的称呼——体育中心或体育公园。根据整体占地面积和可容纳观众人数的不同,分为特大型体育中心、大型体育中心、中型体育中心、小型体育中心四类。

特大型体育中心占地面积大于 200 万 m^2;大型体育中心占地面积 60 万~200 万 m^2;中型体育中心占地面积 20 万~60 万 m^2;小型体育中心占地面积小于 20 万 m^2。

思考题

(1)我国古代至新中国成立前体育场馆发展对体育运动开展的贡献有哪些?

(2)国外经典体育场馆建筑搜集,对我国体育场馆建设有哪些借鉴作用?

(3)新中国成立后体育场馆体育发展趋势如何? 搜集典型场馆案例。

(4)什么是体育场? 什么是体育馆? 简述用不同分类方式进行的体育场馆的分类。

第二章 体育场馆构造及器材要求

教学目标

(1)知识:把握体育场馆建造过程中各类要求,使学生初步懂得体育场馆建筑学的相关基本知识以及场馆设施的使用要求。

(2)能力:使体育教育专业的学生掌握体育场馆的基本构造,不同类型场馆与设施的养护与管理等知识与技能。

(3)素质:了解场馆建造的要求特点,以理论联系实际的指导思想,养成切实自身能力和需求的场馆设施知识体系。

教学内容

本章主要涉及场馆的选址要求、建设规模要求、场馆设计要求、场馆的布局要求、场馆照明要求、场馆测量要求以及体育场馆的管理、维修与保养要求。

第一节 体育场馆选址要求

为适应我国体育事业发展的需要,加强和规范体育馆的建设,贯彻执行《公共文化体育设施条例》,提高体育场馆投资建设效益,体育场馆的新建项目,应符合国家及所在地区城乡建设规划、体育事业发展规划的要求,按实际情况考虑发展需要,避免重复建设,应坚持以人为本的原则,服务于竞赛体育及群众体育的需要,做到规模合理、功能适用、经济高效。遵循公共体育场馆建设标准系列要求。

一、一般选址要求

(1)体育场馆设施基地的选址要符合当地城乡的总体规划和对文化体育设施的布局要求。另外,还要根据城市的功能分区及人口规划分布,做到大、中、小型体育场馆布局均衡合理,距离适中,便于群众活动锻炼,有利于组织竞赛、表演、集会等活动。

(2)体育场馆设施的选址应考虑利用天然地形和自然条件,修建在地势较高,利于排水、远离污染源,阳光充足,空气新鲜,绿化较好的地方,应充分利用城市电力、热力、上下水管网等市政设施及道路交通条件。这样不仅可以减少建设投资,还可以节约运转费用。

(3)体育场馆设施的选址应不占或少占粮田,尽量做到与城市公共游息公园、森林绿地、自然水面相结合,以达到保护粮田并美化城市环境的目的。

（4）体育场馆设施选址必须避开未经开采的地下矿藏,滑坡、冲沟等地段及可能遭受洪水威胁的地方。运动场上空严禁有高压电线等障碍物通过。与污染源、易燃易爆物品之间的距离应达到有关防护规定。

（5）体育场馆设施应避免与其他不同性质的公共建筑及场所造成相互干扰。如体育设施与医院、图书馆、科研机关、学校、居民区等应有合理的隔声间距。

（6）各种露天体育场地的纵轴应平行于子午线,即南北方向,并避开主导风向。游泳池出发台和跳水池跳台应背向南朝北,避免阳光直射运动员的眼睛。

总之,要为体育运动创造良好的成绩;要便于平时和赛时的使用;要服从城市总体规划,兼顾与城市其他功能区的关系。

二、体育场馆的选址要求

（1）体育场馆的选址应征得当地城乡规划行政主管部门的许可,在城乡规划确定的建设用地范围内选址,并考虑远期发展的需要。

（2）体育场馆的选址应考虑市、区各级体育设施的布局,应当符合人口集中、交通便利的原则,在基础设施条件较好的地段选址,合理利用自然地形、地貌。用地至少应有一面或两面临接城市道路,以满足交通、疏散等要求。

（3）体育场馆的建设应符合城乡规划条件要求。

（4）体育场馆应满足朝向、日照、风向、安全、卫生、消防、环保等建设条件的要求,并根据当地气候条件,在满足体育竞赛要求的前提下,采取节能、节水措施,科学利用自然通风和天然采光,合理确定建设方案。

第二节　体育场馆规模要求

体育场具有可供田径、足球等体育比赛和其他表演用的宽敞的室外场地,同时为大量观众提供座席的建筑物。

一、体育场的建设规模要求

（一）主场地建设规模要求

体育场的建设规模应按人口规模和竞赛要求确定。体育场按照人口规模可分为五级,即 200 万以上人口、100 万～200 万人口、50 万～100 万人口、20 万～50 万人口、20 万以下人口。

体育场根据使用要求确定的建筑面积指标应符合表 2-1 的规定。

表 2-1 体育场根据人口规模分级对应的建设规模表

单座面积指标（m²/座）　座席数（座）　　人口规模（人）	30 000～40 000	20 000～30 000	10 000～20 000	5 000～10 000
200 万以上	1.20～1.25	1.20～1.25	1.10～1.25	0.80～1.10
100 万～200 万		1.20～1.25	1.10～1.25	0.80～1.10
50 万～100 万			1.10～1.25	0.80～1.10
20 万～50 万			1.10～1.25	0.80～1.10
20 万以下				0.80～1.10

注:(1)建设 40 000 座席以上体育场应根据承办的赛事等级另行审批。

(2)5 000 座以下体育场按 4 000m² 为上限。

50 万以上人口的城市可设置次一级(所在地的行政级别)的体育场,其规模应按 10 000～5 000 座确定。

体育场的竞赛要求应符合表 2-2 规定。

表 2-2 体育赛事等级表

等级	主要使用要求
特级	举办奥运会、世界田径锦标赛、足球世界杯
甲级	举办全国性和其他国际比赛
乙级	举办地区性和全国单项比赛
丙级	举办地方性、群众性运动会

根据体育场等级的不同,运动场地的规模按照竞赛规则和赛事级别要求设置,可参照表 2-3 执行。

表 2-3 体育场比赛场地规模表

运动场地	建筑等级		
	特级	甲级	乙级
400 环形跑道	8 条道	8 条道	8 条道
西直道	8～10 条道	8～10 条道	8 条道
跳高场地	2	2	2
跳远场地	两端落地区 2 个	两端落地区 2 个	两端落地区 2 个
撑杆跳高场地	两端落地区 2 个	两端落地区 2 个	两端落地区 2 个

运动场地	建筑等级		
	特级	甲级	乙级
标枪投掷区	2	2	2
铅球投掷区	2	2	2
链球铁饼投掷区	2	2	2
障碍水池	1	1	1

注:指标参照国际田联《田径场地设施标准手册》。

（二）辅助设施要求

体育场主场相关辅助设施由运动场地、看台、辅助用房等部分组成。应根据相应赛事等级确定各部分建筑面积指标。

运动场地包括:比赛场地和热身场地,其规格和设施标准应符合足球和田径运动项目规则和赛事的相关规定。辅助热身场地的规模按照竞赛规则和赛事级别要求设置,可参照表2-4执行。

表2-4　体育场热身场地规模表

运动场地	建筑等级		
	特级	甲级	乙级
400m 环形跑道	至少 4 条	至少 4 条	
200m 环形跑道			至少 4 条
西直道	至少 6 条道	至少 6 条道	至少 6 条道
标枪投掷区	1	1	1
铅球投掷区	2	2	1
链球铁饼投掷区	1	1	1

注:指标参照国际田联《田径场地设施标准手册》。

看台包括:观众席(含无障碍座席)、运动员席、媒体席、主席台和包厢等,应根据体育场等级和赛事要求进行设置。

无障碍座席位至少应按看台总座席数的2‰设置,位置应方便入席及疏散。

主席台的规模宜符合表2-5的规定。

表2-5　主席台座席指标

观众总规模	10 000 席以下	10 000 席以上
主席台规模	1%~2%	0.5%~1%

辅助用房包括:观众用房、运动员用房、竞赛管理用房、媒体用房、场馆运营用房、技术设备用房和安保用房等,其功能布局应满足比赛要求,具有通用性和灵活性,便于使用和管理,并解决好平时与赛时各类用房的利用问题。

观众用房包括:观众区、贵宾区和其他(赞助商区)。观众用房应与其看台区接近,建筑面积应与其使用要求及使用人数相一致,并配置相应的服务设施。

运动员用房应符合下列要求:

运动员用房应包括运动员及随队官员休息室、兴奋剂检查室、医务急救室、检录处和赛后控制室等。运动员休息室应由休息室、更衣室、按摩室、厕所、盥洗室、淋浴等成套组合布置。特级、甲级体育场一般设置 4 套运动员休息室,乙级、丙级体育场一般设置 2 套运动员休息室。

兴奋剂检测室,应分别设置候检室、工作室和尿取样卫生间和血检取样间。

特级体育场第二检录室内,应设置不少于 6 条 60m 热身跑道。甲级、乙级体育场第二检录室内,应设置不少于 4 条 60m 热身跑道。

体育场应按照男女分别设置赛后控制室,宜内设卫生间。

运动员用房最低标准应符合表 2-6 规定。

表 2-6　运动员休息室、兴奋剂检查室、医务急救室、检录处和赛后控制室建筑面积指标

(单位:m²)

等级	运动员休息室	兴奋剂检查室	医务急救	检录处	赛后控制室
特级	800(4 套)	65	35	1200	40
甲级	400(2 套)	60	30	1000	40
乙级	300(2 套)	50	25	800	20
丙级	200(2 套)	无	25	室外	无

注:(1)体育场检录处指第二检录处,体育场第一检录处设置在热身场地处。

(2)赛后控制室面积为男女合计面积。

竞赛管理用房应包括:组委会办公和接待用房、赛事技术用房、其他工作人员办公区、储藏用房等。最低标准应符合表 2-7 的规定。

表 2-7　组委会办公和接待用房、赛事技术用房等用房建筑面积指标　(单位:m²)

等级	组委会办公和接待用房	赛事技术用房	其他工作人员办公区	储藏用房
特级	550	250	100	600
甲级	300	200	80	400
乙级	200	150	60	300
丙级	150	30	40	200

媒体用房应包括:媒体工作区和媒体技术支持区。媒体工作区包括:新闻发布厅、记

者工作区、记者休息区、评论员控制室(CCR)、转播信息办公室(BIO)和新闻官员办公室等。媒体用房最低标准应符合表2-8的规定。

表2-8 媒体用房建筑面积指标 (单位:m²)

等级	新闻发布厅	记者工作区	记者休息区	评论员控制室(CCR)	转播信息办公室(BIO)	新闻官员办公室
特级	225(150人)	300	75	25	25	25
甲级	150(100人)	200	50	20	20	25
乙级	120(80人)	160	40	15	15	15
丙级	75(50人)	100	25			15

技术设备用房包括:计时记分用房和扩声、场地照明机房。计时记分用房应包括:计时控制、计时与终点摄影转换、屏幕控制室、数据处理室等。技术设备用房最低标准应符合表2-9的规定。技术用房指体育比赛专用技术用房。显示屏控制室、扩声控制室应能看到比赛场地和观众大厅。体育场终点摄像机房应正对终点线,并可以看到110m起跑处。

表2-9 体育场技术设备用房建筑面积指标 (单位:m²)

等级	终点摄像机房(m²)	显示屏控制室(m²)	数据处理室(m²)	灯光控制室(m²)	扩声控制室(m²)
特级			100		
甲级	12	40	80	20	30
乙级			50	15	20
丙级	临时设置	20	30	10	10

另外还有场馆运营用房包括:办公区、会议区和库房。其他设备用房应包括:消防控制室,电气系统用房、设备机房和设备库房等。安保用房包括:安保观察室、安保指挥室。

二、体育馆的建设规模要求

体育馆是指配备有专门设备而供能够进行球类、室内田径、冰上运动、体操(技巧)、武术、拳击、击剑、举重、摔跤、柔道等单项或多项室内竞技比赛和训练的体育建筑。主要由比赛和练习场地、看台和辅助用房及设施组成。体育馆根据比赛场地的功能可分为综合体育馆和专项体育馆;不设观众看台及相应用房的体育馆也可称训练房。

(一)主场地建设规模要求

体育馆的建设规模应按人口规模和竞赛要求确定。体育馆按照人口规模可分为五级,即200万以上人口、100万～200万人口、50万～100万人口、20万～50万人口、20万以下人口。体育馆比赛场地按照赛事级别和国际惯例,6 000人以上按照体操场地计算,6 000人以下按照手球场地计算,热身场地相应设置。6 000人按照手球和体操两种情况计算,应用时按照实际情况分别参照执行。

体育馆根据使用要求确定的建筑面积指标应符合表2-10的规定。

表2-10　体育馆根据人口规模分级对应的建设规模表

座席数(座) 单座面积指标 (m²/座) 人口规模(人)	10 000~ 12 000	6 000~10 000 (不含10 000)		3 000~6 000 (不含6 000)	2 000~3 000 (不含3 000)
	体操	体操	手球	手球	手球
200万以上人口	4.3~4.6	4.5~4.6	3.7	3.7~4.1	4.1~5.1
100万~200万人口		4.5~4.6	3.7	3.7~4.1	4.1~5.1
50万~100万人口				3.7~4.1	4.1~5.1
20万~50万人口					4.1~5.1
20万以下人口					4.1~5.1

注:(1)体育馆座席为6 000人时,分别按体操和手球计算单座建筑面积。

　　(2)2 000座以下体育馆以10 000m²为上限。

50万以上人口的城市可设置次一级(所在地的行政级别)的体育馆,其规模应按6 000座以下体育馆确定。

体育馆的竞赛要求应符合表2-11规定。

表2-11　体育赛事等级表

等级	主要使用要求
特级	举办奥运会
甲级	举办全国性和国际单项比赛
乙级	举办地区性和全国单项比赛
丙级	举办地方性、群众性运动会

根据体育馆等级的不同,运动场地的规模按照竞赛规则和赛事级别要求设置,可参照表2-12。

表2-12　体育馆比赛场地规模表　　　　　　　　　　(单位:m²)

分类	要求	最小尺寸要求
大型	可进行体操(搭台)、冰球比赛	70×40
中型	可进行体操(国内)、手球	48×28

分类	要求	最小尺寸要求
小型	可进行篮球比赛	38×24

注:体育馆场地尺寸指比赛场地收起活动看台后的场地最大尺寸。

（二）辅助设施要求

体育馆的辅助设施主要由运动场地、看台、辅助用房及相应设施等组成。

运动场地包括:比赛场地和热身场地,其规格和设施标准应符合各运动项目规则和赛事的相关规定,可参照表 2-13。

表 2-13 体育馆热身场地规模表

分类	使用要求
大型	可进行体操、冰球热身训练
中型	可进行体操、手球热身训练
小型	可进行篮球比赛热身训练

看台包括:观众席(含无障碍座席)、运动员席、媒体席、主席台和包厢等,应根据体育馆等级和赛事要求进行设置。

无障碍座席位至少应按看台总座席数的 2‰设置,位置应方便入席及疏散。

主席台的规模宜符合表 2-14 的规定。

表 2-14 主席台座席指标 （单位:席）

观众总规模	10 000 席以下	10 000 席以上
主席台规模	1%～2%	0.5%～1%

辅助用房包括:观众用房、运动员用房、竞赛管理用房、媒体用房、场馆运营用房、技术设备用房和安保用房等,其功能布局应满足比赛要求,具有通用性和灵活性,便于使用和管理,并解决好平时与赛时各类用房的利用问题。

观众用房包括:观众区、贵宾区和其他(赞助商区)。观众用房应与其看台区接近,建筑面积应与其使用要求及使用人数相一致,并配置相应的服务设施。

运动员用房应符合下列要求:

运动员用房应包括:运动员及随队官员休息室、兴奋剂检查室、医务急救室和检录处等。运动员休息室应由休息室、更衣室、按摩室、厕所、盥洗室、淋浴等成套组合布置。特级、甲级体育馆一般设置 4 套运动员休息室,乙级、丙级体育馆一般设置 2 套运动员休息室。兴奋剂检测室,应分别设置候检室、工作室和尿样取样卫生间和血检取样间。

运动员用房最低标准应符合表 2-15 规定。

表 2‑15 运动员休息室、兴奋剂检查室、医务急救室和检录处建筑面积指标 （单位:m²）

等级	运动员休息室	兴奋剂检查室	医务急救	检录处
特级	800 (4 套)	65	35	150
甲级	600 (4 套)	60	30	100
乙级	300 (2 套)	50	25	60
丙级	200 (2 套)	无	25	40

竞赛管理用房应包括:组委会办公和接待用房、赛事技术用房、其他工作人员办公区、储藏用房等。最低标准应符合表 2‑16 的规定。

表 2‑16 组委会办公和接待用房、赛事技术用房、其他工作人员办公区和储藏用房建筑面积指标

（单位:m²）

等级	组委会办公和接待用房	赛事技术用房	其他工作人员办公区	储藏用房
特级	550	250	100	500
甲级	300	200	80	400
乙级	200	150	60	300
丙级	150	30	40	200

媒体用房应包括:媒体工作区和媒体技术支持区。媒体工作区包括:新闻发布厅、记者工作区、记者休息区、评论员控制室(CCR)、转播信息办公室(BIO)和新闻官员办公室等。媒体用房指标为场馆内用房。媒体支持区一般在建筑物外根据需要临时搭建。媒体用房最低标准应符合表 2‑17 的规定。

表 2‑17 媒体用房建筑面积指标 （单位:m²）

等级	新闻发布厅	记者工作区	记者休息区	评论员控制室(CCR)	转播信息办公室(BIO)	新闻官员办公室
特级	225(150 人)	300	75	25	25	25
甲级	150(100 人)	200	50	20	20	25
乙级	120(80 人)	160	40	15	15	15
丙级	75(50 人)	100	25		15	15

技术设备用房包括:计时记分用房和扩声、场地照明机房。计时计分用房应包括:屏幕控制室、数据处理室等。技术用房指体育比赛专用技术用房。显示屏控制室、扩声控制室应能看到比赛场地和观众大厅。技术设备用房应符合表 2‑18 的规定。

表 2-18 体育馆技术设备用房建筑面积指标 （单位:m²）

等级	显示屏控制室（m²）	数据处理室（m²）	灯光控制室（m²）	扩声控制室（m²）
特级		100	20	30
甲级	40	80	20	30
乙级		50	15	20
丙级	20	30	10	10

另外还有场馆运营用房包括:办公区、会议区和库房。其他设备用房应包括:消防控制室,电气系统用房、设备机房和设备库房等。安保用房包括:安保观察室、安保指挥室。

由于体育建筑发展较快,特别是与体育竞赛功能相关的部分更新更快,许多九十年代以前的体育场馆受到建筑结构等因素限制,即使改造也难以全部达到新的建设标准,根据奥运会及亚运会体育场馆改造经验,往往采用部分临时设施作为部分赛事功能用房,能够满足比赛要求。因此改造体育场馆可参照本标准执行,而不做硬性规定。

近年来学校体育场馆发展较快,部分体育场馆承担了包括亚运会等赛事级别的比赛项目,取得了较好的社会、经济效益。但从学校体育场馆特点来看,功能、规模与公共体育场馆差别较大,通常活动座椅数量较多,单座面积指标较高(以固定座椅计)。因此,学校体育场馆可参照体育场馆建设标准执行,而不做特殊规定。

第三节 体育场馆设计要求

体育建筑设计应结合我国国情,注意各地区的气候和地理差异、经济和技术发展水平、民族习惯以及传统因素,因地制宜进行设计。

一、体育设施的总体设计要求

（一）建筑的质量标准

竞赛设施根据竞赛等级、训练设施根据使用对象,主要分为下列四个等级,见表 2-19。

表 2-19 适用对象及要求

等级	使用要求	训练对象
特级	举办重大国际性比赛	国家队
甲级	举办全国性和国际性比赛	省、市队、大学
乙级	举办地区性比赛	地、县队、大中学
丙级	举办非正规比赛	群众、中小学

（二）建筑技术标准

各等级体育建筑的技术标准应符合下列规定，见表 2-20。

表 2-20 等级技术标准要求

建筑等级	主体结构耐久年限	耐火等级
特级、甲级	100 年以上	不低于二级
乙级	50 年以上	不低于二级
丙级	25 年以上	不低于三级

（三）出入口和内部道路

（1）总出入口一般不应该少于两处，并以不同方向通向城市道路。观众出入口的有效宽度不小于室外安全疏散指标（0.15m/百人），并不得小于 4.0m。

（2）观众疏散道路应尽量避免人行车行相互干扰，宽度应不小于室外安全疏散指标。

（3）道路疏散应满足通行消防车的要求，净宽度不小于 3.5m，上空净高不小于 4.0m。

（4）观众出入口应留有集散场地，一般不小于 0.2m²/人，可充分利用道路、空地、屋顶、平台等。

（四）停车场设计要求

（1）应在基地内设置各种车辆的停车场，其面积指标应符合各地有关主管部门规定。

（2）如因条件限制，停车场也可在基地附近的地区，由当地市政部门统一设置，但部分专用停车场（贵宾、运动员、工作人员等）宜设在基地内。

（五）周边环境设计要求

（1）尽可能增加绿化面积，并符合当地有关绿化指标的规定。

（2）综合考虑各种景观因素，如花坛、喷泉、坐凳和小品建筑等。

二、体育场馆建筑设计要求

（1）体育场馆的建设应满足体育竞赛要求，同时对观看比赛时的视线设计、声学设计、体育照明设计均应满足相关规范及标准要求。

（2）体育场馆的建设在满足体育竞赛要求的同时，其场地、功能用房应考虑多功能使用，以满足日益增长的全民健身需要和场馆多功能运营需要，更好地发挥公共体育项目投资的社会及经济效益。

（3）体育场馆结构形式应满足大空间、大跨度的建筑设计要求，同时兼顾经济性和合理性。因此结构选型、结构计算往往对此类建筑投资影响较大，应经过充分论证，选择经济、合理的结构形式。

（4）由于体育场馆单座容积较大，属于能耗较高的建筑类型，建设中应充分论证，选择合理的空间形式、设备选型,选用节能环保的建筑材料,增加自然采光、通风的可能性,在满足竞赛要求的前提下,降低维护及运行成本。

(5)针对日常和赛事维护管理的要求。体育建筑应便于维护管理,同时应有安全、可靠的措施能够应对使用中发生的紧急情况和意外事件。

(6)体育场馆的建设应考虑体育运动的特点,考虑老幼及残障人士等不同使用对象的特殊要求。规定体育场馆建筑和环境方面总的要求,体现了对运动员及各类锻炼人群的关爱。

(7)在满足足球和田径比赛要求同时,适当考虑其他的运动项目。内部辅助用房应有一定的适应性和灵活性。

(8)针对场地界限外围设计的要求,运动场地界线外围须按照规则设有缓冲区域、通行宽度及安全防护等要求。

(9)场馆内运动场地应选用符合体育竞赛要求的各类专用材料。

(10)看台平面布置应考虑座席的观看位置,以及比赛时的特殊要求。看台平面布置应根据比赛场地和运动项目,使多数席位处于视距短、方位好的位置。

第四节　体育场馆布局要求

一、体育场馆总体布局的一般原则

体育场馆是大众群体进行运动锻炼、进行各类赛事及丰富社会文化生活的重要物质载体。体育场馆布局促进城市长远发展,满足大型体育赛事与赛后利用的问题。大型体育赛事场馆对城市发展具有完善空间布局、促进城市旧区改造、加快基础设施建设、促进周边土地增值、提升城市形象等作用,具有社会效应、经济效应及环境效应。

在建设体育场馆充分考虑城市发展布局,在规划布局时应遵循以下几条原则:

(一)整体性原则

根据城市体育运动场馆建设总体规划,合理确定体育运动场馆总体布局类型,并满足体育竞赛项目对场馆设施的各种要求。场馆布局应以拓展城市空间结构、带动地区经济发展、加快区域土地开发为目标,促进城市的整体发展。如朝向、光线、风向、安全、防护等。

(二)实用性原则

为了创造良好的体育竞技条件和方便舒适的观赏环境,要解决好体育设施各功能区内部的功能要求及相互间的关系,做到建筑布局紧凑、功能分区明确、交通组织合理、管理维修方便。

(三)经济性原则

充分利用自然地形和天然资源,合理制定各场、馆、池的建设规模和建造标准,最有效地使用建筑投资,赛时与平时、近期与远期、体育功能与其他社会功能相结合,以发挥最大经济效益。

(四)可行性原则

体育运动场馆总体规划应与城市总体规划相协调,其建筑规模和标准应与各城市经济发展水平相适应,以保证其建设的可行性。

(五)美观性原则

在实用、经济的前提下,突出体育建筑的风格,充分体现体育之艺术,创造良好的建筑景观,成为城市地标建筑。

(六)灵活性原则

全面规划,远近期建设项目统筹,一次规划,分期实施,为体育运动场馆的改建、扩建以及后期新建场馆留有余地。

二、体育场的布局要求

(一)体育场的方向

体育场的方向主要决定于场地所在地区纬度、主导风向和主场地的主要使用要求、使用时间,以免在进行各类各级比赛及锻炼使用时出现的阳光或风的影响。主场地的纵轴线基本上为南北方向,再根据当地主导风向确定偏移的角度,不同维度主场地的纵轴与当地的子午线的有一定偏差,具体见表 2‑21。

表 2‑21　不同纬度运动场地纵轴与当地子午线的偏差表

场地纵轴线方位	运动场地纵轴线对子午线允许偏差	
北半球地理纬度　　　　允许偏差角度	北偏东	北偏西
16°～25°相当于昆明、台北以南	0°	20°
26°～35°相当于郑州以南	0°	15°
36°～45°相当于哈尔滨以南	5°	10°
46°～55°相当于哈尔滨以北	10°	5°
56°～65°俄罗斯境内	15°	0°
极圈附近、北极	25°	0°

注:以北半球为例。

(二)体育场的布局

大型体育场必须满足国际、国内正式田径比赛的要求。所有田径比赛项目(公路竞走和马拉松除外)均能在场地内进行,设置检录区、媒体区、运动员休息区等多功能区域。

目前就主运动场地内项目有部分田赛项目在直道外侧及全部在跑道内侧两种布局类型。

1.部分田赛项目设置在直道外侧类型

该类主运动场为目前比较普遍项目布局形式,标准跑道设置 9 条跑道,100m 及 100m 栏项目直道设置 10 条跑道,部分田赛项目设置在直道外侧,如跳远、三级跳远、撑杆跳高场地。如北京工人体育场、黄龙体育中心体育场等。该类主运动场适合大型比赛,建造场地使用土地较多,示意图见图 2-1。

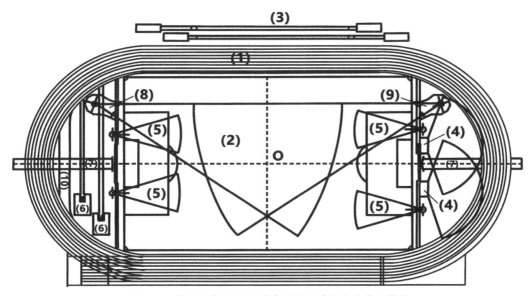

图 2-1 部分田赛项目跑道外侧主运动场地分布示意图

注:(1)径赛跑道,(2)足球场,(3)跳远、三级跳远场地,(4)跳高场地,(5)铅球投掷区,(6)撑杆跳高设施,(7)标枪投掷区,(8)铁饼投掷区,(9)链球投掷区,(10)障碍水池。

2.田赛项目设置在跑道内侧类型

田赛所有项目的场地设置在跑道内侧的场地上,如改建前的南京五台山体育场,学校体育场等。此类型场地占地面积较少,同时进行比赛的项目也少,适用于一般性比赛和教学,示意图见图 2-2。

三、体育馆的布局

体育馆要具备多种功能,能开展篮球、排球、羽毛球、乒乓球、武术等多项体育运动,同时可进行文艺演出、大型集会等文化活动场所。另外还有相应的辅助比赛的练习场地、看台、辅助用房及相应设施组成。体育馆根据比赛场地的功能可分为综合体育馆和专项体育馆;不设观众看台及相应用房的体育馆也可称训练房。

(一)综合体育馆的布局

综合性体育馆比赛大厅主要包括比赛场地和观众席两部分组成,其他辅助比赛用房

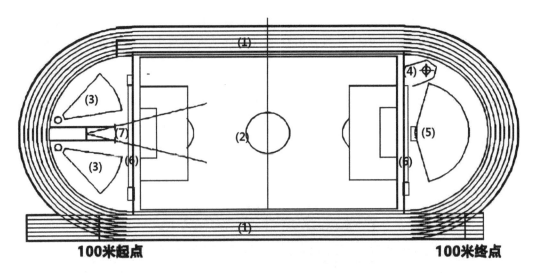

100米起点　　　　　　　　**100米终点**

图2‐2　部分田赛项目在跑道内侧的主运动场地分布示意图

注:(1)跑道,(2)足球场,(3)铅球场地,(4)铁饼场地,(5)跳高场地,(6)跳远、三级跳远场地,(7)标枪场地。

环绕分布于主比赛大厅四周。

综合性体育馆的比赛场地布局主要考虑运动项目的复合性,采用多功能比赛场地,内部尽可能增加活动面积。根据体育馆内比赛场地的大小可分为3种综合性体育馆布局形式:

1. 小型综合性体育馆布局

主要以标准篮球场尺寸为准,设置的看台也较少,内部可设置1片篮球场、1片排球场地、1片网球场、4片羽毛球场、8片乒乓球场、健美操、武术等项目兼容。一般为学校体育馆。

2. 中型综合性体育馆布局

主要以手球场地尺寸为准,设置看台较多,另外场地内可灵活设置活动看台。内部可设置手球场地为准,兼顾标准篮球场1片,2片排球场,室内5人制足球比赛,体操比赛等,一般为高校综合体育馆、市级综合体育馆。

3. 大型、特大型综合性体育馆布局

主要以冰球场地尺寸为准,可设置大量活动看台,一般固定观众席位超过3 000席,比赛场地布局呈现多功能多格局,可承接多项赛事,冬季可承接冰上项目,其他时段承接篮球、排球、体操、乒乓球、武术等国家国际级赛事。

(二)专项体育馆的布局

专项性体育馆由于各项目特色不同,构造特殊,各有特色,同时部分也具备相应项目的赛事。主要包括比赛场地和观众席两部分组成,其他辅助比赛用房环绕分布于比赛场地四周。根据体育馆内比赛场地的大小可分为3种综合性体育馆布局形式:

1. 小型专项体育馆

该类专项馆占地面积较少,看台也较少,承担专项性赛事,如保龄球馆、斯诺克馆等。

比较小众的专业性强的,具有专项设施配套的场馆。

2. 中型专项体育馆

该类专项体育馆相对占地面积较大,有较多的看台,如网球馆、游泳馆等。

3. 大型专项体育馆

该类场馆专业性类似项目同设置在馆内,设置很多看台,承接国家国际重大赛事,如国家游泳中心,场地布局上设置有游泳、花样游泳、跳水、水球等项目。有非常齐全的比赛配套辅助设施,智能化监控管理程度很高。

第五节　体育场馆照明要求

根据中华人民共和国行业标准《体育场馆照明设计及检测标准》2017年版要求设计。

一、总则

(1)为了提高体育场馆的照明质量,保证体育场馆照明符合使用功能要求,做到安全适用、技术先进、经济合理、节约能源。

(2)标准适用于新建、扩建和改建体育场馆的照明设计及体育场馆的照明检测。

(3)体育场馆照明设计应符合赛事要求,并应充分考虑场馆赛时与赛后的综合利用和运营。

(4)体育场馆照明设计及检测除应符合本标准外,还应符合国家现行相关标准的规定。

二、基本规定

(1)体育场馆照明应根据电视转播和使用功能要求按表2-22进行分级。

表 2-22　体育场馆照明分级表

无电视转播		有电视转播	
等级	使用功能	等级	使用功能
Ⅰ	健身、业余训练	Ⅳ	TV转播国家比赛、国际比赛
Ⅱ	业余比赛、专业训练	Ⅴ	TV转播重大国家比赛、重大国际比赛
Ⅲ	专业比赛	Ⅵ	HDTV转播重大国家比赛、重大国际比赛

注:表中Ⅳ级、Ⅴ级、Ⅵ级也适用于有特殊要求的其他比赛。

(2)体育场馆照明应满足运动员、裁判员及观众等各类人员的使用要求。有电视转播时应满足电视转播的照明要求。

(3)重大国际比赛高清晰度电视转播时,照明应符合国际相关体育组织和机构的技术要求。

(4)重大比赛体育场馆设计应考虑赛事时的特殊功能性照明要求。

（5）体育场馆照明应包括比赛场地照明、观众席照明和应急照明。

（6）体育建筑方案设计阶段，应同时考虑照明设计方案的要求。

（7）体育场馆照明设计在满足相应照明指标的同时，应实施照明节能。

（8）体育场馆照明系统安装完成后以及进行重大比赛前，应进行照明检测。

三、一般规定

（1）体育场馆场地照明的照度值应为参考平面上的使用照度值。参考平面的高度应符合《照度计算和测量网格及摄像机位置》规定要求。

（2）体育场馆场地照明的照度均匀度 U_1（最小照度与最大照度之比）和 U_2（最小照度与平均照度之比）不能低于标准要求。

（3）体育场馆场地照明的不舒适眩光应采用眩光指数评价，按照《关于室外体育设施和区域照明的眩光评价系统》CIE112—1994 进行计算，室内体育场馆眩光指数计算时其反射比宜取值 0.35～0.40。最大允许值不得大于标准规定。

（4）体育场馆场地照明的一般显色指数 R_a、特殊显色指数 R_9 和相关色温 T_{cp} 不应低于标准要求。

四、相关规定

（1）有电视转播时场地平均水平照度与平均垂直照度的比值：体育场宜为 0.75～1.80，体育馆宜为 1.0～2.0。

（2）重大比赛时辅摄像机方向的垂直照度应为面向场地周边四个方向水质上的照度。

（3）重大比赛时 TV 应急照明的照度标准值宜为该级照度的 50%，且主摄像机方向的垂直照度不应低于 750lx。

（4）HDTV 转播重大比赛有超高速摄像机要求时，摄像机方向的垂直照度不应低于 1800lx，场地照明的频闪比不宜大于 6%。

（5）照明设计应进行照明计算。比赛场地的照度计算网格及摄像机位置宜符合《照度计算和测量网格及摄像机位置》规定要求。

（6）照明计算维护系数取值应为 0.8；多雾和污染严重地区的室外体育场维护系数可取 0.7。

（7）水平照度和垂直照度均匀度梯度应符合下列规定：①有电视转播：当照度计算与测量网格小于 5.0m 时，每 2.0m 不应大于 10%；当照度计算与测量网格不小于 5.0m 时，每 4.0m 不应大于 20%；②无电视转播：每 5.0m 不应大于 50%。

（8）比赛场地每个计算点方向上的最小垂直照度和最大垂直照度之比不应小于 0.3；HDTV 转播重大比赛时不应小于 0.6。

（9）有电视转播要求的观众席前 12 排和主席台面向场地方向的平均垂直照度不应低于比赛场地主摄像机方向平均垂直照度的 10%。主席台面的平均水平照度值不宜低于 200lx，观众席的最小水平照度值不宜低于 50lx。

（10）重大比赛场馆的外部相邻建筑、通道、停车场、设备之间的照明要求宜适当提高。

（11）观众席和运动场地安全照明的平均水平照度值不应小于 20lx。

（12）体育场馆出口及其通道的疏散照明最小水平照度不应小于 5lx。

五、具体执行标准

国际体联委员会第 83 号文件及《民用建筑照明设计标准》GBJ133－1990 中对体育场馆照明度标准作出了规定，具体可查阅《体育场馆照明设计及检测标准》各场馆要求细则。

第六节　体育场馆测量要求

每个运动项目对场地都有一定的要求，无论是画场地还是检查场地，都要先进行测量。因此场地的测量是体育场地工人及体育教师的重要基本功。

场地测量允许有一定的误差，绝对准确是不可能的。通常测量的实际长度比规则规定的规格要略大些，具体根据不同项目情况而定。在场地测量中有明确误差要求的项目有田径场、游泳池等。如，田径比赛规则规定：跑道距离的误差为 0.3‰＋0.01m，即 100m、200m 和 400m 允许的误差分别为 0.04m、0.07m 和 0.13m。田径场跑道测量精度约为 1/3 000，根据测量精度分类，体育场测量属于一般精度标准。

体育测量工具应能满足竞赛规则对场地的精度要求。准备国际比赛时，测量精度应稍高于竞赛规则要求，以便接受国际单项协会官员的检查。为了顺利通过检查，还必须了解和使用该协会使用的测量方法。体育场地测量的基本内容包括距离测量、地面高度测量、角度测量和地面平整度测量四种。

一、距离测量

距离测量又分为长度测量和高度测量两种。

（一）长度测量

长度测量指体育场馆的长度、宽度和比赛路线距离的测量。长度测量可分为两大类：承认记录项目的场地测量，如田径、游泳、速滑等项目的场地测量；不承认记录项目的场地测量，如各类球类项目、滑雪、铁人三项等场地的测量，相对于承认记录的项目测量精度要求稍宽一些，但也应按各项目的比赛规则要求进行。

长度测量工具有：钢尺、玻璃纤维尺、激光测距仪、测量鼓、自行车和汽车等。

钢尺和玻璃纤维尺用于一般精度的测量。如测量跑道、球类场地的端线边线、游泳池的长度等，测量工具必须经过检测部门的检验。

激光测距仪可以测量精度很高的水平距离项目，在运动项目中只有铁人三项的游泳距离要求用激光测距仪测定。

公路比赛的项目（如马拉松、自行车等）和滑雪项目的场地，由于比赛线路较长，地面的平整度较差，故多采用测距鼓、自行车或汽车测量距离。

(二) 高度测量

高度测量用于比赛场地高出地面的场地测量,如跳水的跳台、跳板、体操台、拳击台,各类球类馆上空无障碍空间的高度等。

高度测量可用钢尺,测量时必须保证测量的高度是垂直距离。

二、地面高度测量

地面高度测量是测量检测点的海拔高度,然后相比较,以确定场地的坡度和平整度。有坡度要求的项目,都应对场地地面高度进行测量。坡度检测常用于田径场地、公路比赛项目的路面、滑雪项目的雪道等等。

地面高度测量使用的工具是水准仪。

三、地面平整度测量

平整度指场地地面的平坦程度。多数运动项目对场地地面的平整度只有定性的要求,缺少定量的要求。例如,规则中只要求体育场的地面平坦。

地面平整度的测量工具可用水准仪、水平仪,也可以用长的直尺,常用的直尺可以是4m、3m、2m、1m 的几种,直尺的检测面宽为 2.5cm,应该呈现水平,一般误差不超过1mm。将直尺的检测面放在被检测的场地地面上,测量地面与检测面的空隙程度,空隙大则说明地面平整度差,完全吻合则说明地面平整度好。

四、场地角度测量

许多运动项目的场地呈长方形、正方形、半圆形。长方形和正方形场地四角必须是直角。当场地较小时,如篮球场、排球场、羽毛球场和手球场地等,可用钢尺测量场地对角线,两对角线长度相等说明四角是直角。若场地较大时,比如足球场的角度测量,可采用经纬仪进行。

田径场地应有两个平行的直道和两个半径相等的弯道组成。在确定弯道和直道的准确交点时,必须使用经纬仪。

第七节　体育场馆管理、维修与保养要求

不同体育运动项目其场地构造不同,特别是场地面层的材质有较大区别。场地面层应满足不同运动项目所需要的摩擦、硬度、弹性、平整度、防滑保护、耐磨损耗、标识、色彩、放光等技术要求。场地面层按材料可分为合成材料面层场地和非合成材料面层。合成材料面层又称全天候面层,是高分子合成材料制成的面层;非合成材料面层又称为天然材料面层,是环保的场地面层材料。不同面层场地适用的运动项目见表 2 - 23。不同面层材料场馆的管理、维修及保养有所不同。

表 2-23 不同场地面层适用环境及项目分类表

场地面层材料		适用环境		适用项目	备注
		室内	室外		
合成材料面层	聚氨酯类	不宜	适宜	田径篮球、排球、手球、网球	——
	丙烯酸类	适宜	适宜	网球、篮球	网球硬地比赛场地之一
	丁苯橡胶类（预制）	适宜	适宜	田径、篮球、排球	——
	PVC 类	适宜	适宜	篮球、网球、手球、足球（五人制）	锁扣结构,快速铺装
	PVC、EVA、(PE聚乙烯材料)复合类	适宜	不宜	排球、羽毛球、乒乓球、手球	需要木地板基层
	聚乙烯、聚丙烯（人造草）类	适宜	适宜	足球、曲棍球	——
非合成材料面层	木质类	适宜	不应	篮球、排球、羽毛球、保龄球、壁球	室内设施
	天然草坪类	不应	适宜	足球、高尔夫球、棒球、垒球、网球、田径	——
	土质类	不宜	适宜	足球、田径、篮球、排球、羽毛球、网球、棒球、垒球、地掷球、门球、铅球	学校室外场地不宜使用
	砂质类	不宜	适宜	沙滩排球、足球	——

注:沥青、混凝土面层不利于运动安全,条件允许的情况下不宜采用。资料来源于《体育场地与设施（一）》08J933-1。

一、合成材料面层的管理、维修与保养

合成材料面层场地主要有聚氨酯类、丙烯酸类、丁苯橡胶类、PVC 类等场馆。一般合成材料面层场馆,较多为室外场地,俗称塑胶场地,已成为国际比赛的标准场地,它已成为现代化运动场的趋势,特别是田径运动场地的重要标志之一。为了提高合成材料面层场馆的使用年限,保持其性能的稳定和色泽的绚丽多彩,应加强其管理、维修和保养。由于项目特色不同,场地的使用材料有一定区别。

（一）合成材料面层场馆的管理

（1）应按其适应范围合理使用,一般只供场内各地所承担的专项训练和比赛使用。

（2）场馆是由高分子合成材料面层的塑胶弹性体,要禁止各种机动车辆在上面行驶,以防滴油腐蚀胶面。禁止携带易爆、易燃和腐蚀性物品入内。不得穿刺、切割。要保持清洁,避免有害物质的污染。

（3）进入场馆者必须穿运动鞋。田径场地跑鞋鞋钉不得超过 9mm，跳鞋鞋钉不得超过 12mm。杠铃、哑铃、铅球、铁饼、标枪等器材必须在特设的运动场使用，严禁在塑胶场地进行训练。严禁场地内吸烟、吐痰及乱扔瓜皮果壳等。

（4）要避免长时间的重压。防止剧烈的机械性冲击和摩擦，以免弹性减弱和变形。

（二）合成材料面层场馆的维修与保养

（1）合成材料面层场馆的清洗是维修和养护的一项日常性工作。除每天清扫，有污秽随即清理，还要做到每季度大洗刷一次，污秽严重的地方用专业清洗剂刷洗处理。

（2）比赛前后要用水冲刷，保持场地的色彩和清洁卫生；夏季炎热天气要喷洒凉水，以降低表面温度。

（3）各类场地面层上的各种线和标志应经常保持清晰醒目。随着使用时间的延长，塑胶表面会老化，场地面层的各种标志线会褪色。因此，使用数年后最好喷一层塑胶液，重新绘制标志线。

（4）各类场地面层如发生碎裂、脱胶等现象，应规格要求及时修补，以防蔓延。田径场地和周围的铅球区、沙坑、草地要经常洒水，以防尘土飞扬，影响场地清洁。下水道要经常清理，保持场内排水畅通。

二、非合成材料面层场馆的管理、维修与保养

非合成材料面层场馆主要有木质类、天然草坪类、土质类和砂质类场馆。木质类适宜于室内设施运动项目场馆，其他三类适宜于室外场地的运动项目。

（一）非合成材料面层场馆的管理

1. 木质类面层场馆的管理

（1）场地未经主管部门或主管人员批准，任何单位和个人均不得入内训练或活动。

（2）进入场地的运动员、裁判员和工作人员等必须穿相应的运动鞋，禁止穿皮鞋、高跟鞋和带钉的鞋入内。

（3）场内禁止吸烟、吐痰和泼水。禁止在场内踢足球、投掷重器械，除了专业性赛事用场地外，如举重台。场内固定器械不得随意移动。比赛前后布置和收拾器材用具，要注意轻拿轻放，不得在场地上拖拉器械，以免划伤面层。

2. 天然草坪类场地的管理

（1）天然草坪类场地主要供足球、高尔夫球、棒球、垒球、网球和部分田径田赛等项目使用。

（2）使用时间要根据季节和草的生长情况来安排。北方地区每年 12 月至次年 4 月为草坪保养期，一般不安排使用。5 月份每 2 天用一次，6、7、8 月可每天用，9、10、11 月可2 天用一次。南方草坪场地可全面使用。具体使用时间应根据当地气候等方面的条件决定。

（3）禁止机动车辆进入草坪；田径运动会的投掷项目，标枪、铁饼和铅球项目，比赛时使用草坪，训练时尽可能不适用或少使用。

（4）注意场内卫生。场内不准吸烟，不准乱扔果皮、纸屑和砖块等杂物，不准随地

吐痰。

(5)一切使用单位和使用者必须严格遵守草坪场地使用规定,爱护草坪和场内的一切设施。

3．土质类面层场地的管理

(1)进入场地的人员一律穿运动鞋。禁止穿皮鞋、高跟鞋、带钉鞋入内。

(2)禁止在跑道上行驶各种车辆。

(3)雨后、雪后,场地过湿或过于松软都不得使用。

(4)场地内线要随时保持清晰,不清晰线段应及时画补。

(5)禁止在场地内吸烟、吐痰,乱扔果皮、纸屑。布置和收拾训练、比赛器械时要轻拿轻放,不得在场地上拖拉。

(二) 非合成材料面层场馆的维修与保养

1．木质类面层场馆的维修与保养

(1)涂地板蜡。涂地板蜡是保护木质地板的重要措施,能保持地板不干、不裂、不变质。但涂蜡要根据各个场馆的实际情况进行。涂蜡导致地板表面太光滑,容易造成运动员摔跤,脚抓地用力不当,影响技术发挥。

(2)涂地板油。涂地板油可使地板不干燥、不变质和防腐、防滑等作用。一般情况下可以每周涂 1～2 次,气候干燥时次数可以视需要适当增加。

(3)涂防滑油。体育比赛开始前,为防止场上运动员脚下打滑,可使用防滑油。

(4)覆盖防滑膜。在地板上覆盖一层防滑膜。耐磨不涩,很适合运动比赛,但其比较怕水、怕灰层,故要经常保持场地内的清洁卫生。平时,要保持每天用干净的干布拖擦一次。比赛前后要清洁拖擦,有比赛时每天要拖擦 3～4 遍。

(5)海绵垫(包)、地毯覆盖保护。每季翻晾、通风 1 次以上,以防水汽侵蚀地板和器材。使用直接贴铺在地板上橡胶面场地,更应定期或不定期翻晾,做好地板的防腐工作。

2．天然草坪类场地的维修与保养

(1)管理人员了解各种草的生长规律和使用特点。

(2)每年 12 月至次年 4 月,是草的"冬眠初育期",是草坪维护和保养的重要阶段。在我国北方,进入这个阶段,特别是 3 月初至 4 月底,应每隔 2 天浇一次"返青"水,水要浇透,保持场地湿润。浇水时间应根据天气和气温决定,同时要看好场地,不准踩踏。

(3)草苗长出地面 2.0cm 之后,要拔除野草。开始 7 天拔一次,连续拔 4～6 次。视野草生长情况确定拔草时间和次数。

(4)为了促进草坪的分蘖生长,要施一些复合肥,能更好地促进植株分蘖,提高抗性,让草坪生长得更好,一般在生长旺季要多施肥。5、6 月中旬视草苗的长势施肥。每块足球场大小的草坪可施肥 200kg,施 1～2 次即可。

(5)草坪要定期修剪,保持平整,高度为 4.0～5.0cm。剪草用剪草机进行,以装有引擎的手推式剪草机为佳。剪草以在一天内剪完一遍为好。剪草之前用 1 吨重碾子轧一遍,以免杂物损伤剪刀。剪下来的草要立即清除,以免霉烂,损伤草坪。

(6)草坪损坏的地方要及时载补,避免裸露部分蔓延。镶补草坪的方法:镶补前,应将表面泥土掘松 2.0～3.0cm,以使草坪能很快在新环境中生根,将多余的泥土旁边,然后将移过来的草皮一块一块镶上。新草坪与旧草坪之间要留有 1.5～2.0cm 的空隙,并填满泥土。新镶的草坪应比原有地面高出 1.5～2.0cm,接缝处高出 1.0cm 左右。要浇洒足量的水,略干后,用 1 吨重碾子碾轧两遍,使草坪平、结实,利于草根繁殖。

(7)很多草坪都容易滋生病虫害,需要提前做好防治工作,定期修剪,将草屑和杂物清理干净,不让草坪被遮挡。并且要时常检查一下,发现有病虫害发生,一定要及时进行处理,可以喷洒药剂杀除,防止草坪出现大面积的枯萎。

(8)入冬前要浇冬水 12 次。冬季,待草茎全部干枯后,选微风天将草坪火烧一遍。

3.土质类面层场地的维修与保养

(1)土质面层场地应及时进行翻修,翻修保养一般在每年春季进行一次。这是土质面层场地维护保养工作中的一项最大也是最重要的任务。

(2)坚持每天喷水来保持土质面层场地的湿润,防止因干燥出现扬尘或扬沙。每次喷水量应适当,地面达到湿润即可。喷水量过大会使场地地面过于松软而影响场地的正常使用。下雪后要及时将雪扫出场外,防止融雪影响场地的正常使用。

(3)场地四周要具备良好的排水系统,防止场地内积水。特别在雨季前要加强对排水系统的检查与修缮。

(4)场地上的杂草要及时清除,特别是在杂草生长旺盛的雨季要加强除草工作,在杂草尚未成熟之前清除。

(5)保持场地的卫生清洁,坚持每天打扫场地。在训练、比赛活动结束后要及时清理场地。

(6)新建的场地或长期使用后的场地,地面难免有低洼之处,定期碾压场地表面,以确保场地的平整和密实。雨后应及时查看补修。

(7)场地周围必须备齐日常维修保养所用的标准沙土和必需的工具及器械,以方便随时使用。

(8)在有条件的场地周围种植树木,以调节气候,净化空气,防止沙尘、风暴,保护地面。

第八节 体育器材管理

体育器材和体育场馆一样,是开展体育活动不可缺少的物质基础,常被人们称为体育运动中的"硬件",十分重要。因此,除了要掌握体育场馆的管理、维修和保养的知识和技能外,还必须熟悉比赛规则对相关器材设备的要求,了解体育器材的性能,掌握体育器材的使用和保养方法,并具有一般的维修技能,才能称得上是一名合格的场地工人。

一、体育器材的种类

体育器材一般可分为比赛器材、教学训练器材和一般性器材。

(一)比赛器材

所谓比赛器材,关键是必须符合该运动项目规则对器材的要求,如球类项目用球的重量、直径或圆周、充气量和颜色等必须符合比赛规则的有关规定。体操比赛用的单杠、吊环、跳马、鞍马、高低杠和平衡木等器械,除其规格要符合体操比赛规则的要求外,质量至关重要,必须能承受比赛时的运动负荷,保证运动员的安全。

实践中选择比赛使用的器材设备,除必须符合比赛规则要求的基本条件外,还应考虑其耐用程度、使用的方便程度和美观程度等指标。因此,必须对购进的器材逐一严格检查,不合格者不得入库,更不能使用。这一点在举办全国性比赛,特别是国际比赛时尤其要严格执行。

(二)教学训练器材

教学训练用器材是以能适应教学和训练的要求为目的,其种类和数量以满足教学训练的需求为依据。现代竞技体育的发展,不仅要求在训练中使用合乎规则要求的体育器材,而且还要求有增进运动员身体素质的多种训练用辅助器材及设备。

教学训练器材品种多数量大,且必须经久耐用,如田径运动的教学训练器材,一般有杠铃、壶铃、哑铃、沙袋、沙护腿、沙背心、跳绳,各种重量的铅球、铁饼、链球、标枪和实心球,训练用栏架、卧推架、下蹲架、力量训练联合器械、肋木、跳马、垫子、爬绳、跳高架、跳箱、棕垫、投掷挡网等。

(三)一般性器材

一般性器材是指通用性的器材,而非体育比赛和教学训练的专用器材,也就是说是举办任何活动都离不开的器材。最常见的有桌子、椅子、凳子、扩音器、运输工具、常用的各种修理工具等,这类器材是每个体育场馆必须具备的基本物品。

二、体育器材的管理

体育器材的管理,要抓好购置、管理和使用三个环节。

(一)器材购置

器材设备的质量关系到运动员的安全,直接影响教学训练的效果和比赛水平的发挥,同时也关系到器材设备的使用寿命和效益大小。器材设备的质量决定于生产使用的材料和工艺。所以在购置器材设备时,要对生产厂家和选购的器材进行深入的考察,严格检查质量。对于比赛用器材设备,更应按比赛规则的要求,严格把关。尤其应注意检查器材设备上制造厂商的名称、标记或商标,看其是否符合比赛规则中的有关规定。因为一些国际单项协会对此有比较严格的规定,例如,国际田联的田径比赛规则中规定:"在比赛场内使用的器械上,制造商的名称、标记或商标,必须限于每件只能有一个标记,其高度不得超过 3.0cm。"这种器材应包括栏架、横杆、报圈用铜钟、投掷器材等,只有上述器材的制造厂商才能在器材上放置自己的标记或商标。国际田联还规定了"跳高和撑竿跳高落地区海绵包上,可有一个或两个制造商的名称或标记,在与助跑方向成直角的两侧各放一个,其字体高度应为海绵包高度的十分之一,最高为 10.0cm"。上述这些规定,许多厂商不熟悉,而国际田联对于这些标记或商标的检查又是比较严格的,如果场地工人不具备这方面知识,往往使购进的器材设备不能用于国际比赛,既影响了比赛又造成了浪费。

（二）器材入库

进入器材室或器材库的器材,应根据发货单进行验收,然后登记入库,通常采取填写器材登记表的形式登记器材设备。登记表应包括器材设备的名称、数量、单价、规格、生产厂家、入库时间和备注等,如表2-24所示。

表2-24　体育设备登记表

名称	数量	单价	规格	生产厂商	入库时间	备注

保管员　　　　　　　　　　　　　　　　　　　　年　　月　　日

器材设备的保管多采用分类保管,例如大型田径比赛需要的器材设备共100多种,通常在器材库内按以下几类分别保管:径赛、马拉松、竞走、跳跃、投掷和共同使用的器材设备,在每类中又可以做更细的划分。

器材设备的保管方法必须保证器材设备的质量不受影响。例如跳高和撑竿跳高用的横竿、标枪等器材的保管,必须保证横竿和枪身不变形。电子设备必须置于干燥的房间内,有的需要保存在有空调设备的房间内。多数器材应放在特制的架子上,大型的器材设备可置于干燥的地面上。总之,每一种器材设备的保管方法应服从于该器材设备的特殊要求,任何器材设备都不能置于露天,受风吹、日晒、雨淋的侵蚀。管理工作做得较好的器材室或器材库,在醒目处都有本室存放器材设备的目录和地点,在每一处应有本处存放器材设备的名称和数量。

（三）日常管理

为管理好器材设备,必须建立清点检查器材设备的制度,固定性设备要根据该设备的特点,制定检查制度。通常对于所有器材设备来说,年终的清查、比赛前的清查和赛后的清查是必不可少的,清查出不能继续使用的器材设备,要及时维修或报废更新。为管好器材,场地工人在每天活动结束后,应及时清点借出器材的归还情况。场地工人在每天活动结束后都应到场馆中巡视一遍,检查场地上器材设备的使用情况。体育器材设备的维护和保养是管理工作的一项重要内容。体育器材设备种类繁多,又是用各种材料制作的,包括金属、木材、人造革、皮、橡胶、棕、毛、布和化纤材料等。各种材料都有一个维护和保养的问题,而每一种材料制作的器材设备维护保养的方法又各有不同。例如,为防止用钢制作的器材生锈,有的可以上漆,有的需要上油。为解决木材制品防潮变形问题,有的外表涂油漆,有的采用蜡封。皮革制品必须防潮,也不能置于日光下暴晒,冬季不能放在靠近暖气片的地方,长期保存必须涂保革油。凡用橡胶制作的器材设备要防止加速老化,禁止与油漆接触。凡用塑料制作的垫子,除了防止加速老化外,还要防火。用毛制的地毯,在使用时必须经常用吸尘器打扫,每周至少两次。在干燥季节,要把地毯拿到馆外晾晒,清除灰尘。库存地毯应置于干燥通风处,并放防虫剂。人造革制品要用半干布擦。

许多体育器材设备,如单杠、双杠、高低杠、铁饼和链球的护笼等,都有一个安全使用的问题。而这些器材设备,由于使用中有耗损,降低了安全保证系数。因此,对于这一类的器材设备,应建立严格的定期检验制度,以便及时更换。

电子设备不能长期放置不用,每过一定时间应进行试运转。

总之,体育器材设备的管理绝不仅仅是简单地清点数量,做好这项工作需要多方面的专业知识和技能以及相关的科学知识。为了用好和管好器材设备,重要的是熟悉器材设备的使用方法,建立规章制度,减少不必要的消耗和损坏,以延长使用寿命。体育器材的管理和场地的管理工作,通常由一个部门不同的场地工人负责,也可以由几个人共同负责。场地器材工作的特点是先开始后结束,即在一项活动之前,先准备好场地和器材设备,有时在活动中间,还要做现场监督工作,在活动结束后,又要整理场地,并将器材入库。因此,场地器材工作时间长而且非常辛苦,这就要求场地器材工人有高度的事业心和责任感,尽心尽力把工作做好。

思考题

(1)不同城市人口规模配备体育场与馆要求,以某一规模的场或馆为例,其主场或馆及相应配套场馆有何要求?

(2)体育场馆总体设计要求如何,针对一定规模等级场馆的四周配套设计要求如何?

(3)根据体育场馆的布局要求,怎样在城市中合理布局大型体育场馆及健身型场馆?

(4)不同体育场馆所应用的四种测量方法,举例说明。

(5)根据场馆的管理、维修和保养要求怎样来监制学校场馆管理及维护条例。

(6)怎样成为一位优秀的场馆器材的管理人员?

第三章　田径类场馆与设施

第一节　田径场馆的发展

最早，在古代奥林匹克运动会的比赛章程里（公元前776年）仅有一个比赛项目，即跑一个"斯塔德"（希腊古代长度单位，600个脚掌长，由祭士在赛跑的场地用脚掌来测量）。运动场所的地方不同，丈量场地的祭士不同，所以，"斯塔德"的长度也不同，为176～192m。以后，希腊人的赛跑距离增加到6、8、12和14个"斯塔德"。古代奥林匹克运动会从公元前776年开始到公元394年罗马帝国皇帝狄奥多西下令废除止，延时1170年，共举行293次，运动项目主要以跑为主。

希腊运动场，利用地面的斜坡修建了观众看台，把这个地方命名为运动场。运动场的跑道是沙土地面，经常进行翻修，并用石子压平。跑道宽为140～190cm，最初用绳子拉紧分道，后来改用在地面上用石子排一条直线作分道标志。

在古罗马时代，场地采用的是由一个直道演变到两个平行的直道和一个半圆弯道组成的"马蹄形"场地，并一直沿用到第一届现代奥林匹克运动会前。1896年第一届现代奥运会兴建的田径场地是由两个平行的直段和两个相对相等半圆弯道组成的半圆式场地。这种形状的场地一直沿用到现在，但跑道的周长却在不断变化和改进，曾出现过篮曲式、三圆心式和四角式场地。奥运会比赛中的周长直至20世纪20年代末期才固定为400m半圆式标准场地，部分早期奥运会场地周长见表3-1。20世纪30年代以后，人们认识到不同的跑道周长对田径比赛的成绩有不同的影响。因此,周长 400m 或 440 码(402.3m)的跑道为各国所习惯采用。

表 3-1　早期奥运会跑道的周长

届数	年代	地址	跑道周长
第一届	1896 年	希腊　雅典	两个"斯塔德"
第四届	1908 年	英国　伦敦	500m
第五届	1912 年	瑞典　斯德哥尔摩	385m
第六届	1916 年	德国　柏林	600m
第七届	1920 年	荷兰　安特卫普	400m
第八届	1924 年	法国　巴黎	450m

后来跑道的周长稳定下来,内突沿半径 36m、周长为 400m 的半圆场地,这种类型的场地一直沿用到第 22 届奥运会。国际业余田径联合会最新刊发的《田径设施手册》中认为 400m 半圆式跑道大多数被建成的弯道半径为 35～38m 是适宜的,最好是 36.5m。国际田联建议所有新造的跑道应按 36.5 的半径建造,并称之为"400m 标准跑道"。国际上通用的 400m 半圆式田径场地主要采用的弯道半径有三种:36m、36.5m、37.898m。由于半径为 37.898m 的半圆式 400m 田径场,其弯道和直道部分均为整数,跑道定位较为方便,故成为大赛较为普遍使用的场地类型。

随着社会进步和科技的发展,60 年代出现了塑胶跑道,这对田径运动成绩提高起到了一定的积极作用。我国塑胶跑道起步晚,发展快,70 年代仅有一个北京工人体育场,圆心至内突沿半径为 36m 的半圆式 400m 塑胶场地。改革开放以来,随着国民经济的持续发展增长,国力的增强,国际地位的提高,体育事业发展,体育场馆的建设得到迅猛发展,推动了我国的体育运动发展。

第二节　体育场地的基本构造

体育场主要指有 400m 标准跑道、场地中心有足球场,并带有固定看台的田径运动场。也可泛指非正式田径运动场、球类运动场等。

室内田径馆根据设施级别和使用要求,一般包括 200m 长的椭圆形跑道,内侧直道设置短跑及跨栏直跑道,以及跳高、撑杆跳高、跳远、三级跳远和铅球项目的场地,一般不设铁饼、链球和标枪项目。室内训练型田径场地净高不应小于 9m,正式比赛场地净高应再适当增加。

室外体育场及室内田径馆的基本构造相同,主要包括场地的构造、场地洒水与排水等。

一、径赛场地的构造

目前的田径场跑道分为煤渣跑道和聚氨酯塑胶跑道两种。

（一）煤渣跑道

1. 径赛场地（跑道）基础垫层的构造

为了使跑道具有良好的渗水性能、适宜的硬度和承载力,其基础必须坚实,经久耐用。

垫层的厚度、层次和材料要根据当地的地质和地面高度的情况,进行设计选择,同时要考虑财力的许可。垫层要挖基槽,用石块或碎砖分层填筑。跑道基槽挖掘深度及分层填筑厚度根据当地气候、地形、地质、跑道的用途决定。例如,在地下无砾层的废墟上、在河堤或山坡下的卵石堆积的地基上、在雨水少地下水位很低的山区建跑道,基槽可浅一些,分3～4层填筑;在黏土地、雨水较多及地下水位较高的地区建跑道,基槽应深一些,分4～5层填筑。

基槽底面应向跑道里倾斜,坡度为15/1 000～20/1 000。贴近基底边应铺设多孔的排水管道。

2. 径赛场地（跑道）面层的构造

跑道面层是保证跑道有较好性能的关键。根据科学实验,跑道面层主要用煤渣和黄土的混合材料铺筑,厚度为80～100mm。

（1）煤渣。控制好煤渣颗粒大小的合理比例,是跑道路面具有较好性能的基本保证。各种颗粒的配比,必须比例合理。直径大于10mm的煤渣不得超过4.5%,超过了,跑道面层就会粗糙松散;直径小于0.01mm的煤渣(灰粉)不得超过5.2%,超过了,跑道面层会酥软,湿度大了又容易变硬。煤渣直径以5mm左右最为适宜。

为获得适宜的煤渣颗粒,可用5mm孔径的铁丝筛,在小于3～4级的风速下进行筛选。或使用孔径为10mm的铁丝筛,将筛面倾斜45°,在3～4级风速下进行筛选。

（2）黄土。由于各地黄土成分不同,选用黄土的塑性指数以在9～15之间为宜。黄土的塑性指数低于9,混合材料的强度降低,抗冻性就差;黄土的塑性指数高于15,混合材料过黏,施工便有困难。

混合材料中的煤渣与黄土应分别占68%和32%。施工还要根据黄土塑性指数的高低对两者的比例加以调节。

（二）聚氨酯塑胶跑道

（1）基层做法。采用混凝土基层的跑道,地下水位高的应在混凝土下面设防水层,可用聚乙烯塑料薄膜、铅薄纸或用刚性防水混凝土。用沥青混凝土做基层时,与塑胶跑道面层的接触处,应加隔油层,以防止沥青渗出,破坏塑胶跑道。

（2）此外伸缩缝做法、排水沟做法和跑道沿的做法此处不作详尽的说明。

（三）3 000m障碍水池的构造

3 000m障碍水池在塑胶跑道田径场地的设计有两种,一种是将水池设在第二弯道外侧,另一种是设在第二弯道内侧。

修建水池时要预先设计和构筑排水系统,与水池相通。靠障碍栏架一端池壁浇灌混凝土时,要预先埋 φ75 的套管,比赛时可将障碍栏架插入。两边池壁要留出可盖 4.5cm 厚缺口木盖板的地方,水池不用时盖上木盖,上铺塑胶跑道。池底除设排水口外,还要预埋螺栓,上面铺 2.5cm 厚的木板,与预埋螺栓固定,木板的上方再铺 2.5cm 厚的草垫,用 26 号铅丝使之与木板固定。

二、田赛场地的构造

田赛场地,地面有黄土、草坪两种。

(一)一般田赛场地

地面多为黄土,黄土的塑性指数以 9～15 为宜。若当地黄土塑性指数较高,可适当掺些细炉灰,配比为黄土 70%左右,细炉灰 30%左右。

面层施工方法:基层、分层压实后,用不带砂性的黄土虚铺 150mm 厚,再用碾子轧 2～3 遍,刮平,然后用水浇透。一天后铺细河沙,用碾子轧多遍,将沙扫净,再轧一遍即可。

(二)草坪地面

正式比赛的田赛场地应为草坪地面。种植草坪应选用发育快、耐旱、耐寒及耐践踏的草种。地理、气候、土质不同,选用的草种各异。

1. 草坪类型

(1)野牛草。草体不高,较耐践踏,易繁殖,生长快,耐寒,耐旱,但绿色期短(北京地区只有 170～180 天),管理好可延长到 190～200 天。它不耐长期水湿,还易与其他植物争夺水分和养分,管理上要多注意清除杂草。

(2)结缕草。比较耐寒,容易繁殖,在北方地区可安全过冬,但生长速度比野牛草慢,养护管理的要求较高。结缕草肢体坚韧而有弹性,抗踩力强抗病虫害能力强,喜欢阳光和水,但也要求有良好的排水设施。在沙质土地生长最好,是优良的运动场用草。绿色期为 170～180 天,10 月份加些肥料绿色期能延长 20 天左右。在我国南方(广州、昆明等地)基本上全年为绿色。

(3)冷型草。从国外引进的草种,优点是绿色期长,耐寒,在北京地区常年全绿。但这种草成本高,不耐踩踏。

2. 草坪地的建造

(1)面层土地准备。同黄土场地。

(2)土质和土层厚度。要选用渗水性能较好、有利于草生长的沙土,含砂量 65%～70%。野牛草与结缕草的根可达 0.8m 深,80%的根分布于 0.4m 以上的土层,50%以上在地表下 0.2m 的范围。因此,土层厚度最好不少于 0.4m。

(3)修建草坪场地的方法与步骤:修整土地,打好基础,与修建土场大体相同。土层厚度和渗水等视草坪场地的要求而定;种草前两周施用草甘膦等内吸传导型除草剂(0.2～0.4 ml/dm^2);基础垫层,宜采用渗水、富有弹性的材料。垫层一般采用煤渣,厚度

0.10~0.15m。分两层铺设,粗粒在下,细粒在上。基础层大多采用卵石、块石、片石、碎砖、小卵石、碎石铺在上面,厚度在 0.05~0.30m。面层与基础垫层之间铺设 0.01~0.02m 厚的隔离层,稻壳、锯末、稻草均可,以增加场地弹性,防止面层泥沙渗入垫层,翻修场地时也不致损坏垫层;坡度与排水,排渗结合,以排为主。排水坡有龟背式和鱼背式两种,前者中间高,四周低,后者纵轴高,两边低,排水较前者迅速;草坪场地四周应修建排水暗沟,深 0.30m,底宽 0.24m,上沿宽 0.40m。

3. 种草方法

种草方法大体有播种、栽草根、栽草蔓和铺草块。

(1)播种。应在春末夏初时播种。播种前野牛草籽要去掉外面的硬壳;结缕草籽要用 0.5%的氢氧化钠浸泡 48 小时,以去掉外面的蜡皮。播种量每亩 5~20kg,可以条播,也可以撒播。撒播能较早达到草坪均匀,条播则易于播后管理。播种深度在 0.001~0.002m,播前地面要灌水。

(2)栽种法。适用于野牛草。1.0m² 草块可以栽成 5.0~10.0m² 草坪。北京地区栽种以 5~7 月为宜。分条栽与穴栽两种,深度 0.05m。条栽行距以 0.20~0.40m 为宜,要求覆盖块的行距可小些。栽沟开好后,把撕开的草块放入沟中,填土、踏实、洗水即可。穴栽,行距,株距以 0.20~0.40m 为宜,栽后浇水,50~60 天即可覆盖地面。

(3) 铺装法。易管理,实际是草坪搬家。将草原草皮切成方块,厚 0.03~0.05m,0.3m×0.3m 的正方形,或为 0.3m×0.45m 的长方形,铺前应量线,铺齐后撒土、找平、用木槌捶打,还可碾压,铺好后浇水即成。

(三)田赛跳部、掷部场地构造及设施

1. 跳部场地构造及设施
1)跳远与三级跳远

(1)助跑道。助跑道的最小宽度为 1.22m,长度不限。正式比赛跑道最短为 40m。助跑道左右倾斜度不得超过 1/100,前后不得超过 1/1000。

助跑道的铺筑与跑道路基相同,硬度可稍大于跑道,也可铺设塑胶跑道。

(2)起跳板。起跳板是起跳的标志,埋入地下,与助跑道及落地区表面齐平。

起跳板是用木料或其他适当的坚硬材料制成,长 1.21~1.22m,宽 0.198~0.202m,厚最多 0.01m,涂成白色。

(3)橡皮泥显示板。宽 0.098~0.102m,长 1.21~1.22m 的硬板,上面覆盖橡皮泥,安装在助跑道的四处或框架上,在落地区一侧,靠着起跳板。如果安装在凹处,则整个装置必须牢固,足以承受运动员起跳时全部力量的冲击。橡皮泥的表面在起跳板一侧与地面成 30°,即增加厚度最多为 10~13mm。

(4)沙坑。沙深 40~50cm。沙坑的下部铺设一层碎石或砖块,上铺一层煤渣,再铺一层锯末,用竹席覆盖,水可通过竹席渗透至场地基层排走。为使竹席经久耐用,可用煤油沥青浸涂。另一种做法是将坑底做成能排水的斜坡,排水口处用卵石、碎石或砖块做成排水井,使坑内积水易于排入排水系统。

沙坑边沿四周应与起跳板齐平。用平沙器平整沙面,平沙器的两端,应支撑在沙坑两侧的边沿上。沙坑内的沙面应与起跳板齐平。

沙坑边沿可用厚 5cm、高 7～8cm 的白色泡沫塑料板制成,使沙坑区域鲜明,以减少运动员碰伤的可能性。做法是,修筑沙坑时,将坑壁顶端按泡沫板条嵌入后与起跳板齐平的高度筑成高 5cm、深 2～3cm 的水泥沟槽,比赛时将泡沫条嵌上。如果用木条,沿上方应制成圆形。

2)跳高

(1)助跑的扇形地面。铺筑结构同跳远助跑道。扇形地面应在同一水平上,前后相差不应超过 1/1 000,半径不得小于 20m,角度不应小于 151°41′。为适应各种跳法的需要,扇形地面的角度应为 180°。

(2)落地区。跳高用的沙坑或海绵包至少长 5m,宽 3m,厚 0.6m,国际比赛长 6m,宽 4m,厚 0.7m。正式比赛场地,在与横杆垂直的地面上,可安装一条 5cm² 的测高板,板长 3.66m,板面与起跳面齐平。

3)撑竿跳高

(1)助跑道。同跳远助跑道。道宽 1.22m,长最少为 40m,可能时不时短于 45m,左右、前后的倾斜度同跳远。

(2)落地区。撑杆跳高用的海绵包或沙坑,至少长 5m,宽 5m,国际比赛长 6m,宽 6m。

2. 掷部场地构造及设施

1)铅球、铁饼、链球场地构造

(1)投掷圈及落地区。铅球、铁饼、链球的投掷均在投掷圈内进行。铅球、链球的投掷圈直径为 2.135m(±5mm),铁饼投掷圈直径 2.50m(±5mm)。器械落地区为 34.92°的扇面,角度线宽 5cm,不包括在落地区内。

投掷区地面比圈外地面低 2cm,允许误差±6mm。圈内的顶端与圈外地面齐平。圈内地面用混凝土筑成,表面要求平整而不光滑。投掷圈用厚 0.6cm、宽 7.6cm 的带形扁钢制成。投掷圈两端的延长线,从圈内两侧向外各面一条宽 5cm、长 75cm 的白线,后沿通过圆心与落地区的中轴线垂直。这条线可用木质材料制成,漆成白色,安装在地下,上与地面齐平。

(2)抵趾板。用于铅球场地,为木质材料的弧形板,内沿与投掷圈内沿吻合,内沿长 1.21～1.23m,安装在落地区两条白线之间的正中位置,固定于地面,高出圈内地面 10cm(±2mm)。

(3)护笼。护笼用于铁饼、链球场地,为"U"字形,由 7 块宽 2.74m 的挡网构成。护笼开口的宽度为 6m,开口位于投掷圈圆心前 4.2m 处。每块挡网的高度至少为 5m。护笼前面应安装两块活动挡网,用于链球项目。每次试投只使用其中一块。

2)标枪

(1)助跑道。助跑道地面结构同跳远助跑道,长 30～40m,宽 4m。

(2)投掷弧。起掷弧用木料或金属制造,宽 7cm,长 4.19m,漆成白色,埋入地下,表面与地面齐平。在起掷弧线的两端各画一条延长线,长 75cm,宽 7cm,与助跑道两平行边线成直角。落地区角度为 29°,落地区角度线宽 5cm,不计在落地区范围内。

第三节　标准半圆式 400 米田径场地结构

标准半圆式 400m 田径场地是由两个平行的直段和两个半圆为弯道组成的环形跑道。其场内应设置标准足球场(68m×105m)和多项田赛场地。标准半圆式田径场地的半径有 36m、36.5m 和 37.898m,三种不同半径的田径场地弯道及直段场见表 3 - 2。国际田联提议,新修建的场地应按半圆半径为 36.5m 而建造,称之为"400m 标准跑道"场地。

表 3 - 2　三种弯道半径对应的弯道和直段长度　　　　　　　　　(单位:m)

半径	36	36.5	37.898
一个弯道长	114.04	115.61	120
一个直段长	85.96	84.39	80

一、标准半圆式田径场的平面结构

标准半圆式田径场内 400m 周长跑道,有纵轴线、直曲段、中心点、圆心、分界线等分别位列于场地内,整体平面结构图见图 3 - 1。

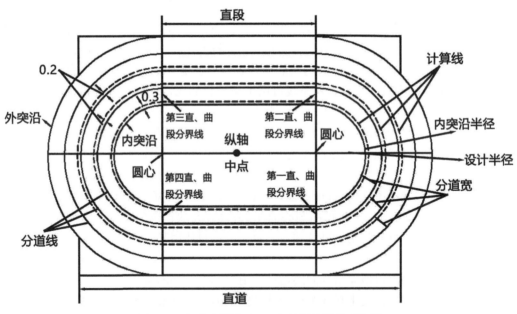

图 3 - 1　标准半圆式 400m 田径场的平面结构图

1. 400m 跑道

其计算和画法比较简单,两个弯道加两个半圆组成,一般弯道半径是 36～38m。现在国际、国内多数采用 $R=36.5$m。$C=2B+2\pi R^1$，其中 B 为两制段，$R^1=R+0.3$（计算线），则 $C=2\times84.39+2\times3.1416\times(36.5+0.3)=400$（m）。

2. 纵轴线

纵轴线或称为中线，半圆式田径场地的纵轴线应为南、北走向，以便于减少阳光斜射对直道上比赛的影响，它位于场地的中间，是绘图和修建场地的基准线。在线上有中心点和两端弯道的两圆心。

3. 基准点

田径场内有一些特殊的固定点，在丈量和画线时以它们为基准，称为"基准点"，通常采用"六基准点"丈量法时，以跑道各直、曲段分界线交于跑道内突沿的分界点为第一、第二、第三、第四基准点，田径运动场地纵轴线交于跑道内突沿的分界点为第五、第六基准点。

4. 中心点

整个田径场的中心，位于纵轴线中点，它是两个弯道圆心的基准点，同时也是标准足球场地的中心点。

5. 圆心

半圆式田径场有两个圆心，都在纵轴线上，为南北两个半圆的圆心，它是画内、外沿和各条分道线的基准点，两圆心之间在纵轴线上的距离等于直段长度。

6. 内突沿和外突沿

它们是跑道内侧、外侧突起的边沿，宽度不小于 5cm，高度等于 5cm，其宽度不计入跑道的宽度之内。

7. 直、曲段分界线

直、曲段分界线（A、B、C、D）是跑道直段和弯道交于跑道内、外突沿的分界线，垂直于纵轴线并通过圆心，它们是丈量和绘制径赛各项目起跑线、抢道线、接力区和确定各栏位置及障碍栏架位置的基准线。

在半圆式田径跑道结构的描述中通常把终点处的直、曲段分界线称为第一直、曲段分界线，其余的按逆时针方向依次为第二，第三，第四直、曲段分界线。这 4 条直、曲段分界线是测量跑道的基准线，通常在跑道的内、外突沿上标出准确的标志。第一、第二分界线之间的弯道通常称为第一弯道，第三、第四分界线之间的弯道称为第二弯道。

8. 直段和直道

直段是第一与第四分界线，第二与第三分界线之间的两段跑道。

直道包括直段和直段两端延长的直道段落，统称为直道。

9. 跑道宽和分道宽

跑道宽是指跑道内突沿外沿至外突沿内沿之间的宽度，即各分道宽度之和，也称跑道总宽。

分道宽是指每一条分道的宽度，即从各分道内突沿或内侧分道线的外沿到外侧分道线的外沿之间的宽度。《田径竞赛规则》规定，室外田径场跑道的分道宽为 1.22m±0.01m。

10. 分道线

分道线是相邻两条分道之间的界线，宽度为 5cm，分道线宽度包括在内侧分道的宽度之内。

11. 计算线

是用以计算各分道线周长的"实跑线",根据《田径竞赛规则》规定,第一分道计算线的周长应距内突沿 0.30m 处计算,其余各分道弯道计算线的周长,应距左侧分道线的外沿 0.20m 处计算。

例如:计算田径场两弯道第一分道计算线周长时,应为:

$$C_1 = 2\pi(r + 0.30) = 2 \times 3.146 \times (36.5 + 0.30) = 231.22(\text{m})$$

计算田径场两弯道其余各分道计算线周长时,应为:

$$C_n = 2\pi[r + (n-1)d + 0.20]$$

例如:计算田径场两弯道第 8 分道计算线周长时,应为:

$$C_8 = 2\pi[r + (n-1)d + 0.20] = 2 \times 3.141\ 6 \times [36.5 + (8-1) \times 1.22 + 0.20] = 283.12(\text{m})$$

12. 位线

位线也称位置线,它包括各种距离的起点线、集合线、终点线、接力区前后沿线、安置栏架线、抢道线等,其线宽均为 5cm。

二、半圆式田径场地的设计

(一)设计规格要求

半圆式田径场的跑道是由两个相等并平行的直道和两个半径相等的弯道组成,标准半圆式田径场第一分道计算线周长为 400m,直道应有 8～9 条分道,国际大赛田径场西侧道设置为 10 道,弯道应有 8 条分道。分道宽为 1.22m(在 2004 年 1 月 1 日以前建设的场地,其分道最大宽度可为 1.25m),各分道线宽均为 5cm,内、外突沿高度 5cm,跑道左右倾斜度不得超过宽度的 1/100,跑进方向的前后倾斜度不得超过其长度的 1/1 000。

(二)占地最少标准

设计半圆式田径场,首先要根据空地可利用面积的长度和宽度,根据空地可利用面积的长和宽,确定设计成什么规格的场地。半圆式田径场,占地的长和宽应不少于以下计算数据,建造田径场地四周余地不小于 1m。计算公式如下:

场地纵轴长:$S_{纵} = 2 \times$(内突沿半径十跑道宽十余地)+直段长

场地横轴长:$X_{横} = 2 \times$(内突沿半径+跑道宽+余地)

(1)以田径场 R 为 36m,8 条跑道,每条分道宽为 1.22m,则:

占地宽为:$2 \times (1.22 \times 8 + 36 + 1) = 93.52(\text{m})$

占地长为:$2 \times (1.22 \times 8 + 36 + 1) + 85.96 = 179.48(\text{m})$

建筑面积:$179.48\text{m} \times 93.52\text{m} = 16784.97(\text{m}^2)$

则,建造以 36m 为半径的田径场,纵轴长至少 179.48m,横轴长至少 93.52m。

(2)以田径场 R 为 36.5m,8 条跑道,每条分道宽为 1.22m,则:

占地宽为:$2 \times (1.22 \times 8 + 36.5 + 1) = 94.52(\text{m})$

占地长为:$2 \times (1.22 \times 8 + 36.5 + 1) + 84.39 = 178.91(\text{m})$

建筑面积：178.91m×94.52m＝16910.57(m²)

则，建造以 36.5m 为半径的田径场，纵轴长至少 178.91m，横轴长至少 94.52m。

(3)以田径场 R 为 37.898m，8 条跑道，每条分道宽为 1.22m，则：

占地宽为：2×(1.22×8＋37.898＋1)＝97.32(m)

占地长为：2×(1.22×8＋37.898＋1)＋80＝177.32(m)

建筑面积：177.32m×95.32m＝16902.14(m²)

则，建造以 37.898m 为半径的田径场，纵轴长至少 177.32m，横轴长至少 97.32m。

如果设计的 3 000m 障碍水池在弯道的外侧、跳远和撑杆跳高场地在直道的外侧，还需要留有相应充足的余地。

第四节　标准半圆式径赛场地的丈量与画法

田径运动场地的计算是丈量的基础，在教学、训练和竞赛时，丈量之前首先要计算出各种所需的数据，如径赛项目的起点位置、各项目起跑线前伸数、跨栏跑的各道各栏位置、接力区区域标志线等。根据计算得出的数据进行场地丈量。

一、分道跑和先分道后不分道跑项目起点前伸数的计算

(一) 弯道长度的计算

半圆式场地各分道的直段长都是相等的，但由于各条弯道的半径不同，弯道上各分道的半径越大则弯道长度越长，存在着弯道差。为保证各分道运动员所跑的距离相等，必须以第一分道运动员的起点为基准，根据计算得出的前伸数分别相应前移，例如 200 m 项目的前伸数等于各分道的一个弯道差，400m 项目的前伸数等于各分道的两个弯道差，800 m 项目的前伸数等于各分道的一个弯道差加上其切入差，4×400m 接力跑项目的前伸数等于各分道的 3 个弯道差加上其切入差。计算弯道长度的基本公式如下。

计算第一分道两个弯道计算线周长，即 $C_1＝2\pi(r＋0.30)$

$C_1＝2\pi(r＋0.30)＝2×3.141\ 6×(37.898＋0.30)＝240(m)$

计算第 2～8 分道两个弯道计算线周长，即

$C_n＝2\pi[r＋(n－1)d＋0.20]$

例如：第 8 分道两个弯道计算线周长，即：

$C_8＝2\pi[r＋(8－1)d＋0.02]$

　　$＝2×3.1416×[37.898＋(8－1)×1.22＋0.20]$

　　$＝293.04(m)$

(二) 起点前伸数的计算

通过弯道长度的计算可以看出，第一分道的两个弯道全长 240.00m，第 8 分道两个弯道计算线长 293.04 m，第 8 分道比第 1 分道多 53.04 m，这就是第 8 分道与第 1 分道的两个弯道计算线之差，即 400m 跑第 8 分道的起点前伸数。

（1）在分道跑项目竞赛时，为使运动员所跑的距离相等，除第 1 道以外的处分道（2～8 道）的起点就要根据弯道差前移。

（2）有些先分道后不分道跑的径赛项目比赛时（如 800m、4×400m 接力跑），除考虑弯道差因素外还必须考虑各分道切入差的因素，在起点前移的距离，计算和丈量时称为前伸数。

（3）分道跑项目起点前伸数的计算公式如下：

起点前伸数＝某分道弯道计算线长－第一分道弯道计算线长。

计算公式为：以径赛 400m 跑为例，400m 跑各分道起点前伸数：

$$C_n = 2\pi[r + (n-1)d + 0.20] - 2\pi(r + 0.30) = 2\pi[(n-1)d - 0.10]$$

由简化公式 $C_n = 2\pi[(n-1)d - 0.10]$ 可看出，半圆式场地外圈各道起点前伸数与场地半径 r 无关系，而与分道宽的大小有关（以前分道宽有 1.22m 和 1.25m 两种）。

例如：400m 跑第 8 道起点前伸数为（两个弯道差）：

$$C_8 = 2\pi[(n-1)d - 0.10]$$
$$= 2 \times 3.141\,6 \times [(8-1) \times 1.22 - 0.1]$$
$$= 53.04(\text{m})$$

例如：200m 跑第 8 道起点前伸数为（一个弯道差）：

$$C_8 = \pi[(n-1)d - 0.10]$$
$$= 3.141\,6 \times [(8-1) \times 1.22 - 0.1]$$
$$= 26.52(\text{m})$$

（三）切入差的计算

径赛中 800m 及 4×400m 接力项目是分道起跑，运动员根据规则要求跑过规定的距离后，从外分道向内分道切入进行不分道跑进。各外道运动员在向内道抢道时要比第一道运动员多跑一点距离，外道运动员多跑的距离称为"切入差"。各分道切入差的数值可以通过勾股弦定理求出。切入差的计算公式如下。

$$CE_n = DE - \sqrt{s^2 - [(n-1)d - 0.1]^2}$$

公式中 CE 为切入差，n 为道次，S 为直段长，d 为分道宽。

例：计算分道宽 1.22m，直段长为 84.39m 的 400m 半圆式田径场第 6 分道的切入差（见图 3-2）。

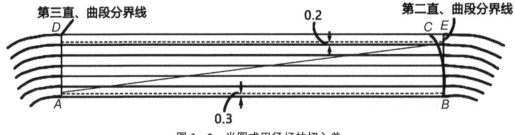

图 3-2 半圆式田径场的切入差

已知 $AB = AC = DE = S$，则直段长 $S = 84.39(\text{m})$

$$AD = (n-1)d - 0.1 = (6-1) \times 1.22 - 0.1 = 6(m)$$

根据勾股定理：$AC^2 = DC^2 + AD^2$

则　$DC = \sqrt{AC^2 - AD^2} = \sqrt{AC^2 - [(n-1)d - 0.1]^2}$

$\therefore CE = DE - DC$

$\therefore CE = DE - \sqrt{AC^2 - [(n-1)d - 0.1]^2} \approx 0.22(m)$

二、分道跑起点的计算与丈量

（一）直道项目起点的计算与丈量

直道项目有 100m、100m 栏、110m 栏，起点的计算与丈量是以第四直、曲段分界线为基点线，向后（直段长度如为 84.39m 时）15.61m 直接丈量找出 100m、100m 栏起点线位置，向后 25.61m 直接丈量找出 110m 栏起点线位置。

（二）200m 起点线的计算与丈量

200m 为分道跑项目，第一分道起点线位置在第三直、曲段分界线处，其余各分道则以第一直、曲段分界线与内突沿外沿相交点为基准点，根据各前伸数为依据计算的余弦长度值丈量至各分道内侧分道线外沿处，即找出 200m 各分道起点线位置。

例：r 为 36m，分道线宽 1.22m，计算 200m 跑时第三直、曲段分界线与内突沿外沿相交点至第二分道内侧分道线外沿（起跑线）的放射线长度。

已知：$OA = 36m$　　$OB = 36 + (21) \times 1.22 = 37.22(m)$　　$BE = \pi[(n-l)d - 0.1] - 3.52(m)$，求第二分道每米计算线所对角度。

$180°/\pi[r + (n-1)d + 0.2] = 180°/114.04 = 1.531\ 154°$，查 $\cos\theta$ 函数值为 0.995 578 9 代入余弦公式：

$$AB = \sqrt{OA^2 + OB^2 - 2OA \cdot OB\cos\theta}$$

$$AB = \sqrt{36^2 + 37.22^2 - 2 \times 36 \times 37.22 \times 0.995\ 578\ 9}$$

$$= 3.65(m)$$

上式中：OA 为内突沿半径，OB 为第二分道内侧分道线至圆心的距离，BE 为前伸数，AB 为放射线长度。

（三）不分道跑项目起点的计算与丈量

1. 1 500m 起点的计算与丈量

1 500m 属不分道跑项目，起点位置在第二直、曲段分界线后 20m 处。可直接进行丈量各直道分界线上的各点。但由于这些点在直道分道线的延长线上，延长线在场地上实际上是不画出来的，因此具体画线时仍有一定困难。一种方法是运用余弦定理计算出各道起点的放射线长，先画出各道起点位置的点，再将各点用弧线连接起来，即为起跑线。

例：r 为 36m，直段长 85.96m，分道宽 1.22m，计算 1500m 第 4 道分道线上的放射线长度，如图 3-3。

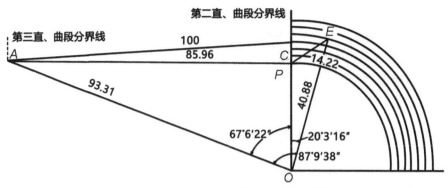

图 3 - 3　1500m 第 4 道分道线上的放射线长度

已知 O 为第一和第二直、曲段分界线之间弯道半圆的圆心，AC 为第一道的实跑线，E 为第四道起跑线的丈量点，求 CE 的长度。

求 $\angle COA$，根据勾股定理 $AO = \sqrt{AC^2 + OC^2} = \sqrt{85.96^2 + 36.3^2} = 93.31\,(\text{m})$

则 $\cos\angle COA = 36.3/93.31 = 0.38\,902\,583$　故 $\angle COA = 67°6'22''$

求 $\angle AOE$，根据余弦定理 $AE = \sqrt{AO^2 + EO^2 - 2AO \cdot EO\cos\angle COA}$

则：$\cos\angle AOE = AO^2 + EO^2 - AE^2/2AO \cdot EO$

$$= 93.31^2 + 40.88^2 - 100^2/2 \times 93.31 \times 40.88$$

$$= 0.0\,495\,385$$

$$= 87°9'38''$$

求 $\angle POE$：

$\angle POE = \angle AOE - \angle AOB$

$$= 87°9'38'' - 67°6'22''$$

$$= 20°3'16''$$

代入余弦公式求 PE 的长度

$PE = \sqrt{36^2 + 40.88^2 - 2 \times 36 \times 40.88 \times 0.939\,367}$

$$= 14.22\,(\text{m})$$

2. 3 000m 及 3 000m 以上距离径赛起点的计算与丈量

3 000m 及 3 000m 以上距离径赛都是在弯道上进行不分道起跑的比赛项目各项目起点线的位置不同，但丈量与画线方法完全一样。3 000m 和 5 000m 的起点线在第三直、曲段分界线处。各项目的起跑线是一个渐开弧，画线方法有渐开弧展开法和余弦丈量点量法两种。

（1）渐开弧展开法：在第一或第三直、曲段分界线上距内突沿外侧 0.3m 处取一点 A，从 A 点沿计算线向弯道丈量 30m 处取一点 O，以 O 点为固定点，以 OA 弧长为不等半径，向外逐渐展画条弧线与跑道外突沿的内侧相交于 B，此弧线即为起点线。同样，以 O 为固定点，以 33m 长为不等半径向外逐渐展画一条弧线与跑道外突沿的内侧相交，此弧线在起点线后为集合线（见图 3 - 4）。

（2）点量法：点量法有两种方法，一种是正弦点量法，即通过正弦定理计算各分道线基准点至丈量点的正弦长度进行画点，然后连接各点成起跑线。另一种是余弦点量法，余弦点量法是计算由基准点至各分道起点的放射线长,基准点分别在第三和第一直、曲段分界线内突沿的外缘上,丈量点在各分道线上。即通过余弦定理计算直、曲段分界与跑道内突沿相交点为基准点至丈量点的余弦长度进行画点,然后连接各点成起跑线。

如果参加 3 000m、5 000m、10 000m 比赛的运动员人数较多时,可分成两组站在前后两个弧形起跑线后。第一起跑线与常规画法相同,第二起跑线在第 5 分道相当于 800m 起点前伸数找到起跑线距左侧分道线外沿 0.3m 处取一点 A,从 A 点沿计算线向前方弯道丈量 30m 处取一点为 O,然后以 O 点为固定点,依次逐渐向外展开作一条弧线,相交于跑道第 5 分道左侧分道线外沿至外突沿的内侧,此弧线即为第二起跑线。然后以此为基准,在其后 3m 处画一条弧线(虚线)为第二起跑线的集合线(见图 3 - 4)。

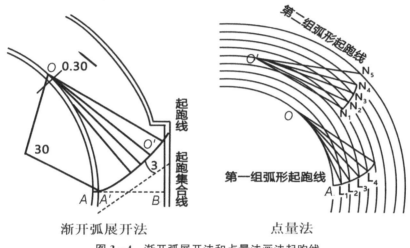

图 3 - 4　渐开弧展开法和点量法画法起跑线

(四)跑道的丈量方法

1. 直接丈量法

使用钢卷尺沿计算线直接丈量各种位置的方法。直接丈量法仅用于丈量直道上各项起点与栏架位置和直道内突沿上余弦丈量的基准点。

2. 经纬仪丈量法

是利用经纬仪来测量弯道上一定弧长所对的角度,确定该弧长在弯道上所处的位置,这种方法测量数据精确,目前普遍采用塑胶跑道的丈量与画线。

3. 正弦丈量法

又称直弦丈量法,是根据等腰三角形已知两个边长及所构成的夹角求解弦长的方法,即已知各分道弯道上各位置与弯道内突沿 r 之间的距离(等腰三角形的两个对边),用正弦定理计算其弦长的方法。

正弦丈量法丈量简便,但由于丈量的基准点与丈量点较多,丈量时易出现误差,通常用于丈量第一分道弯道接力区、弯道栏的位置和各项目第一分道起跑线位置(见图 3 - 5)。

从图 3 - 5 可知,$\triangle AOB$ 为等腰三角形,$OA = OB$,求正弦 AB 长度。正弦定理的数学表达式为 $AB = 2r \cdot \sin\theta$。

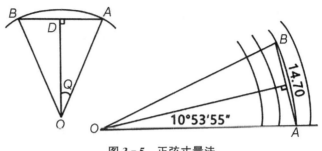

图 3－5　正弦丈量法

4. 余弦丈量法

也称放射式丈量法,余弦丈量法是根据已知三角形对边和邻边的长度及它们所对应的夹角,利用余弦定理求解弦长的方式进行计算与丈量的方法,即已知弯道上各分道丈量点(OB)位置至圆心距离和弯道内突沿至圆心(OA)的距离(即三角形的两个对边长度),用余弦定理计算求解其弦 AB 长的方法(见图 3－6)。

余弦定理的数学表达式为 $AB=\sqrt{OB^2+OA^2-2OB\cdot OA\cos\theta}$

余弦丈量点量法的基准点分别在相应各直、曲段分界线与内突沿的外沿相交点上,丈量点在各分道内侧分道线外沿上,采用余弦丈量法,丈量简便,丈量的误差小,它是目前基层普遍采用的丈量与画线方法。

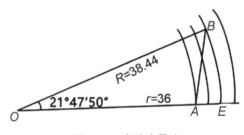

图 3－6　余弦丈量法

5. 余弦丈量法的应用

选择余弦丈量基准点的方法有以下 3 种,丈量时都把基准点选在跑道内突沿的内沿点上。

1)固定基准点余弦丈量法

通常采用 6 个基准点丈量法,即选择 4 个直、曲段分界线加上纵轴线与跑道内突沿内沿的交点,作为丈量的 6 个基准点进行丈量与画线的方法。

2)相应基准点余弦丈量法

相应基准点丈量,是以相应的竞赛项目为基础,将基准点选定在该项目第一道的起点线或位线(第一分道栏位线、接力区)的跑道内突沿内沿,通过余弦计算出这些选定的基准点至其他各分道的放射线长度(例如找出 400m 栏第一分道各栏位线与跑道内突沿内沿的交点为相应基准点,然后以此点求出至第 2～8 分道栏位线的放射线长度)。

3）移动基准点余弦丈量法

移动基准点丈量，也是以相应的竞赛项目为基础，将基准点选定在该项目第一道的起点线或位线（第一分道栏位线）的跑道内突沿内沿，然后根据相同的放射线长度从第一分道量至第二分道，从第二分道量至第三分道，其余类推找出各分道起跑线或位线。

三、跑道的画法和画跑道时应该注意的事项

田径场地是体育比赛中最复杂、技术性最高、数据最多、要求最精细和严格的体育场地。比赛前要对田径场地进行丈量和画线。丈量和画线前，一定要知道该场地，特别是跑道内突沿的准确性如何。如果内突沿不准，就会直接影响到其余各跑道的准确性。

400m半圆式田径场的径赛跑道各项的起点、接力区、栏位、抢道标志线及田赛投掷场地的丈量、画法很多。无论采用何种方法，都必须保证每名运动员到达终点所跑的距离相等。

（一）分道线的画法

以36.5m，分道宽1.22m的400m半圆式田径长度为例。

画分道线一般以跑道内突沿外沿作为基准线（无内突沿则以标志线外沿为准），分道宽为1.22m，分道线宽5cm，画成白线，分道线宽应包括右侧分道线。

画直段分道线时，在直、曲段分界线上，以内突（或标志线）外沿为基准线，由里向外每隔1.22m做一个标记，然后用拉直的铁丝或丈量绳子连接对应的两个标记点，在绳子靠近内突沿的一侧画出5cm的白线。

画弯道时，一般用自制的钉耙先画痕迹，然后画出白线。

（二）直道起跑线与终点区的画法

100m、100m栏、110m栏的起点线分别在第四直、曲段分界线后15.61m与25.61m（或以终点线后沿为基准向后丈量100m、110m）处。起跑线宽5cm，包括在100m或110m跑程距离内，与终点线平行，并与内外突沿垂直。一般终点不变。

女子100m栏。起跑至第一栏13m，栏间距8.50m，第十栏到终点线10.50m，一般用100m的钢尺丈量画出，栏高84cm。

男子110m栏。起跑至第一栏13.72m，栏间距9.14m，第十栏到终点线14.02m，一般用100m的钢尺丈量画出，栏高106.7cm。

（三）起跑线在弯道部分，接力区前后沿及预跑线的画法

400m半圆式田径场上，起跑在弯道上分道跑的项目，起跑位置分别在第一、三直、曲段分界线前后各自动分道上。起跑线后沿必须在弯道半径的延长线上。各分道起跑线的位置是各项目的前伸数或前伸数加上切入差。其他规格与要求和直道起跑线相同。

接力区的画法：最新规则规定，4×100m和4×200m各接力区都是30m；异程接力的第一、第二接力区是30m，其他仍是20m；4×400m接力区是20m。先接触到的为接力区后沿，后接触到的为接力区前沿（实线）。

2018—2019年规则修订前：接力区的长度为20m，在中心线前10m，在中心线后

10m,接力区的开始和结束均从跑进方向上离起跑线较近的接力区线边沿算起。距离后沿后10m的虚线称为预跑线。

（四）抢道标志线的画法

800m、4×400m、4×200m接力属于部分分道比赛项目。

（五）不分道起跑线的画法

不分道的径赛项目起跑线应为弧线，从而使所有运动员到达终点所跑的距离相同。规则规定，1 000m、2 000m、3 000m、5 000m、10 000m跑。在这些比赛中，如果运动员人数超过12人，可分两组同时跑。大约65%的运动员为第一组，在常规起跑线起跑，其余运动员为第二组，在另一条弧线形起跑同时起跑（5～8道处）。

第五节　标准半圆式田赛场地的设计与画法

一、田赛项目助跑道与落地区倾斜度的设计

（一）助跑道倾斜度

《田径竞赛规则》规定，跳跃项目比赛区域的最大倾斜度，跳远、三级跳远和撑杆跳高在跑进的方向上为1/1 000，左右方向坡度为1/100；跳高助跑道的最后15.00m，在跑进的方向上为向下4/1 000，沿着以立柱为中心点为圆心的半圆区域内的任一半径线，倾斜度也应是在助跑道开始处与起跳线之间直线测量。

（二）落地区倾斜度

投掷项目比赛区域的最大倾斜度，掷标枪助跑道的最后20.00m，在助跑跑进方向上为向下1/1 000，左右方向坡度为1/100。推铅球、掷铁饼和掷链球的投掷圈必须是水平的，推铅球、掷铁饼、掷链球的落地区，投掷方向倾斜度为向下1/1 000，每段弧上的倾斜度由弧上最低点决定。

由于田赛项目的比赛场地多数是设置在跑道内侧的半圆区内，因此，这部分的倾斜度设计必须结合足球场地的倾斜度，并根据田赛不同项目的要求，确定正确的标准。

二、跳远项目竞赛区域的设计

（一）跳远、三级跳远设施的设计

包括助跑道、起跳板和落地区，通常设置在直道的外侧，应有向两个不同方向各两套的设施。

（1）助跑道：助跑道从起点至起跳线的长度至少应为40m，最大为45m，宽度为1.22m（±0.01m）。应以0.05m宽的白线或者用相距0.50m、宽0.05m、长0.10m的分隔线

标出。

(2)落地区:落地区必须长8～10m,宽至少为2.75m。落地区的中心线须与助跑道中心线重合。

为了保证在两个方向上都能进行比赛,在助跑道的两端各设有一个落地区。为了做到两个方向相同的跳远比赛场地,一般采用平行设置两个比赛设施,如果两个落地区能平行设置,则间距至少为0.30m,如果两个落地区是叉开的,那么间距至少也应是0.30m(见图3-7)。

现在国内较多采用并列双跑道合用一个大落地区的比赛设施,宽度不小于4.02m的落地区,建议宽度为4.27m。在比赛使用时,只需从不使用的助跑道一侧的沙坑边缘向里丈量1.22m,然后再设置一条0.05m宽的白带子,或铺设一块1.27m宽的人工合成材料的面层,即形成了一个符合规则的3.00m宽的落地区(见图3-8)。

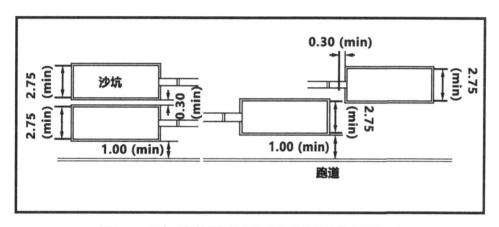

图3-7 两个平行的跳远和三级跳远设施间的最小距离(m)

对于落地区沙坑的深度控制在40～50cm,以坡度向中间部位倾斜,其下部修建一个集水井,以管道与排水沟接通。

(3)起跳板:起跳板是矩形的,被漆成白色。起跳板的规格为1.21～1.22m×0.20m(±0.02m)×0.10m。跳远起跳板应放在距离落地区近端3m处,三级跳远的起跳板应安放在距离落地区近端男子为13m,女子为11m处(见图3-8)。根据比赛水平,跳远和三级跳远的起跳点可采用其他的适宜位置。建议将起跳板制成与显示板一体化(见图3-9)。

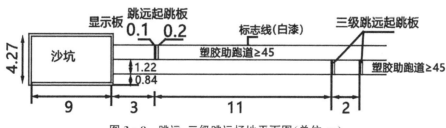

图3-8 跳远、三级跳远场地平面图(单位:m)

（4）显示板：显示板宽为 0.10m（±0.002m），长 1.22m（±0.001m），漆成与起跳板有反差的颜色。显示板高出起跳板水平面 7mm（±1mm），显示板的边缘都应有 45°的倾斜，靠近助跑道的边缘沿长度方向填上 1mm 厚的橡皮泥，或截去一部分，在凹处填上橡皮泥后，有 45°的倾斜。显示板的上部也需在开始大约 10mm 位置覆盖橡皮泥直至整个长度，当凹处填充后，整个装置必须有足够的坚硬度能承受运动员脚产生的所有压力。建议采用与安放显示板凹槽一体化的起跳板。

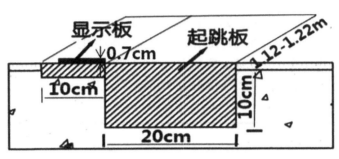

图 3-9 起跳板与显示板一体化图

（二）跳高设施的设计

包括一个半圆形助跑道和一个落地区（见图 3-10），通常有两套设施。

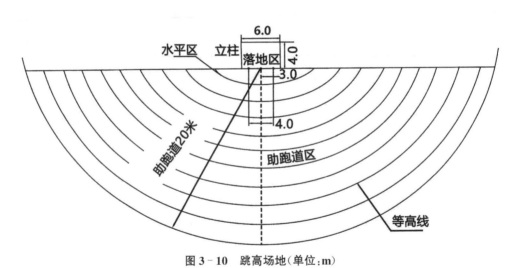

图 3-10 跳高场地（单位：m）

（1）助跑道区：半圆形助跑道的半径至少为 20m，条件允许时，助跑道长度应为 25m。允许在任一方向上进行助跑，起跳区应铺设成 20mm 厚塑胶，并保持水平。

（2）落地区：落地区应不少于 6m×4m×0.7m。跳高架立柱与落地区之间至少应有 0.10m 的间隔。落地区由一块或多块具有蜂窝状或其他类似结构的垫子组成，以保护从 2.50m 高处落下的运动员。垫子应放在高度不超过 0.10m 的格栅底座上，以提高通风性能。格栅的每边应在垫子每边向内 0.10m 处铺设在地上。落地区的高度不低于 0.40m。

整个落地区顶层必须覆盖一块大约 0.05m 厚的防鞋钉垫子,应有一个防风雨覆盖物。

(三)撑竿跳高设施的设计

包括助跑道,一个用于撑杆插入的插斗和一个落地区。通常应有向两个不同方向各两套的设施(见图 3-11)。

(1)助跑道:助跑道至少为 40m,从零线开始丈量。宽度为 1.22m(±0.01m)。它应以 0.05m 宽的白线或者用相距 0.50m、宽 0.05m、长 0.10m 的分隔线标出。在跑道的尽头,插斗边沿应与助跑道齐平,尽头内边上沿与零线吻合。零线应以 0.01m 宽的白线标出,应延伸至支架以外。起跳区应铺设成 20mm 厚的塑胶。

(2)落地区:落地区在零线后至少铺设垫长为 8m,宽 6m,高 0.8m。插斗两边的落地区部分应距离插斗 0.10~0.15m,并且向插斗外侧方向在垂直面上倾斜 45°。

(3)零线:应该画出一条 1cm 宽的颜色明显的线,称为"零"线。该线与助跑道中轴垂直,与插斗前壁顶端的内沿齐平。一条 5cm 宽的白线延长至撑杆跳高架立柱外端的地面,此线也要通过落地区的表面。此线靠近运动员助跑方向的边沿,必须与插斗的后端相吻合。

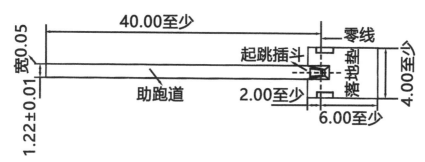

图 3-11　撑竿跳高场地(单位:m)

三、投掷项目竞赛区域的设计及画法

(一)推铅球设施的设计

包括投掷圈、抵趾板和落地区,通常至少有两套设施(见图 3-12)。

(1)投掷圈:圈内地面比圈轮边低 0.02m(±0.006m),圈内直径为 2.135m(±0.005m)。圈箍厚度至少 6mm,漆成白色。从圈的两边各画一条宽 0.05m 通过圈内圆心并与落地区中心线垂直至少长 0.75m 的白线。

丈量成绩要通过的圆心必须标出(最好用以内径为 0.004m 的黄铜管埋置与表面齐平)。投掷圈是由铺设在加固金属网上 0.15m 厚的混凝土整体面构成。

(2)抵趾板:抵趾板应漆成白色,由木料或其他适宜材料制成弧形,内沿应与投掷弧内沿吻合,应安装在落地区两条白线之间的正中位置,并固定于地面。抵趾板宽为 0.112~0.30m,长 1.15m(±0.01m),当固定在位置上后要高出圈内地面 0.10m(±0.002m)(见图 3-13)。

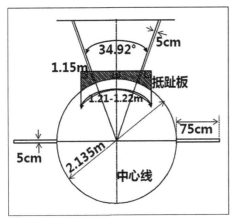

图 3-12 铅球投掷场地

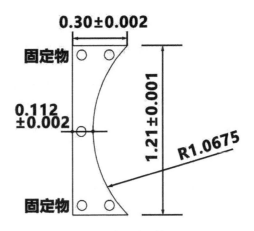

图 3-13 抵趾板(单位:m)

（3）落地区：落地区的表面应该是允许铅球留出痕迹的，它可以是草地或其他适宜材料，落地区必须经投掷圈中心以 34.92°角铺设，并以 0.05m 宽的白线标出，线的内边是落地区的分界线，落地区长度为 25m。落地区纵向倾斜度在投掷方向向上向下最大不可超过 1/1 000。

（二）掷铁饼设施的设计

包括投掷圈、防护网和落地区。

（1）投掷圈：除投掷圈直径为 2.50m(±0.005m)，铅球投掷圈设施的内容均适用。

（2）护网：为了保证观众、裁判员和运动员的安全，铁饼只能从环形围绕的防护网中掷出。任何形式的网在任一点距离投掷圈中心的最小距离为 3m，防护网的开口处宽度为 6m，距离投掷圈中心为 7m，高度至少为 4m。这种防护网不能用于掷链球(见图 3-14)。掷链球防护网能用于掷铁饼(见图 3-15)。

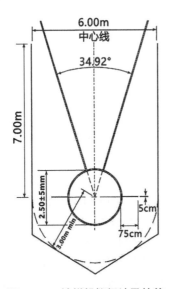

图 3-14 铁饼投掷场地及护笼

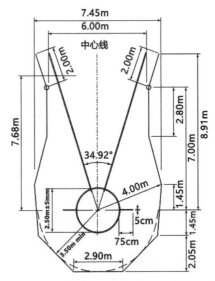

图 3-15 链球场地用于铁饼比赛的护笼

（3）落地区：落地区长为 80m，保持 34.92°扇形角。除此，铅球落地区的内容均适用。为了保证掷铁饼时的安全，在投掷时，不允许有人进入危险区。因此，建议在落地区线外至少 1.00m 处建立附加隔离栅。

（三）掷链球设施的设计

掷链球设施包括投掷圈、防护网和落地区。

（1）投掷圈：同铅球投掷圈设计的内容。

（2）防护网：金属丝网网眼的最大尺寸为 0.05m，粗绳网网眼为 0.044m，最大抗拉强度为 300 公斤。防护网必须使其能够阻挡以 32m/s 速度运行重 7.26kg 的链球。

任何形式的网在任一点距离投掷圈中心的最小距离为 3.5m，防护网的开口处宽度为 6m，距离投掷圈中心为 7m。网的高度至少为 7m。防护网前端安装两块宽 2m、高度至少为 10m 的活动档网，可以打开或关闭，关闭时应该被锁定，并且距离落地区中轴 1.12m（见图 3-16）。

（3）落地区：落地区长为 90m，保持 34.92°扇形角。除此，铅球落地区的内容均使用。

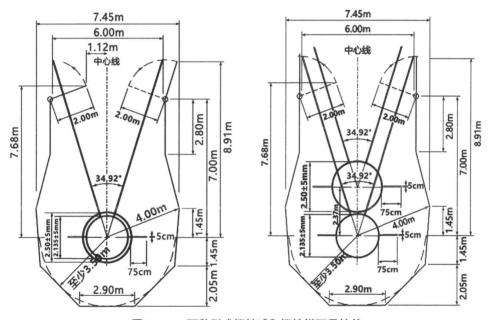

图 3-16　两种形式掷链球和掷铁饼两用护笼

（四）掷标枪设施的设计

包括投掷圈、投掷弧、落地区。通常半圆区域中心与直道平行设置助跑道的两套设施。

（1）助跑道：长度至少为 30m，条件允许时不应短于 33.50m。长度的丈量从助跑道的开始处至与投掷弧后沿齐平并延伸至助跑道外的白线处。助跑道由两条相距 4.00m（±0.01m）、宽 0.05m 的平行白线标出。从起掷弧终点倒退 4m，助跑道边有两个白色

0.05m×0.05m的矩形,协助裁判员判定试掷运动员是否离开助跑道,加快测量速度。

当助跑道超出半圆区域时,通常它延伸至跑道和跑道外沿以外,在这种情况下有必要设置可移动突沿,并使突沿的地面高度与弯道和半圆区域一致。

(2)投掷弧:投掷弧安装在助跑道的尽头。投掷弧是一个圆心在助跑道中线上、半径为8m、朝投掷方向的宽0.07m的白色圆弧,在助跑道标志线两侧外,垂直方向上延伸长0.75m、宽0.07m的白线。圆心可用不同于表面的颜色标出,半径为0.20m(见图3-17)。

(3)落地区:设置在任何一个半圆区域内的助跑道,落地区均在跑道中间的草地上。落地区长100m,根据比赛水平,分界标志线可延长。

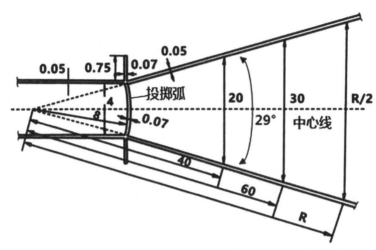

图3-17　标枪场地(单位:m)

(五)投掷场地的画法

(1)铅球和链球场地画法

先确定圆心和投掷方向,以圆心为基准,以1.067 5m为半径,向投掷方向拉一条9.539m的直线为场地的中线,垂直于这中线点向两侧各画3m的直线,圆心与各3m米的端点连线就是铅球与链球场地34.92°的投掷区。

(2)铁饼场地画法

画法同铅球和链球,只是以1.25m为半径。

(3)标枪场地画法

先确定基准点和投掷方向,通过基准点向投掷方向画一条直线,改线为场地中心线,再通过基准点垂直于中心线向两侧2m处画向投掷方向平行于中心线的直线,两直线间为助跑区。以基准点为圆心,半径8m的弧线相交于两直线,两相交点与圆心连线并向投掷区延伸,即为标枪场地29°的投掷区域,该弧为标枪场地的投掷弧。

第六节　非标准半圆式田径场地

非标准田径场地主要分两种:一种是周长不足400m,但是半圆式田径场;另一种形状不是半圆式,但周长是400m,更多的是前一种。非标准田径场地上的跑道的条数、分道宽以及场地布局,都要根据空地面积及需要而定。非标准半圆式田径场地的周长一般有200m、250m、300m、350m等几种。

一、周长为300m半圆式田径场

(一)设计步骤与计算方法

假设有块空地,量得其长度为138m,宽度为68m,要设计一个有6条分道,分道宽为1.22m,场地四周至少留有1.0m余地的田径场。

第一步:求半径 r 的长。

r ＝[空地宽度－2×(跑道宽度＋余地)]÷2

　　＝[68－2×(1.22×6＋1)]÷2

　　＝25.68(m)

为了方便于计算,半径可取25.50m或者25m,本例半径取25m,这样,两直道外侧便留有1.34m的余地。

第二步:计算两弯道实测线 C 的长度。

C ＝$2\pi r$＝$2\pi(25+0.3)$＝158.964 588 3＝158.96(m)

第三步:求直段的长度。

直段长度＝空地长度－2×(半径＋跑道总宽＋余地)

　　　　＝138－2×(25＋1.22×6＋1)

　　　　＝138－66.64

　　　　＝71.36(m)

第四步:计算第一道周长 C。

第一道周长＝两弯道长＋两直段长

　　　　　＝158.96＋71.36×2

　　　　　＝301.68(m)

第五步:调整跑道周长。

为了计算和使用方便,可将跑道301.68m的周长调整为300m,在周长中减少1.68m。调整方法有两种:一是修改原设计的半径;另一种是修改原设计得直段长。采取修改直段长度的方法比较简便,在两直段上把非整数部分减去。

即(301.68－300)÷2＝0.84(m)

那么直段长应为71.36－0.84＝70.52m,这样,田径场两弯道顶端则留有1.42m的余地了。

第六步:验证周长。

调整后的第一道周长＝158.96＋70.52×2＝300(m)

(二) 各径赛项目场地计算和画法

为了方便裁判工作,各径赛项目的终点与400m田径场一样,设在第一分界线上(见图3‑18)。

1.100～5 000m 赛跑起点的计算和画法

1)100m 跑的起点

100m 起点在第四分界线向后29.48m处。

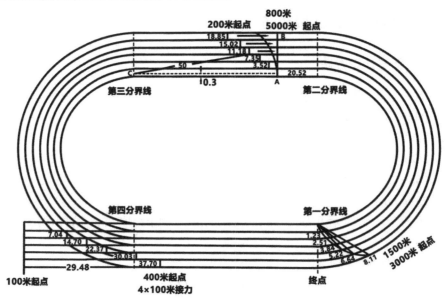

图3‑18　300m 田径场各径赛起点示意图(单位:m)

2)200m 分道跑的起点

前伸数的计算:200m 跑需跑一个弯道,第二道至第六道的前伸数公式:

$$C＝\pi[(n-1)×1.22-0.1]$$ (n 为第一道以外的道次)

从公式中可以看出,前伸数仅与道次和分道宽有关,与半径无关,所以,200m 跑各分道前伸数和标准的400m 田径场上200m 跑前伸数相同,200m 跑前伸数见表3‑3。

表3‑3　200m 跑各道前伸数表　　(单位:m)

道次 前伸数 分道宽	一	二	三	四	五	六
1.22	0	3.52	7.35	11.18	15.02	18.85

起点的画法,由第二分界线向前量取20.52m,得第一道起点线,延长第一道起点线得 AB,再由 AB 向前分别量取各道取前伸数,则得各道起点线。

3)400m 分道跑的起点

前伸数的计算:根据公式 $C=\pi[(n-1)\times1.22-0.1]$ 计算各道前伸数,如表 3-4 所示。

表 3-4   400m 跑的各道前伸数表   (单位:m)

前伸数　　　道次　分道宽	一	二	三	四	五	六
1.22	0	7.04	14.70	23.37	30.03	37.70

起点的画法,第一道起点在 100m 起跑线上,其余各道分别向前量取前伸数,得出各道起点线。

4)800m 跑的场地计算及画法

前伸数的计算:800m 跑各分道前伸数等于 200m 前伸数加上切入差(见表 3-5),前伸数数据见表 3-6。

起跑线的画法:800m 跑的第一道起点线在第二界线向前 20.52m 的地方,第二道至第六道起点线画法。如果采取不分道起跑,其起跑弧线同 5 000m 起跑线(图 3-19)。

抢道标志线的画法:

画法之一:在第一分界线上离内沿 0.30m 处取一点 A,以 A 点为圆心,以 70.52m 为半径,在第四分界线前由内向外画 BF,此弧即为 800m 跑的抢道标志线(见图 3-20)。

画法之二:由第四分界线向前沿着各分道实跑线量取切入差数据,找出相应的点,然后将这些点连接成弧线,此弧线即为 800m 抢道标志线(见图 3-19)。

表 3-5   800m 跑的各分道切入差   (单位:m)

切入差　　　道次　分道宽	一	二	三	四	五	六
1.22	0	0.01	0.04	0.09	0.16	0.26

表 3-6   800m 跑的各道前伸数表   (单位:m)

前伸数　　　道次　分道宽	一	二	三	四	五	六
1.22	0	3.53	7.39	11.27	15.18	19.11

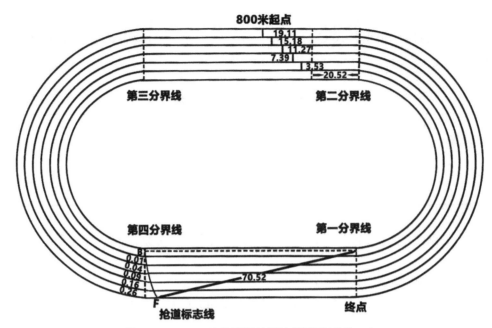

图 3‐19 800m 跑比赛场地画法示意图(单位:m)

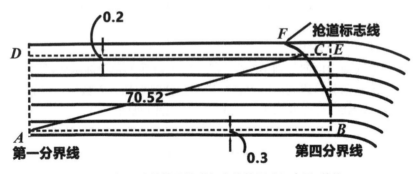

图 3‐20 切入差计算及抢道标志线的画法示意图(单位:m)

5)1 500m 跑和 3 000m 跑起点线的画法

1 500m 和 3 000m 跑的起点都在第一分界线前面的第一弯道上。起跑线的画法有两种:其一,采取渐开弧的画法;其二,采取点量法。

渐开弧的画法:沿着第一道实跑线丈量 25m 长(因为此弯道半径比标准场地弯道半径较小,不必丈量 30m,但不要小于 22m),并固定皮尺端点,渐渐向外道画弧,使其与跑道外沿相交,所得弧线即是 1 500m、3 000m 跑的起跑线,离开起跑线 3m 画一条弧线,即为集合线。

点量画法:点量画法有两种,一种是用放射线丈量,在各分道线上找出对应点;另一种是用弦长丈量,在各分道线上找出对应点,然后连接各点成弧线,此弧线即是起跑线。放射线丈量法见图 3‐21。

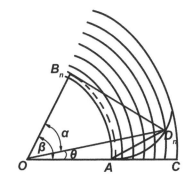

图 3 – 21　放射线和直线长度计算示意图

放射线长结果见表 3 – 7。

表 3 – 7　800m 跑的各道前伸数表　　　　　　　　（单位:m）

前伸数　　　道次 AD	AD_1	AD_2	AD_3	AD_4	AD_5	AD_6
1.22	1.23	2.51	3.84	5.22	6.64	8.11

1 500m、3 000m 起跑线放射式丈量画法见图 3 – 22。

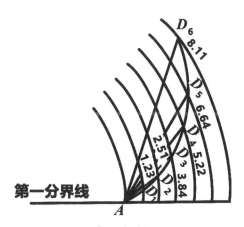

图 3 – 22　1 500m、3 000m 起跑线放射式丈量示意图（$d=1.22m$）

6)5 000m 跑起跑线的画法

5 000m 起点在第二分界线前 20.52m 的直段上(图 3 – 18)。

起跑线的画法:在第三分界线上离内沿 0.30m 处取一点 C,以 C 点为圆心,以 50m 长为半径,在第二分界线前面的直段上,由里道(离内沿 0.30m 处)向外画弧,此弧即为 5 000m 起跑线。

2. 跨栏跑比赛场地的计算和画法

100m 跨栏跑场地的画法:100m 跨栏跑的起跑线应是距第四分界线 29.48m 并与其

平行的线段上(同 100m 起跑线)。起跑线至第一栏距离为 13m,栏间距离为 8.50m,最后一栏至终点线的距离为 10.50m。

110m 跨栏跑场地的画法:由于场地的长度限制,110m 跨栏跑的终点应设在第一分界线后 10m 处,起跑线同 100m 跨栏跑。

成年男子和少年男子甲组 110m 跨栏跑比赛,起跑线至第一栏距离为 13.72m,栏间距离为 9.14m,最后一栏至终点距离为 14.02m。

少年乙组 110m 跨栏跑比赛,起跑线至第一栏距离为 13.72m,栏间距离为 8.70m,最后栏至终点距离为 17.98m。

200m 跨栏跑场地计算及画法:200m 跨栏跑比赛,起点与 200m 赛跑相同。起跑线至第一栏距离为 16m,栏间距离为 19m,最后一栏至终点距离为 13m。

各直段上的各栏位可直接丈量,而弯道上各栏位的确定,采取相应基准点放射式丈量法比较方便。

计算方法:以计算第四栏位的各分道放射线长度为例,求出弯道各栏位放射线的长度。结果见表 3-8。

表 3-8 200m 跨栏跑各栏位放射线长度表　　　　　　　　　　(单位:m)

栏位	长度 / 基准点	各栏位的放射线和直道上的距离					
		一	二	三	四	五	六
起点	由 FG 线向前	0	3.52	7.35	11.18	15.02	18.85
第一栏	起点向前	16	16	16	16	16	16
第二栏	第一栏向前	19	19	19	19	(三)→0.02	(三)→0.02
第三栏	由点向前	AB 弦长 3.95	3.46	7.03	10.46	13.73	16.87
第四栏	由点向前	BC 弦长 18.34	2.71	5.51	8.21	10.81	13.32
第五栏	由点向前	CD 弦长 18.34	2.02	4.09	6.10	8.06	9.97
第六栏	由点向前	DE 弦长 18.34	1.45	2.93	4.38	5.82	7.24
第七栏	第四分界线向前	0.52	0.52	0.52	0.52	0.52	0.52
第八栏	第七栏向前	19	19	19	19	19	19
第九栏	第八栏向前	19	19	19	19	19	19
第十栏	第九栏向前	19	19	19	19	19	19
终点	第十栏向前	13	13	13	13	13	13

($r=25m$　直段长$=70.52m$　$d=1.22m$)

场地画法:由第二分界线两端向前量取 20.52m 的距离,得 F、G 两点,并连接之。200m 跨栏跑的第一道起点即在 FG 线上,其余各道起点,由 FG 向前分别量取各道前伸数而得。比赛场地画法见图 3-23。

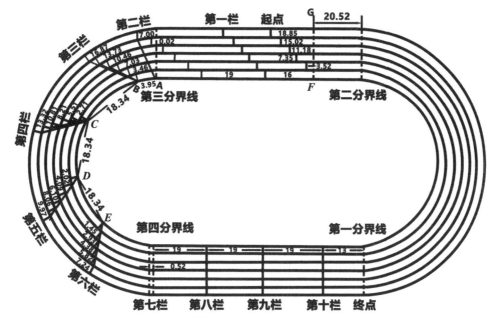

图 3‑23　200m 跨栏跑栏位放射线长度计算示意图($d=1.22$m)（单位：m）

300m 跨栏跑比赛场地的计算及画法：300m 跨栏跑项目在非标准的 300m 田径场上进行比赛，各条跑道有五个栏架分别摆设在两个弯道上。弯道上的各道栏位距离，仍采用相应基准点的放射式丈量方法（见图 3‑24）。

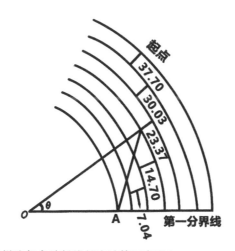

图 3‑24　300m 跨栏跑起点放射线长度计算示意图（$r=25$m，$d=1.22$m）（单位：m）

计算方法：各道起点放射线长度。

300m 跨栏跑需跑两个弯道，因而，各道前伸数与标准场地 400m 跑的前伸数相同。结果如表 3‑9。

表 3 – 9　各道起点分道线放射线长度表

分道宽＼长度＼道次	二	三	四	五	六
1.22	6.91	13.98	20.56	26.62	32.18

　　确定弯道各栏位放射丈量的基准点:弯道各栏位放射丈量基准点,设在第一分道的第一、二、五、六、七栏处的内突沿外缘处。采用弦量的方法,即用直弦 AB、BC、DE、EF 丈量找出基准点 B、C、D、E、F。

　　求弦长的方法:先计算直线所对角度的余弦值,然后根据余弦公式求出弦的长度。(见图 3 – 24)。

　　各道栏位放射线长度见图 3 – 25。

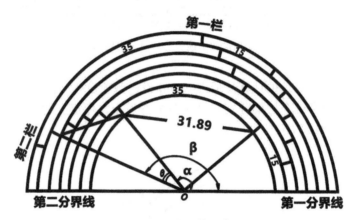

图 3 – 25　300m 跨栏跑弯道栏位放射线长度计算示意图($r=25m,d=1.22m$)(单位:m)

　　弯道上的其余各栏位各道分道线放射线长度见表 3 – 10。

表 3 – 10　300m 跨栏跑各栏位放射线长度表($r=25m,d=1.22m$)(单位:m)

栏位＼基准点＼长度		各栏位的放射线和直道上的距离					
		一	二	三	四	五	六
起点	A 点向前	0	6.91	13.98	20.56	26.62	32.18
第一栏	B 点向前	AB 弦长 14.61	6.28	12.73	18.77	24.37	29.57
第二栏	C 点向前	BC 弦长 31.89	4.83	9.80	14.52	18.98	23.19
第三栏	第二分界线向前	5.52	9.04	12.87	16.70	20.53	24.37
第四栏	第三栏向前	35	35	35	35	35	35
第五栏	D 点向前	4.93	3.42	6.95	10.34	13.58	16.70

（续表）

栏位	长度 基准点	各栏位的放射线和直道上的距离					
		一	二	三	四	五	六
第六栏	E 点向前 DE 弦长 31.89	2.09	4.23	6.31	8.38	10.31	
第七栏	F 点向前 EF 弦长 31.89	1.24	2.47	3.81	4.94	6.17	
第八栏	第四分界线向前 30.52	30.52	30.52	30.52	30.52	30.52	
终点	第八栏至终点线 40	40	40	40	40	40	

300m 跨栏跑比赛场地的画法见图 3-26。

3. 接力赛跑场地的计算及画法

4×100m 接力赛跑场地计算及画法：4×100m 接力赛跑在 300m 田径场地上进行，各道起点与 400m 赛跑相同(见图 3-27)。

4×400m 接力跑场地：4×400m 接力跑第一道起点位置在 100m 跑的起点处，其余各道起点的前伸数是三个该道 200m 跑的前伸数加该道切入差。全程跑五个圈加上100m。各道运动员必须分道跑完三个弯道后再"抢道"，其抢道标志线设在第二分界线前。

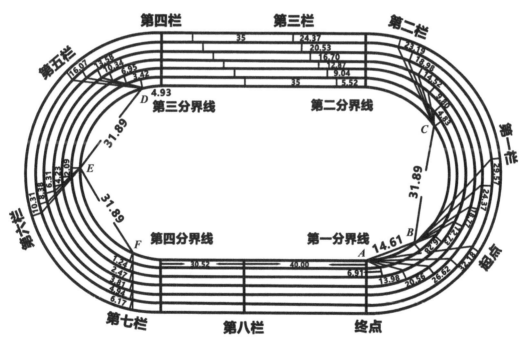

图 3-26　300m 跨栏跑场地放射丈量示意图(d=1.22m)(单位:m)

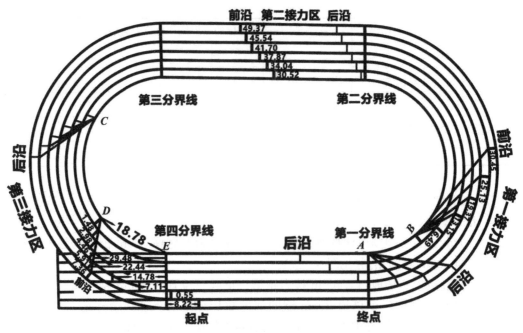

图 3‑27　4×100m 接力跑场地画法示意图（d＝1.22m）（单位：m）

接力区的计算：

第一接力区的计算：第一接力区的各道接力线离第一分界线的距离为 800m 前伸数（见图 3‑28）。

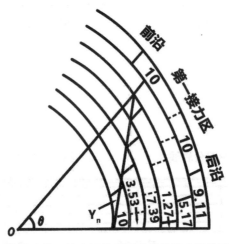

图 3‑28　4×400m 接力跑第一接力区前后沿放射线长度计算图（r＝25m）（单位：m）

第四、五、六道接力区后沿和第二道至第六道接力区前沿线与第一分界线所成夹角 θ 的余弦值，计算分道线放射线长度，并得出接力区前后沿放射线长度，如表 3‑11 所示。

表 3 - 11 第一接力区各道前、后沿放射线长度表(单位:m)

位置	道次 长度	二	三	四	五	六
后沿	第一分界线与内突 沿交点外沿	—	—	3.84	6.77	10.13
前沿		13.03	16.39	19.63	22.74	24.74

第二接力区设在第二分界线前的第一直段上。其后沿离第二分界线距离为10.52m,前沿距后沿20m。该接力区应沿长至第六道,外道运动员可在邻近里道接力区内完成传接棒。这样,外道运动员方能不多跑距离。

第三接力区设在第四分界线后面第二弯道的第一分道上。其前沿离第四分界线的实跑距离为19.48m,后沿离前沿实跑距离为20m。为了丈量方便,将它的实跑距离换算成直弦长,即 $CB=18.78m$,$BA=19.25m$。

接力区的画法见图3-27、图3-28。

抢道标志线的画法:由第三分界线上离内突沿0.3m处取一点,以该点为圆心,以70.52m为半径,从第二分界线离内沿0.3m处向外道画弧,此弧线即为抢道标志线。根据切入差公式,求出第二道至第六道切入差。

$$n \text{ 道切入差}=70.52-\sqrt{70.52^2-[(n-1)\times1.22-0.1]^2}$$

编程序计算立即得出各道切入差:第二道为0.01m,第三道为0.04m,第四道为0.09m,第五道为0.16m,第六道为0.26m。

按照以上数据,从第二分界线上开始,向各道实跑线上丈量,得出五点;然后连点成弧,此弧线即为抢道标志线(见图3-29)。

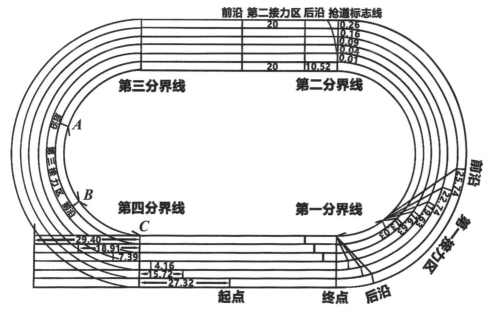

图 3 - 29　4×400m接力跑场地画法示意图(单位:m)

将以上各接力区丈量数据计算结果整理如表3-12所示。

表3-12 4×400m接力跑的各接力区放射线(距离)长度差(单位:m)

接力区次	长度/道次/基准点		一	二	三	四	五	六
起点	第四分界线		29.48←	18.91←	7.39←(四)	4.16(四)→	15.71→	27.33→
第一接力区	后沿	第四分界线或与内突沿交点向前	10←	6.47←	2.61←(四)	3.84	6.77	10.13
	前沿		弦长9.82	13.03	16.39	19.63	22.74	25.74
第二接力区	后沿	第二分界线向前	(三)→10.52	同第一道接力区				
	前沿	后延向前	20					
第三接力区	后沿	C点向前	DC弦长	同第一道接力区				
	前沿	D点向前	ED弦长					

二、周长250m半圆式田径场地

在空地不足修建300m田径场地的条件下,尽可能考虑设计一个250m的田径场。现有一块空地,量得其长120m,宽58m,要求设计有六条跑道,每条跑道宽为1.22m,四周至少留有1.0m余地的田径场。

(一)设计步骤与计算方法

第一步:半径r的长度。

$r=[58-2\times(1.22\times6+1)]\div2=(58-16.64)\div2=20.68(m)$

为了便于计算,半径可取20.50m或20m,若半径取整数20m,则两直道外侧便留有1.34m的余地。

第二步:求两端弯道实跑线C的长度。

$C=2\pi r=2\pi(20+0.3)=127.5486617\approx127.54(m)$

第三步:求直段的长度。

直段长$=120-56.64$长$=120-2\times(20+1.22\times6+1)=63.36(m)$

第四步:求第一道周长。

第一道周长=两弯道长+两直段长

$=127.54+63.36\times2$

$=127.54+126.72$

$=254.26(m)$

第五步:调整周长。

将254.26m和周长调整为250m。可在两直段上减去4.26m,即一个直段应减去2.13m,即直段长调整为61.23m。那么,场地两弯道顶端便留有2.06m的余地。

第六步:验证周长。

$$第一道周长=127.54+61.23×2$$
$$=127.54+122.46$$
$$=250(m)$$

(二)各径赛项目比赛场地的计算和画法

由于场地的长度所限,部分径赛项目的终点不可能固定在第一分界线上,在实际测画场地时应该注意这个问题。

1. 100~3 000m赛跑场地的计算和画法

1)100m跑的起点和终点

起点:100m跑的起点设在第四分界线向后25m的直道上比较合理,这样在起跑线后面还留有4.38m的空地作为起跑区。

终点:100m跑的终点设在第一分界线向前13.77m的直道上,终点线前面则有15.62m的空地作为运动员到达终点后的缓冲区。

2)200m跑起点和终点

起点:200m跑的起点设在第二分界线向前的直道上,各道起点的前伸数与标准田径场地200m跑前伸数相同,即:第二道=3.5m,第四道=11.18m,第五道=15.02m,第六道=18.85m。

终点:设在第一分界线向前13.77m的直道上(同100m跑终点)。

3)400m跑起点和终点

起点:400m跑起点设在第二分界线向前的直段上,因须跑三个弯道,所以各道起点前伸数为:$C_n=3\pi[(n-1)×1.22-0.1]$,得出各道起点前伸数为:第二道:10.56m,第三道:22.05m,第四道:33.55m,第五道:45.05m,第六道:56.55m。

终点:终点设在第四分界线向前25m的直段上。

4)800m跑起点和终点(见图3-30)

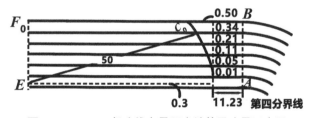

图3-30 800m起跑线点量距离计算及丈量示意图

起点:800m赛跑应跑三圈加上50m(250×3+50),起点位置应设在第一分界线向后50m的直段上。一般采用不分道跑,则起点线呈弧形。

画法之一:在第一分界线离跑道内沿0.3m处取一点,并以该点为圆心,以50m长为半径,向后在直段上由里向外画弧。此弧即为800m起跑线。

画法之二:采取点量画法,即在第四分界线内外沿各向前量取11.23m,得A、B两点,并连接AB,然后,从这条线开始,在第二至第六道的左侧分道线上分别量取0.01m、0.05m、0.11m、0.21m和0.34m(见表3-13),并在第六道右侧分道线上量取0.50m,找出这六个点,连接各点成弧,此弧线即为800m起点线(见图3-30)。

终点:800m跑终点设在第一分界线上。

表3-13　800m起跑线点量距离表　　　　　　　　（单位:m）

分道线上距离 分道宽	一	二	三	四	五	六
1.22	0	0.01	0.05	0.11	0.21	0.34

5)1 500m、3 000m起点和终点

起点:1 500m需要跑6圈,3 000m需要跑12圈。因此,这两个项目的起点位置都在第一分界线向前的弯道上。采用不分道起跑,起跑线在弯道上呈弧形。

画法之一:在第一分界线向前的弯道上沿第一道实跑线量取约20m得一点,并固定该点。然后由第一分界线向外道画渐开弧,此弧即为1 500m和3 000m起跑弧线(见图3-31)。

画法之二:在实践中多采用放射线丈量的方法,即以第一分界线与内沿交点为基准点,向前做放射线与各道分道线相交若干点,然后连点成弧,所得弧线即是1 500m和3 000m起跑线(见图3-32)。

终点:1 500m、3 000m跑比赛的终点均在第一分界线上。

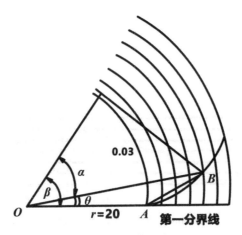

图3-31　1 500m、3 000m起点放射线长度计算示意图(r=20m,d=1.22m)(单位:m)

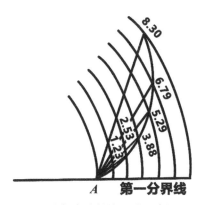

图 3‐32　1 500m、3 000m 跑起点放射线画法示意图（$d=1.22$m）（单位:m）

2. 跨栏跑场地计算和画法

100m 跨栏跑比赛的起点和终点与 100m 赛跑相同。栏架的摆设同标准田径场 100m 跨栏跑。

3. 4×100m 接力跑场地的计算和画法

4×100m 接力赛跑的起点和终点位置与 400m 跑起点和终点完全一样,全程采取分道跑,接力区为 30m,4×100m 接力跑场地画法(见图 3‐33)。

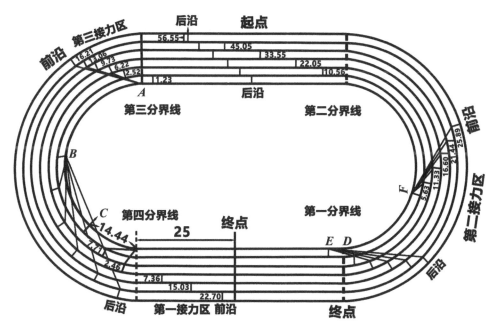

图 3‐33　4×100m 接力跑场地画法示意图(单位:m)

三、其他非标准半圆式田径场简要参数

周长 200m 半圆式田径场地及 350m 半圆式田径场的相应参数计算方法及画法相同。简要计算及实地测画要求如下。

（一）周长 200m 半圆式田径场

周长 200m 半圆式田径场其弯道半径为 15～21m。现以半径 15m 为例介绍：

1. 半径 15m 半圆式田径场的主要参数

一般用的面积为 94m×42m。有 4 条跑道，每条跑道 1.22m，场地周边 1.0m 的余地。

直段长：$94-2×(15+4.88+1)=94-41.76=52.24(m)$

弯道总长：$2\pi r=2×3.1416×(15+0.3)=96.13(m)$

一周总长：$C=2×直段+总弯道长=2×52.24+96.13=200.61(m)$

调整直段：$52.24-(200.6-200)÷2=52.24-0.305=51.94(m)$

2. 实地测画

与标准 400m 半圆式田径场的测画方法相同。径赛各项的起点与终点接力区等地画法：

(1)终点设在第一分界线上。

(2)100m 起点，第四分界线向后延长 $100-51.94=48.06(m)$。

(3)200m 起点，在第一分界线前延伸，各分道前伸数与 400m 起跑的前伸数完全相同。

(4)400m 起点，采用分道跑两个弯道，然后通过抢道标志线后切入里道，再不分道跑的方法。它的前伸数等于 400m 的前伸数加上切入差，所以在第四分界线处画一条抢道标志线。

(5)800m、3 000m、5 000m 起点，采用不分道起跑，它们的起点是弧线，其画法与标准 400m 半圆式田径场的不分道起跑线画法相同。

(6)1 500m 起点，起跑线也是弧形，画法通标准 400m 半圆式田径场 3 000m 起点的画法相同。

（二）周长 350m 半圆式田径场

周长 350m 半圆式田径场其弯道半径为 25～30m。现以半径 30m 为例介绍：

1. 半径 30m 半圆式田径场的主要参数

一般用的面积为 158m×78m。设置有 6 条跑道，每条跑道 1.22m，场地周边 1.0m 的余地。

直段长：$158-2×(30+7.32+1)=158-41.76=81.36(m)$

弯道总长：$2\pi r=2×3.1416×(30+0.3)=190.38(m)$

一周总长：$C=2×直段+总弯道长=2×81.36+190.38=353.10(m)$

调整直段：$81.36-(353.10-350)÷2=81.36-1.55=79.81(m)$

2. 实地测画

与标准 400m 半圆式田径场的测画方法相同。径赛各项的起点与终点接力区等地画法：

(1)终点设在第一分界线上。

(2)100m 起点，第四分界线向后延长 $100-79.81=20.19(m)$。

(3)200m 起点，在第二分界线前延伸，各分道前伸数与 400m 起跑的前伸数完全相同。

（4）400m 起点，采用分道跑两个弯道，它的前伸数等于 400m 的前伸数，起点在终点线后移 50m 处开始。

（5）800m、3 000m、5 000m 起点，采用不分道起跑，它们的起点是弧线，其画法与标准 400m 半圆式田径场的不分道起跑线画法相同。

（6）1 500m 起点，起跑线也是弧形，画法通标准 400m 半圆式田径场 3 000m 起点的画法相同。

周长 200m 和 350m 半圆式田径场具体计算细则及画法参照周长 250m 和 300m 半圆式场地。

（三）其他非标准半圆式田径场简要参数

前面已把非标准的半圆式 300m、250m 田径场的设计步骤、计算方法以及径赛项目场地的画法做了详细的介绍，这仅仅是实例。各地情况不同，空地面积有大有小，为了方便大家在实践中就地设计非标准半圆式田径场，以下列出设计各种规格的非标准半圆式田径场参考数据（见表 3-14）。

表 3-14　非标准半圆式田径场简要参数表　　　　　　　（单位：m）

场地规格	场地面积	内沿半径	两个弯道长	直段长度	两端余地	两边余地
350m	153×70	29	184.10	82.95	1.14	1.12
	153×71	29.5	187.24	81.38	1.4	
	152×72	30	190.38	79.81	1.21	
	152×73	30.5	193.52	78.24	1.50	
	151×74	31	196.66	76.67	1.28	
	151×75	31.5	199.80	75.10	1.57	
	150×76	32	202.94	73.53	1.35	
	149×77	32.5	206.08	71.96	1.14	
	149×78	33	209.24	70.38	1.43	
	148×79	33.5	212.38	68.81	1.21	
	148×80	34	215.52	67.24	1.50	
	147×81	34.5	218.65	65.67	1.28	
	147×82	35	221.80	64.10	1.57	
300m	133×62	25	158.96	70.52	1.36	
	132×63	25.5	162.10	68.95	1.14	
	132×64	26	165.24	67.38	1.43	
	131×65	26.5	168.38	65.81	1.21	
	131×66	27	171.54	64.23	1.50	
	130×67	27.5	174.68	62.66	1.29	

场地规格	场地面积	内沿半径	两个弯道长	直段长度	两端余地	两边余地
300m	130×68	28	177.82	61.09	1.57	1.12
	129×69	28.5	180.96	59.52	1.36	
	128×70	29	184.10	57.95	1.14	
	128×71	29.5	187.24	56.38	1.43	
	127×72	30	190.38	54.81	1.21	
	127×73	30.5	193.52	53.24	1.50	
250m	114×52	20	127.54	61.23	1.50	1.12
	113×53	20.5	130.70	59.65	1.29	
	113×54	21	133.84	58.08	1.58	
	112×55	21.5	136.98	56.51	1.36	
	111×56	22	140.12	54.94	1.15	
	111×57	22.5	143.26	53.37	1.43	
	110×58	23	146.40	51.80	1.22	
	110×59	23.5	149.54	50.23	1.50	
	109×60	24	152.68	48.66	1.29	
	109×61	24.5	155.82	47.09	1.57	
	108×62	25	158.96	45.52	1.36	
	107×63	25.5	162.10	43.95	1.14	
	107×64	26	165.24	42.38	1.43	
	106×65	26.5	168.38	40.81	1.21	
200m	94×42	15	96.14	51.94	1.15	1.12
	94×43	15.5	99.28	50.36	1.44	
	93×44	16	102.42	48.79	1.22	
	93×45	16.5	105.56	47.22	1.51	
	92×46	17	108.70	45.65	1.29	
	92×47	17.5	111.84	44.08	1.58	
	91×48	18	114.98	42.51	1.36	
	90×49	18.5	118.12	40.94	1.15	
	90×50	19	121.26	39.37	1.43	
	89×51	19.5	124.40	37.80	1.22	
	89×52	20	127.54	36.23	1.50	
	88×53	20.5	130.70	34.65	1.29	
	88×54	21	133.84	33.08	1.58	
	87×55	21.5	136.98	31.51	1.36	

注:本表数字是在空地面积长和宽比例适度条件下,供设计非标准半圆式田径场时参考。表中各规格的田径场均以分道为4条,分道宽为1.22m计算。若空地过长或过宽,可以在场地一端或一侧修建田赛场地或其他运动场地。

四、设计小型半圆式田径场应注意的问题

(1)因地制宜,合理布局,有利于教学、训练和组织学校体育竞赛活动。

(2)要根据空地面积和使用需要,确定分道数的多少、分道宽和弯道内突沿半径的大小。为适应基层教学、训练和竞赛的使用,要计算出各种所需的数据,如径赛项目的起跑线、接力区域线、抢道线、跨栏跑的各分道各栏的位置等。

(3)小型半圆式跑道尽可能利用空地长,设计尽可能长的直道,并考虑场地四周留有相应的余地。

第七节 田径场设施及器材

一、径赛场地的设施与器材规格

(一)场地设施

1. 终点线立柱

终点线立柱规格为:宽8cm,厚4cm,高约140cm,金属材料,油漆成白色。终点立柱应采用可装卸式构造固定,分别位于内外突沿外侧30cm处。

2. 障碍跑水池

3 000m障碍跑的水池设计有两种,一种是将水池设在第二弯道外侧,另一种是设在第二弯道内侧。因为后者比前者占地面积少,所以,目前普遍采用后一种设计法。

水池长宽均为3.66m±0.02m,靠近栏架一侧的池底深度为70cm,宽30cm。池底逐渐向上筑成斜坡,直至远端与跑道地面平齐,厚度不超过2.5cm。靠近水池后沿的栏架必须安置牢固。为保证运动员安全落地,池底远端应铺适当缓冲材料,转换道宽至少3.66m与标准跑道连接,并用白色标志线标出。此段不设置突沿,距离白线0.2m处为丈量线。

(二)比赛器材

1. 起跑器

400m及以下(包括4×200m、异程接力和4×400m接力的第一棒)各项径赛的起跑必须使用起跑器。其他径赛项目的起跑不得使用起跑器。起跑器用金属及其他坚固材料制成。

起跑器应包括两块抵脚板,供运动员起跑时两脚蹬踏应该固定在框架上。抵脚板应被固定在坚固的框架上,不能给予运动员有失公平的帮助,框架不得妨碍运动员双脚蹬离起跑器。

抵脚板应倾斜,以适应运动员的起跑姿势。板面可以是平面也可以稍有弯曲,呈凹形。为适合运动员的鞋钉,板面可以有坑槽或覆盖适宜物质。

2. 接力棒

用于运动员接力比赛传接的标志。接力棒材质可为木质或是金属,现在一般为金属,金属接力棒为空心管状短棒,长28~30cm,周长12~13cm,重至少50g。

3. 接力带

接力带式用于公路接力比赛传接的标志。接力带用丝、棉或合成纤维布料制成,宽10cm,长180~200cm。

4. 跨栏架

金属、木料等材料制成,栏架宽1.18~1.20m。分五档:高1.067m、0.914m、0.838m、0.762m(长120cm),另外还有0.72m(见图3-34)。

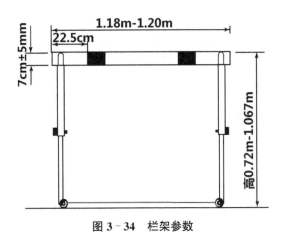

图3-34 栏架参数

男女不同年龄层次跨栏比赛中栏架设置、栏间距等要求见表3-15和表3-16。

表3-15 男子、男子(U20)和(U18)栏架的设置 (单位:m)

全程距离	栏架高度	起点至第一栏距离	栏间距离	最后一栏至终点距离
男子110m	1.067	13.72	9.14	14.02
男子400m	0.914	45.00	35.00	40.00
U20男子110m	0.991	13.72	9.14	14.02
U18男子110m	0.914	13.72	9.14	14.02
U20男子400m	0.914	45.00	35.00	40.00
U18男子400m	0.838	45.00	35.00	40.00

表 3-16　女子、女子(U20)和(U18)栏架的设置　　　　　　（单位：m）

全程距离	栏架高度	起点至第一栏距离	栏间距离	最后一栏至终点距离
U20 女子 100m	0.838	13.00	8.50	10.50
U20 女子 400m	0.762	45.00	35.00	40.00
U18 女 100m	0.762	13.00	8.50	10.50
U18 女 400m	0.762	45.00	35.00	40.00

5. 障碍栏架

障碍赛栏架是由一个水池障碍栏架和三个障碍栏架组成一套，水池障碍栏架可以前后移动、升降，障碍栏架可以升降满足男子或女子 2 000m 或 3 000m 障碍赛比赛使用。障碍栏架高度男子为 91.4cm（±3mm），女子为 76.2cm（±3mm），男、女栏架宽度至少应为 3.94m，栏架顶端横木的截面应为 12.7cm×12.7cm，栏架两边各装有一个底座支架，其长度为 1.20～1.40m，栏架重量为 80～100kg，用木质材料制成（见图 3-35）。

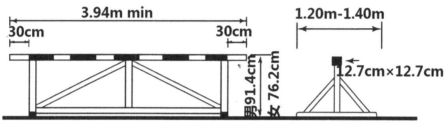

图 3-35　障碍赛栏架参数

6. 发令枪

它主要包括枪身、扳机、击锤、击针、转轮、枪把和枪体滑体，击锤的下端安有拉簧，其前端内有轴销固定的菱形阻铁，击锤与扳机各有一小台阶，且各小台阶相互配合接触，所述的转轮外圆周面上设有长型槽。实用新型的发令枪减轻了扳机力，定位准确，发令枪的整体结构更加合理。随着科技的进步，目前大型比赛中采用电子发令枪。

7. 风速仪

凡使用的风速仪必须经过国际田径联合会认证，其精确度必须由国家测量部门认证的有关机械鉴定，以确保测量结果可以用国家和国际测量标准复查。径赛项目测量风速时，裁判长必须确保风速仪应放置直道一侧，靠近第一分道，距离终点线 50m 处。风速仪的高度为 1.22m，离跑道内突沿的距离不超过 2m。

8. 计时台

为使所有计时员都能清楚地观察到终点情况，应提供升高的计时台。计时台位于终点线的跑道外侧，与终点线排成一条直线。如有可能，计时员在计时台的座位位置应距离跑道外侧至少 5m 远。

9. 全自动计时和终点摄影装置

国际国内大型赛事应使用符合国际田径联合会规格规定的全自动计时和终点摄影

装置。全自动计时装置必须从发令员的枪或经批准的类似装置启动时自动开始计时,从鸣枪或类似视觉信号到此计时系统启动之间总延误时间应稳定,并应小于等于 0.001s。

设置在终点线延长线的摄影机连续记录运动员抵达终点的情况,并合成完整图像。在各种场合,图像必须精确到 0.01s 的时间标尺同步。

10. 饮用水/海绵块

在 5 000m 及以上的径赛项目中,根据天气情况,组委会可向运动员提供饮用水和浸湿的海绵。

在 10 000m 以上的径赛项目中,将设置饮用水或浸湿的海绵块、特殊饮料供应站。特殊饮料可以由组委会提供或运动员自备,并放置在运动员方便拿取的位置,或由授权人员派送给运动员。由运动员提供的特殊饮料,自该运动员或其代表上交之时起,应始终处于组委会指派人员的监管之下饮用。

另外,为完成比赛,还需要有其他相关器材及辅助器材,发令台、分道标志牌、秒表、径赛成绩公告牌、计圈器、铃、白带、领奖台、裁判桌、扩音器、手提喇叭等器材。

二、田赛场地器材与规格

(一) 跳高器材

(1)跳高架:采用优质硬铝合金加工,内外方管抽拉升降,升降高度为 0.5~2.5m,底座为铸铁制造,带调整旋钮,可以调整跳高架的垂直度。安装脚轮,方便移动。跳高架立柱间距离为 4.0~4.04m。

(2)横杆:横杆应用玻璃纤维或其他适宜材料制成,不得使用金属材料。除两端外,横杆的横截面呈圆形。长度 4.0m±2cm,横杆圆形部分直径 3cm±1mm。横杆应由三部分组成,即圆杆和两端。为便于放置在横杆托上,横杆末端宽 3.0~3.5cm,长 15~20cm。横杆两端断面应呈圆形或半圆形,并有明确对顶的平面放置在横杆托上。

(3)横杆托:横杆托应水平放置,呈长方形,长和宽分别为 6cm 和 4cm。在跳高过程中,横杆托必须牢固地被固定在跳高架的立柱上,不可移动,必须朝向对面立柱。

(4)海绵包:由一块或多块具有蜂窝状或其他类似结构的垫子组成,大型赛事用海绵包规格为 6m×4m×0.7m。一般教学或基层赛事用海绵包至少长 5m、宽 3m、厚 0.6m。

(二) 撑杆跳高器材

1. 撑杆跳高架

采用优质硬铝合金加工,方管内升降,升降高度从 2.5~6.0m,底座为钢制造,带前后移动小车,可以调整撑杆跳高架的前后距离。必须有适宜的材料制作的垫子包裹跳高架底座的金属结构,以及在落地区上面的支架部位,以保护运动员和撑杆。

2. 横杆

所采用材料同跳高横杆要求,长度 4.5m±2cm。

3. 横杆托

位于升降方管近顶部内侧,横杆托粗细均匀,直径不超过 1.3cm,横杆托超出支架部分不得超过 5.5cm,支架应高于横杆托 3.5~4.0cm。横杆托间距 4.3~4.37m。

4. 海绵包

大型赛事用海绵包规格为：长为6m，宽6m，高0.8m，形成落地区。另外在插斗两侧，铺设向下倾斜的海绵保护垫。

5. 撑杆

运动员可以使用自备撑杆。未经物主同意，不得使用他人的撑杆。撑杆可用一种或多种材料制成，长度和直径不限，但撑杆表面必须光滑。

6. 插斗

由金属、木料或其他适宜的坚硬材料制成，凹陷入地面，底部长度为1m，底部的宽度自后向前逐渐变窄，后端为0.60m，至前壁底部为0.15m，插斗底部与前壁构成105°夹角，前壁长0.224m，插斗左右两臂向外倾斜，在靠近前壁处形成约120°夹角。在插斗底部的角上设一个或多个排水孔(见图3-36)。

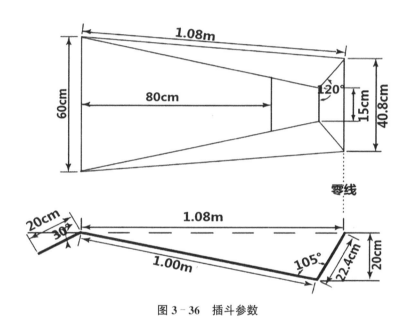

图 3 - 36 插斗参数

（三）铅球器材

铅球应为实心铁、铜或其他硬度不低于铜的固体金属制成，或有此类金属制成外壳，中心灌以铅或其他固体材料。铅球的外形必须为球形，表面结点处应光滑。球体表层平均高度应小于1.6μm，即粗糙度为N7或更小。男女不同年龄层次铅球最小重量及尺寸见表3-17。铅球及相关辅助器材见。

表 3 - 17 铅球允许比赛使用和承认记录的最小重量表

项目	少年(U18)（女）	青年(U20)、成年(女)	少年(U18)（男）	青年(U20)（男）	成年(男)
重量	3.000kg	4.000kg	5.000kg	6.000kg	7.260kg

项目		少年（U18）（女）	青年（U20）、成年（女）	少年（U18）（男）	青年（U20）（男）	成年（男）
直径	最小	85mm	95mm	100mm	105mm	110mm
	最大	110mm	110mm	120mm	125mm	130mm

（四）铁饼器材

铁饼的饼体可为实心或空心结构,外缘横断面应为标准圆形,半径为 6mm。铁饼的几何尺寸和总重量应符合规定。铁饼的两面必须相同,制造时不得带有凹陷、凸起或明显边缘。从金属边缘弯曲处至饼心边沿,铁饼表面应呈直线倾斜,饼心半径为 25～28.5mm。男女不同年龄层次铁饼最小重量及尺寸见表 3-18。

表 3-18　铁饼允许比赛和承认记录的最小重量表

项目	少年（U18）、青年（U20）、成年（女）	少年（U18）（男）	青年（U20）（男）	成年（男子）
重量	1.000kg	1.500kg	1.750kg	2.000kg
铁饼的直径				
最小	180mm	200mm	210mm	219mm
最大	182mm	202mm	212mm	221mm
饼心的直径				
最小	50mm	50mm	50mm	50mm
最大	57mm	57mm	57mm	57mm
饼心的厚度				
最小	37mm	38mm	41mm	44mm
最大	39mm	40mm	43mm	46mm
金属圈的厚度（距离边缘 6mm 处）				
最小	12mm	12mm	12mm	12mm
最大	13mm	13mm	13mm	13mm

（五）链球

链球由 3 个主要部分组成,即金属球体、一条链子和一个把手。

1. 球体

球体应用实心球、铜或硬度不低于铜的其他金属制成链球球体,或用此类金属制成外壳,中心灌铅或其他固体材料。球体重心至球中心的距离不超过 6mm,将去掉把手和链子的球体放在一个水平方向、直径为 12mm 的圆形口刃上，球体能够保持平衡。

2. 链子

链子应用直而富有弹性、不易折断的单根钢丝制成。钢丝直径不小于 3mm，投掷时链子应不明显延长。

3. 把手

把手必须质地坚硬，没有任何类型的铰链连接。当受 3.8 千牛顿（KN）拉伸负荷时，把手的变形程度不超过 3mm。把手设计需要对称，握把可为弧形或平直形，把手承受的最小抗拉强度为 8 千牛顿（KN）。

男女不同年龄层次链球最小重量及尺寸见表 3‑19。

表 3‑19　链球允许比赛和承认记录的最小重量表

项目	少年（U18）（女）	青年（U20）、成年（女）	少年（U18）（男）	青年（U20）（男）	成年（男）
重量	3.000kg	4.000kg	5.000kg	6.000kg	7.260kg
从把手内沿算起链球的全长					
最大	1195mm	1195mm	1200mm	1215mm	1215mm
球体的直径					
最小	85mm	95mm	100mm	105mm	110mm
最大	100mm	110mm	120mm	125mm	130mm

（六）标枪器材

标枪主要由 3 个主要部分组成，即枪身、枪头和缠绳把手。

1. 枪身

枪身可为实心或空心，由金属或其他适宜材料制成。组成一个固定的一体化的整体，并装有尖形金属枪头。整体平滑、均匀一致。

2. 枪头

枪头固定于枪身，末端尖形，应完全有金属制成，可以在枪头前端焊接一个其他合金的加固枪尖，但整个枪头表面必须平滑和均匀一致，枪尖张角不得大于 40°。

3. 把手

绳索把手必须包绕标枪重心，其直径不得超过枪身直径 8mm，把手表面应为规则的不光滑型，但不得有任何种类的绳头、结节或呈锯齿形。把手的厚度应该均匀。

标枪不得有可以移动的部分，或投掷时可以改变其重心或投掷性能的装置。

男女不同年龄层次标枪最小重量及尺寸见表 3‑20。

表 3‑20　允许比赛和承认记录的最小重量表（包括绳索和把手）

项目	少年（U18）（女）	青年（U20）、成年（女）	少年（U18）（男）	青年（U20）、成年（男）
重量	500g	600kg	700g	800g

项目	少年(U18)(女)	青年(U20)、成年(女)	少年(U18)(男)	青年(U20)、成年(男)
标枪全长(L0)				
最小	2.000m	2.200m	2.300m	2.600m
最大	2.100m	2.300m	2.400m	2.700m
枪尖至重心的距离(L1)				
最小	0.780m	0.800m	0.860m	0.900m
最大	0.880m	0.920m	1.000m	1.060m
枪尾至重心(L2)				
最小	1.120m	1.280m	1.300m	1.540m
最大	1.320m	1.500m	1.540m	1.800m
金属枪头长度(L3)				
最小	0.220m	0.250m	0.250m	0.250m
最大	0.270m	0.330m	0.330m	0.330m
把手宽度(L4)				
最小	0.135m	0.140m	0.150m	0.150m
最大	0.145m	0.150m	0.160m	0.160m
枪身最粗处直径(在把手前－D0)				
最小	20mm	20mm	23mm	25mm
最大	24mm	25mm	28mm	30mm

（七）护笼

1. 铁饼护笼

在设计、制造和维护铁饼护笼时，必须使其能够阻挡重量为2kg、以速度为25m/s运行的铁饼。护笼的安放应使其消除铁饼弹出护笼、向运动员反弹或从护笼顶部飞出的危险。护笼的俯视图应为U字形，开口宽度为6m，位于投掷圈圆心前7m处。护笼开口宽度6m需要以挡网最前端内缘之前的距离为准。挡网或挂网最低点的高度至少应为4m，且两侧最靠前端3m内的挡网高度至少应为6m（从2020年1月1日起）。

2. 链球护笼

在设计、制造和维护链球护笼时，必须使其能够阻挡重量为7.260kg、以速度为32m/s运行的铁饼。护笼的安放应使其消除铁饼弹出护笼、向运动员反弹或从护笼顶部飞出的危险。护笼的俯视图应为U字形，开口宽度为6m，位于投掷圈圆心前7m处。6m宽额开口的终点以活动挡网内缘为准。护笼后部挡网或挂网最低点的高度至少应为7m，从开口处到转轴2.8m的挡网高度至少应为10m。

另外，为完成田赛项目比赛，还需要相应的其他器材及辅助器材，如电子测距系统、田赛成绩公告牌、分钟计时器、风速袋、标志旗、裁判座椅等。

思考题

(1)径赛和田赛场地的基本构造情况如何?

(2)简述标准半圆式场地中各种点、线以及切入差、前伸数的基本概念。

(3)铅球、链球、铁饼及标枪场地的制图。

(4)基于不同场地面积,通过计算,设计合理的田径场,具体计算步骤和方法来确定半径、直段、周长及 100m 的起点线需延伸的距离。

(5)简述非标准半圆式田径场地的不同项目的起点、终点以及接力区的位线。

(6)简述田径比赛中器材的规格和使用要求。

第四章　球类项目场馆与设施

教学目标

(1)知识:通过各类球类场馆及设施的学习,掌握三大球及三小球的场馆结构与规格要求,了解其他球类的场地设施。

(2)能力:理论联系实际,能掌握足球场、篮球场、网球场、羽毛球场的绘制,并区分场地数据标准,具有应用于场地的操作能力。

(3)素质:具有实事求是精神,从实际的出发,场馆设施随规则变化要求及时更新,与时俱进。

教学内容

本章教学内容设计足球、篮球、排球、乒乓球、羽毛球、网球、棒球、沙滩排球、气排球和门球等,以及各种球类项目的相关器材设施。

第一节　足球场地与设施

一、足球场地的分类

足球场地的类型可以从三个不同方面分为以下三类:

第一类:从用途上可以分为专用足球场和田径足球场。专用足球场为专供足球比赛用的运动场地。田径足球场就是将足球场与田径赛场结合建造的,足球场布置在田径场跑道中间。

第二类:根据受天气影响程度不同分为室内足球场地、风雨足球场地以及室外足球场地。

第三类:根据面层材料不同分为天然草地足球场、人工草地足球场和土质足球场。

二、比赛场地规格

(一)11人制正规足球场地规格

标准足球比赛场地应为长方形,边线的长度必须长于球门线的长度,边线长度为90~120m,宽度为45~90m,在任何情况下,长度必须要超过宽度。国际足联提出的要求正式比赛标准场地:长度为105m,宽度为68m。一般情况下的足球比赛场地没有那么严格的规定,以下规格内的场地都算是合格场地,允许长为100~110m,宽为64~75m的场地进行比赛。比赛场地应按照规定画出清晰的线条,线长必须符合规则要求,各种线条宽度不得超过12cm。不论使用何种颜料画线,线条必须是白色(具体规格见图4-1)。

标准比赛场地长度的线称为边线,比赛场地宽度的线称为端线。整个比赛场地由两条边线和两条端线围成,各条线的宽度为12cm,包括在场地内。

(1)球门线:两球门柱之间的线为球门线,长7.32m;

(2)中线:在两边线的中点画一条线与端线平行,把球场划分为两个半场,长度同端线长;

(3)球门:长7.32m,高2.44m;

(4)球门区(小禁区):长18.32m,宽5.5m,在端线距离球门柱外5.5m处垂直于端线向场内画5.5m直线,并连接围成区域;

(5)罚球区(大禁区):长40.32m,宽16.5m,在端线距离球门柱外16.5m处垂直于端线向场内画16.5m直线,并连接围成区域;

(6)中点:中线中点,中点的直径为21~23cm(与球的直径相等);

(7)中圈区:以中点为圆心,9.15m为半径所画的圆圈为中圈;

(8)罚球点:球门线中点垂直于端线11m处,罚球点直径与中点相同;

(9)罚球弧:以罚球点为中心,以9.15m为半径相交于罚球区的弧;

(10)角球区:半径1m的1/4圆,距离大禁区13.84m。

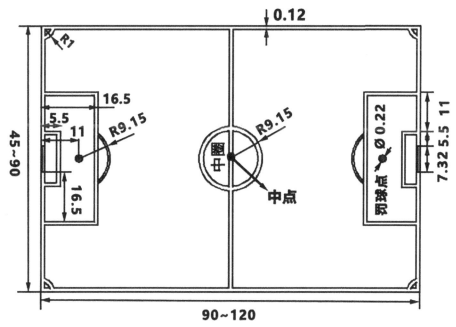

图4-1　11人制足球比赛场地(单位:m)

(二)7人制足球场地规格

(1)场地:边线长45~70m,端线宽45~50m;

（2）球门:宽5.5m,高2.2m;

（3）中圈区:以场地中点为圆心,以6m为半径画一圆即为中圈;

（4）球门区:长13.5m,宽4m,在端线距离球门柱外4m处垂直于端线向场内画4m直线,并连接围成区域;

（5）罚球区:长25.5m,宽10m,在端线距离球门柱外10m处垂直于端线向场内画10m直线,并连接围成区域;

（6）罚球点:球门线中点垂直于端线向场内9m处,罚球点直径与中点相同;

（7）罚球弧:以罚球点为中心,以6m为半径相交于罚球区的弧。

具体场地规格见图4-2。

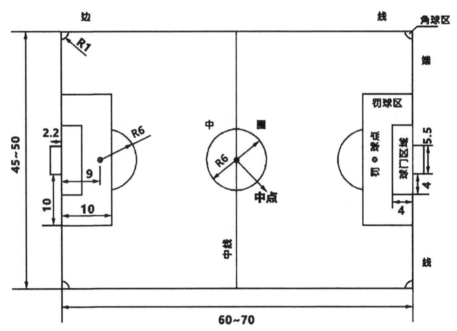

图4-2　7人制足球比赛场地(单位:m)

（三）5人制足球场规格

（1）场地:边线长25～42m、端线长15～25m的长方形场地。国际比赛场地面积为:边线长38～42m,端线宽18～22m;

（2）球门:宽3m,高2m;

（3）球门线:距离边线5m处端线上的两点连线;

（4）中圈区:以场地中点为圆心,以3m为半径画一圆即为中圈;

（5）罚球点:球门线中点垂直于端线向场内6m处,罚球点直径与中点相同;

（6）第二罚球点:球门线中点垂直于端线向场内10m处,罚球点直径与中点相同;

（7）罚球区:以两门柱点为圆心,各画两条弧线相交于罚球点为中心的平行于端线的所围成的区域;

（8）角球区：半径 0.25m 的 1/4 圆。

具体场地规格见图 4－3。

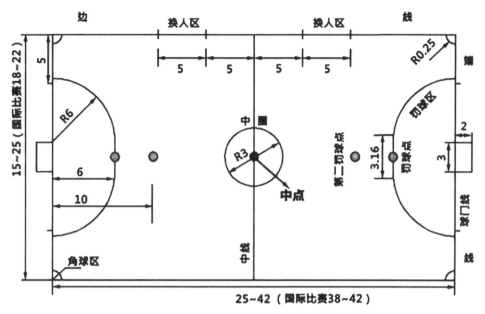

图 4－3　5 人制足球比赛场地（单位：m）

（四）3 人制足球场规格

（1）场地：边线长 25～35m，端线宽 12～21m；

（2）球门：高 0.8m，宽 3.0m；

（3）中圈区：以场地中点为圆心，以 3m 为半径画一圆即为中圈；

（4）罚球点：球门线中点垂直于端线向场内 6m 处，罚球点直径与中点相同；

（5）换人区：距中线各 3m，划在边线上，长 80cm（场内、外各 40cm）；

（6）罚球区：端线中心为圆心，以 4m 为半径画弧相交于端线所围成的区域；

（7）角球区：半径 0.25m 的 1/4 圆。

具体场地规格见图 4－4。

三、比赛器材规格

（一）球

正式比赛所用球应为圆形，球的颜色应与场地颜色有区别。足球由 32 块皮或其他许可的材料组成。其中，20 块是六边形，12 块是五边形（2006 年德国世界杯之后，足球球面拼接数发生了改变）。球的周长不得大于 71cm、小于 68cm。球的重量，在比赛开始时不得多于 453g、少于 396g（见图 4－5）。充气后其压力应相当于 0.6～1.1 个大气压力（在海平面上），即相当于 600～1 100g/cm^2。

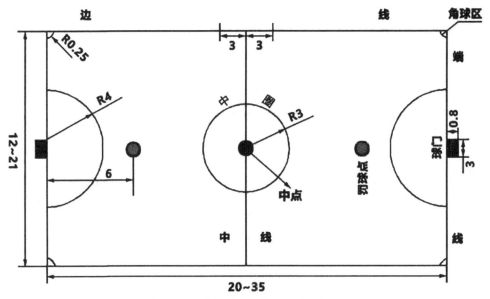

图 4‑4　3 人制足球比赛场地(单位:m)

　　1 号足球:直径约 8cm,用于儿童娱乐,也有部分为装饰、纪念品。另外,还有球员用于练习颠球等小技术。

　　2 号足球:直径约 15cm,同 1 号足球用处相似,用于儿童娱乐和球员练习颠球。

　　3 号足球:直径约 18cm,为 5～12 岁青少年学习用球。

　　4 号足球:直径约 19cm,用于 5 人制、7 人制、室内足球比赛,以及部分 9 人制赛事,同时可用于初高中青少年的足球训练和比赛。

　　5 号足球:直径约 22cm,是正规比赛用球,主要用于 11 人制、部分 9 人制和部分室内足球比赛。

　　球的材质:足球比赛用球可用皮革或其他许可材料,不得使用可能伤害运动员的材料。常见的有 PVC、FU、真皮三种。

Ø0.216~0.226

396g~453g

图 4‑5　比赛足球

(二)球门

　　球门必须放在端线的中央,长为 7.32m,高为 2.44m。门柱和横梁所用材料的宽度与厚度是一样的。球门线的宽度与立柱和横梁宽度一致。门柱与横梁必须是白色。球网系在球门和球门后面的地上,并且要适度撑起以免影响门将防守。球门的门柱及横梁必须是木质、金属或国际足球理事会批准的其他材料制成的。其形状可为正方形、长方形、圆形、半圆形或椭圆形,球门框架背面应有网钩,以便能很好地钩住球网。

（三）球网

球网允许用大麻、黄麻、尼龙绳制成，但尼龙绳不得比大麻或黄麻绳细，其网眼大小不得超过 $12 \times 12 cm^2$，球网应挂在球门背面，网下端要与地面衔接，球网适当撑起，使守门员有充分活动的空间。

（四）角旗

角旗是场地四周的标志，应垂直竖于边线与球门线外沿的交点处。角旗的材料一般为布或者绸料，长 50cm，宽 40cm。

（五）角旗杆

角旗杆一般由竹竿或者其他适宜材料组成，上端应为圆形平顶。角旗旗杆不得低于 1.5m，不包括插入地下部分。

（六）中线旗杆

中线旗帜和中线旗杆与角旗、角旗杆相同，位置在中线两端，距离边线 1m 处。

（七）辅助器材

一般足球比赛中还需要计时表、口哨、裁判手旗、气压表、充气筒、气针、钢卷尺和磅秤等等。

四、其他要求

（一）裁判席位

裁判台应设在球场外，距边线 5～6m 处的中央区域（在田径场的第四、五跑道附近）。同时要设一名替补裁判员和一名监督裁判员席位，裁判台上需备有换人号码牌、计时器和比赛备用球等。

（二）运动员替补席位

运动员替补席位应设立在裁判席两侧，距裁判台 3.0m 处与边线平行的延长线上，允许有 12 个席位在运动员替补席上，均应安装保护圈，保护圈用布、塑料布或有机玻璃制成，起到一定的保护作用。在运动员替补席前的边线外 1.0m 处画一条横线为教练员临场指挥区域。根据竞赛规程，在比赛前确定具体的指挥人员，并不得更换，只允许 1 人在技术区域内进行战术指挥，后立即返回替补席不得干涉裁判员的工作。

（三）摄影人员限制线

在两条球门线后各画一条线，距角旗至少 2.0m，距球门区线与球门交点至少 3.5m，距门柱至少 6.0m 为摄影人员限制线，不准摄影人员超过限制线，不准使用人工光源。

（四）观众与场地隔离带

确保比赛参加者不受观众的侵扰，可采取某一措施或几个措施而设置场地隔离带。但防止观众进入比赛场地的保护措施必须经当地公安机关批准，并且在紧急疏散时不会对观众构成任何威胁。

（五）广告牌位置

广告牌应放置在边线外 6.0m 处，避免运动员在激烈比赛中冲出场地出现伤害事故。

第二节　篮球场馆与设施

一、篮球场地的分类

篮球场地分类因内涵不一，有不同分类方式，主要有三种：

第一类：根据体育场地的使用性质可以分为比赛型场地、教学训练型场地和健身娱乐场地。

第二类：根据受天气影响程度不同分为室内篮球场地、风雨篮球场地以及室外篮球场地。其中室内带有看台的篮球场地称为篮球馆，不带看台的称为室内篮球场。

第三类：篮球场地的类型可以从建筑材料的使用上分为枫木篮球场、超级硅 PU 篮球场、塑胶地板篮球场、丙烯酸篮球场和 DIY 拼装式篮球场。

二、比赛场地规格

（一）标准篮球场地的规格

篮球运动联合会规定的主要正式比赛及所有新建的篮球比赛场地，是一块平坦、坚实且没有障碍物的表面。其尺寸为长 28m，宽 15m，球场的丈量从界线的内沿量起。对于室内篮球场地，天花板或最低障碍物的高度至少是 7m，球场要被均匀和充分的照亮，照明设备的安置不得妨碍队员和裁判员的视角。篮球场地上所有的线宽都是 0.05m（见图 4-6）。

1. 界线

球场要距离观众、广告牌和其他障碍物（包括球队席全体人员）2m。球场长边的界线叫边线，长 28m，短边的两条界线叫端线，长 15m。

2. 中线

中线是连接两条边线的中点，并和端线平行的线段，它的两端各向边线外延长 0.15m。

3. 中圈

中圈是以中线的中点为圆心，以 1.80m 为半径所画的圆（从圆周的外沿丈量）。如果中圈内部着色，它的颜色必须与限制区内部颜色相同。

4. 合理冲撞区

以篮圈中心在地面的投影点为圆心半径为 1.25m 画一个半圆形区域,在这个区域内没有进攻犯规。

5. 3 分投篮区

3 分投篮区域是指除对方球篮附近被下述条件限制出的区域之外的整个赛场地区,这些条件包括:

(1)从端线引出两条垂直于端线的平行线,距离边线 0.91m,各向场内画 2.99m 与圆弧相交。

(2)以投影点为圆心,画半径为 6.75m(量至圆弧外沿)的半圆与两条平行线相交。

6. 罚球线

罚球线平行于端线,外沿距离端线内沿 5.79m,长 3.60m。

7. 限制区

限制区由端线、罚球线和两条连接端线上距离端线中点 3m 和罚球线两端的线段组成。除了端线,线都是限制区的一部分。在这两条线段上分别标有分位区。

限制区外,还有以罚球线中点为圆心,1.80m 为半径(从圆周的外沿丈量)的半圆区域。

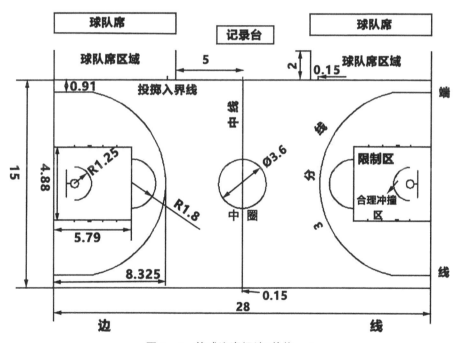

图 4 - 6　篮球比赛场地(单位:m)

(二) 小篮球的场地规格

(1)球场长 18.00m,宽 10.00m。

(2)罚球线距端线 3.70m。

（3）罚球圈及中圈直径均长 2.40m。

（4）罚球区是限制区加上以罚球线中点为圆心，以 1.20m 为半径，向限制区外所画的半圆区域。

（5）罚球区两旁的位置，供队员在罚球时使用，第一位置区位于距端线 1.10m 处（沿罚球区斜线丈量），位置区的宽度为 60cm，第二位置区与第一位置区相距 20cm，第二位置区与第三位置区相连宽度亦为 60cm，分位线的长度为 10cm，并与罚球区边线垂直。

（6）三分区界线：以篮圈圆心在地面的投影点为圆心，以 4.00m 为半径，圆弧与球场端线相交。运动员在圆弧以外区域投中一球得 3 分，在圆弧以内区域投中一球得 2 分。

三、比赛器材规格

（一）篮球架

分别放置 2 个篮球架在比赛场地的两端，每一个篮球架包括一块篮板、一个带有固定篮圈钢板的篮圈、一个篮球支撑构架和一个包扎物。框架具体见图 4-7。

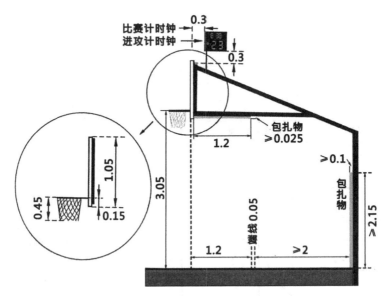

图 4-7 篮球架（单位：m）

（二）篮板

篮板是用 0.03m 厚的坚硬木料或适宜的透明不反光材料制成。对于奥林匹克运动会和世界锦标赛，它的尺寸应横宽 1.80m，竖高 1.05m，下沿距地面 2.90m。至于所有其他竞赛都可使用原来规定的横宽 1.80m，竖高 1.05m，下沿距地面 2.75m 的篮板或新规定的篮板尺寸。新制的篮板应与奥林匹克竞赛和世界锦标赛所要求的篮板规格相同，即 1.80m×1.05m。篮板板面必须平整。篮圈后的板面上画一宽 0.59m、高 0.45m（从外沿量起）、线宽 0.05m，底线的上沿与篮圈上沿齐平的长方形。沿篮板四周的边沿画 0.05m

宽的线,如篮板是木质的画黑色,如果是透明的则画白色(见图4-8)。

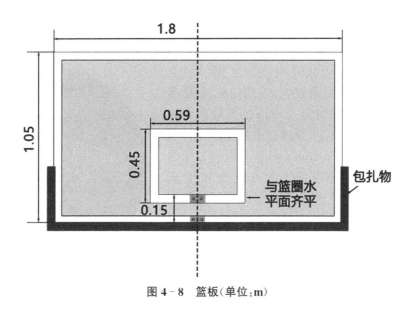

图 4-8　篮板(单位:m)

(三) 球篮

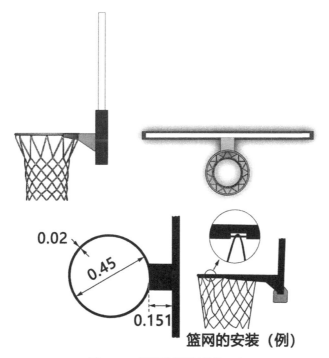

图 4-9　篮圈及篮网(单位:m)

　　球篮包括篮圈和篮网。篮圈由实心铁条制成,内径为0.45m圈条直径为0.02m,并应漆成橙色。圈下装设下环,用于悬挂篮网。篮圈应牢固地安装在篮板上,呈水平状,离地面 3.05m,与篮板两垂直边的距离相等篮板面与篮圈内沿的最近点是 0.151m。篮网应用长 0.40～0.45m 的白色线绳结成,系在篮圈的 12 个位置上(见图 4-9)。

(四)篮球

球为圆形,内装橡皮球胆,外壳用皮、橡皮或合成物质制成。球的圆周为 0.749～0.78m,重量为 567～650g。充气后,使球从 1.80m 的高处落到硬木质地板或较硬的地面上,反弹起来的高低不得低于 1.20m,也不得高于 1.40m。对于一级和二级的比赛。球的外壳应由皮革或人造的/复合的/合成的皮革制成。对于三级比赛,球的外壳可用橡胺制成。球壳不应含有有毒物质或可能引起过敏反应的物质。球不应含有重金属(EN71)或 AZO 颜色。对于所有级别的男子篮球比赛,球的圆周不得小于 749mm,不得大于 780mm(7 号)。球的重量不得少于 567g,不得多于 650g(见图 4-10)。对于所有级

图 4-10　男子篮球

别的女子篮球比赛,球的圆周不得小于 724mm,不得大于 737mm(6 号)。并且,球的重量不得少于 510g,不得多于 567g。

(五)篮板支撑构架

对于一级比赛,只可使用活动的或固定在地面上的篮板支撑构架。对于二级和三级比赛,还可以使用吊装在天花板上或安装在墙上的篮板支撑构架。吊装在天花板上的篮板,不应使用在天花板高度超过 10 000mm 的体育馆内,以避免支架的过度震动。

篮板支撑构架应:对于一级和二级比赛距端线外沿测量至少 2.00m(包括包扎物)。与背景相比颜色鲜明,以便队员清晰可见。牢牢地固定在地面上,以防止任何移动。如果不可能固定在地面上,为防止任何移动必须在支撑球篮的底座上使用附加的重物。被校准到从篮圈顶部至地面的高度是 3.05m,这个高度不得改变。带有篮圈的篮板支撑构架的刚性应达到 ENI2570 标准的要求。扣篮后篮板支撑单元的明显颤动最多应在 4s 钟内停止。

(六)包扎物

包扎物应为单一的纯色,两块篮板以及支撑构架颜色应相同。包扎物距篮板的前、后和侧面应有 20～27mm 厚,距离篮板的底沿应有 48～55mm 厚。包扎物应覆盖每一篮板的底表面,侧表面距底沿高度应为 350～450mm。前后表面应距每一篮板的底部至少覆盖 20～25mm 高。

(七)辅助器材

篮球比赛中还有比赛计时钟、记录屏、进攻计时钟、队员犯规标示牌、全队犯规标示牌、交替拥有指示器等。

教学辅助器材还有标志杆、标志桶、防守假人、战术板等。

四、其他要求

（一）体育馆的容量要求

（1）举行奥林匹克比赛和世界男女锦标赛时至少需要 12 500 个座位。

（2）举行世界男、女青少年锦标赛和世界男子 22 岁以下年龄组的比赛至少需要 6 000 个座位。

（二）比赛场地要求

（1）比赛地面要用木料制成或经国际篮联批准的其他类似性能的材料制成。

（2）比赛场地要用 5cm 宽的界线定界。

（3）比赛场地界线的外侧要用鲜明反差的颜色围成一条外侧界线，宽至少 2m，外侧界线的颜色必须和中圈、限制区的颜色相同。

（三）用球要求

（1）球由皮革制成并经国际篮联批准。

（2）在比赛开始前的准备活动期间为了进行训练，主办者至少要提供 12 个相同的球。

（四）灯光要求

比赛场地的灯光至少要 1500lx。这个光度是从球场上方 1m 处测量的，照度要符合电视转播的要求。

（五）计时仪器要求

（1）比赛场地要设下述电子仪器，从记录台、比赛场地和球队席以及与比赛有关的每一个人都能看得清楚。

（2）包含一个清晰可见的数字倒计数型的钟并在每半时或每节结束时自动发出非常响亮信号的大记录板两块（场地每端各一块）。

（3）自动的数字倒计数型 30 秒钟装置，以秒为单位指明时间，并能自动发出非常响亮的信号来指示 30 秒钟周期的结束。

（4）三种具有显然不同声响的单独信号。

第三节　排球场馆与设施

一、排球场馆的分类

排球场馆可以从不同方面分为以下三种类型。

第一类:根据受天气影响程度不同分为室内排球场地、风雨排球场地以及室外排球场地。

第二类:根据比赛类型的不同分为沙滩排球场地、软式排球场地、气排球场地以及硬排球场地等。

第三类:根据面层材料不同分为土质排球场、木质排球场、水泥排球场以及塑胶排球场等。

二、比赛场地规格

(一)比赛场区

比赛场区为18m×9m的长方形。中线将其分为相等的两个场区。两条长线是边线,两条短线为端线。所有的界线宽为5.0cm,线的宽度均包括在场区内(见图4-11)。

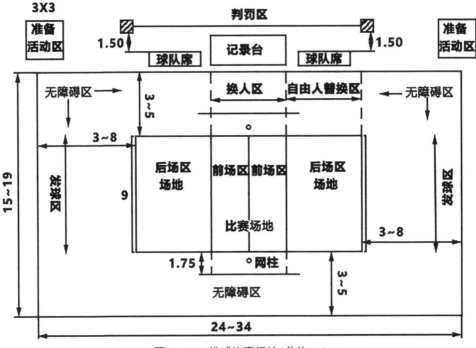

图 4-11 排球比赛场地(单位:m)

(二)无障碍区

比赛场地四周至少有3.0m宽的无障碍区,比赛场区上空的无障碍空间从地面丈量至少高7.0m,其间不得有任何障碍物。国际排联世界性正式比赛,比赛场区边线外的无障碍区至少宽5.0m,端线外至少宽6.5m。比赛场地上空的无障碍空间至少高12.5m。

(三)发球区

宽为9.0m,位置在端线后。两条边线后各画一条长15.0cm,垂直并离端线20.0cm的短线,两条短线之间的区域为发球区,其短线宽度包括在发球区内,发球区的深度延至无障碍区终端。

（四）前场区、后场区

中线与进攻线构成前场区。中线中心线与进攻线距离 3.0m。前场区向边线外的无障碍区无限延长。进攻线与端线构成后场区。

（五）换人区

两条进攻线的延长线之间,记录台一侧边线外的范围为换人区。

（六）后排自由防守队员替换区

该区域是无障碍区的一部分,在替补席一侧的进攻线延长线和底线延长线之间。

（七）准备活动区域

无障碍区外球队席的远端,有 3m×3m 的区域为准备活动区。

（八）判罚区域

位于控制区域内各端线的延长线后,内设两把椅子。其长、宽各 1.0m,线宽 5.0cm,为红色。被判罚出场的成员应坐在判罚席上。

三、比赛器材规格

（一）球

比赛用球的颜色可以是一色的浅色或国际排联批准的多色球,圆周 65～67cm,重量为 260～280g,气压为 0.30～0.325kg/cm² 。国际排联世界性比赛,各大洲和各国锦标赛、联赛所使用的球必须是国际排联批准的用球(见图 4 - 12)。为缩短非比赛时间,正式比赛均采用三球制。为此,在一次比赛中所用的球,其特性包括圆周、重量、气压、牌号及颜色都必须统一。

图 4 - 12　比赛用排球

（二）球网

球网为黑色,长 9.50m、宽 1.0m,架设在中线的中心线的垂直面上。球网上沿缝有 7.0cm 宽的双层白帆布袋。用一根柔韧的钢丝从中穿过,将球网固定在网柱上。球网的高度男子为 2.43m,女子为 2.24m。少年比赛网高男子一般为 2.35m,女子为 2.15m。一般基层比赛或儿童比赛的网高可根据情况自行而定。球网的高度应从场地中间丈量。场地中间的高度必须符合规定网高,两条边线上空的球网高度必须相等,并不得超过规定网高 2.0cm。球网网孔为 10cm×10cm。

（三）网柱

网柱为两根高 2.55m 的光滑圆柱。最好是能够调节高度，网柱固定在边线外 0.5～1m 处。禁止使用拉链固定网柱。一切危险设施或障碍物都必须排除。

（四）标志带

标志带是两条宽 5.0cm、长 1.0m 的白色带子，分别系在球网两端，垂直于边线。标志带被认为是球网的一部分。

（五）标志杆

标志杆是两根有韧性的杆子，长 1.80m，直径 10mm，由玻璃纤维或类似材料制成，分别设在标志带外沿球网的不同两侧。标志杆高出球网 80cm，高出部分每 10cm 应涂有明显对比的颜色，最好为红白相间。标志杆被认为是球网的一部分，并视为过网区的边界。

球网、网柱、标志杆及标志带如图 4-13 所示。

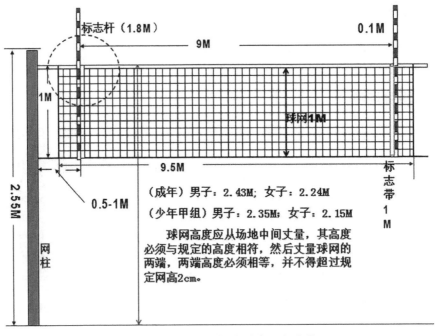

图 4-13 球网、网柱、标志杆及标志带

（六）裁判台

裁判台是一个长约 80cm、宽约 70cm，调节范围在 1.10～1.20m 高度，可站立、可坐的升降台。裁判台的前面应制成弧形并包上海绵类的护套，防止运动员受伤。裁判员执行任务时应根据自己身高调节裁判台高度，一般使裁判员的水平视线高出球网上沿 50cm 左右为宜。

（七）司线旗

司线旗由布或绸料制成，呈正方形，40cm×40cm，旗杆用竹竿或其他适宜材料制成，长50cm，直径约2cm.

四、其他要求

排球运动比赛场地地面必须平坦、水平，场地地面不得有任何可能伤害队员的隐患，不得在粗糙、湿或滑的场地上进行比赛。国际排联承认的世界性比赛场地的地面只能是木质或合成物质的，场地界线为白色，比赛场地地面必须为浅色，比赛场区和无障碍区分别用不同颜色以示区别，不得使用任何坚硬的物体作为地界线。温度必须适合比赛，照度在离比赛场区地面1m高出测量应为800~1200lx.

第四节　乒乓球场馆与设施

一、标准乒乓球比赛场地规格

乒乓球正式比赛应包括可容纳4张或8张球台（视竞赛方法而定）的标准尺寸的正式比赛场地，每张球台的比赛场地尺寸是7m×14m，上空高不低于4.0m，而世界大赛的规格往往更高，达到8m×16m，乒乓球台的尺寸是长2.74m，宽1.525m，高76cm。赛区应用75cm高的深色挡板围起，与相邻的比赛场地及观众隔开。挡板应轻便稳妥，在运动员冲撞挡板时不至于受伤，挡板宽为1.4m（见图4-14）。

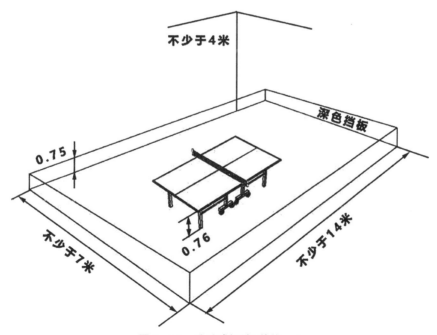

图4-14　乒乓球场地（单位：m）

比赛场地的地面应为木制或经国际乒联批准的品牌和种类的可移动塑胶地板。其表面不得用砖石、三合土、混凝土铺设。地板应具有弹性,没有其他体育项目的标线和标识,地板的颜色不能太浅或反光强烈,可为红色或深红色,不能过量使用油或蜡,以避免打滑。

乒乓球的球体较小,速度快,要求光线柔和,四周要有强烈的对比度。场地面积不得有明显的反光,要求在其背景的衬托下能够看清整个球的飞行途径,要有较好的垂直照度和水平照度。从乒乓球台面高度测量,整个台面的照度应均匀,不得低于1 000lx,比赛区域其他地方的照明度不得低于比赛台面照明度的1/2,光源距离地面不得少于4m 场地四周一般应为深颜色,观众席上的照明度应明显低于比赛区域的照明度,要避免耀眼光源和未遮蔽窗户的自然光。

奥运会为了保证电视转播影像清晰,要求照度为1 500~2 500lx,所有球台的照明度是一样的。如果因电视转播等原因需要增加临时光源,该光源从天花板上方照下来的角度应大于75°。乒乓球场地的照明方案,一般是将灯具布置在场地两侧,采用高强气体放电灯时,灯具配光不宜太窄。

二、比赛器材规格

(一)乒乓球桌

乒乓球桌规格是:长2.74m,宽1.525m,台高0.76m,台面可由任何材料(国际规定应有坚实木料)制作,具有一定弹性,上层表面叫比赛台面,乒乓球台面应与水平面平行,呈均匀的暗色(国际比赛规定应由暗墨绿色纤维素喷漆或涂漆)且无光泽;乒乓球台的台面一般用木材制,也可以用其他材料,但不论何种材料,其弹性标准是一致的,即标准球从30.0cm的高处落至台面,弹起的高度约为23.0cm。球台边各有2.0cm宽的白线,沿2.74m长的球台两侧边缘所画的线称"边线",沿1.525m长的球台两端边缘所画的线称"端线"。台面中央有一条3.0mm宽的白线,称中线,将球台划为两个相等的"半区",中线应视为双打时发球运动员的右半区和接发球运动员右半区的一部分(见图4-15和图4-16)。

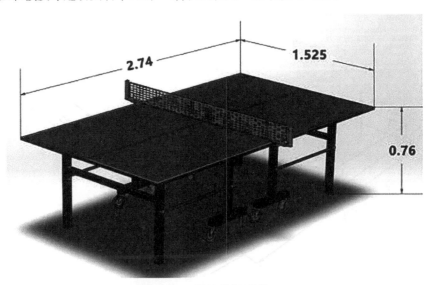

图4-15 乒乓球桌(单位:m)

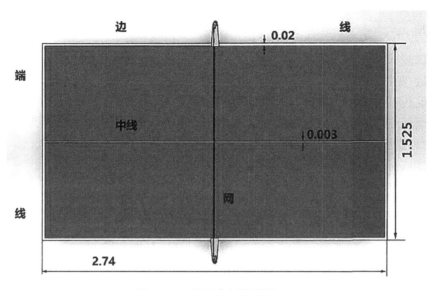

图 4‑16　乒乓球台面（单位：m）

球台应放置在赛区的正中，并做到"两对齐"，即球台两个台区的分界线（球网所在的直线）与赛区边线的中点对齐、球台的中线与赛区端线的中点对齐。

（二）球网

球网装置包括球网、悬网绳、网柱及将它们固定在球台上的夹钳部分。球网应悬挂在一根绳子上，绳子两端系在高 15.25cm 的直立网柱上，网柱外缘离开边线外缘的距离为 15.25cm。整个球网的顶端距离比赛台面 15.25cm，其底边应尽量贴近比赛台面，两端应尽量贴近网柱（见图 4‑17）。

国际比赛规定网应柔软，呈暗绿色，网柱应为大一颜色，其表面无光泽。

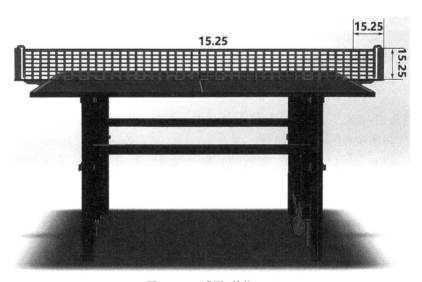

图 4‑17　球网（单位：cm）

（三）球拍

(1)国际乒联规定:球拍的大小、形状和重量不限,但底板应平整、坚硬(见图 4-18)。

(2)底板厚度至少应有 85% 的天然木料,底板内层可用如碳纤维,玻璃纤维或压缩纸等纤维材料黏合而成,每层黏合层不超过底板总厚度的 7.5% 或 0.35mm,两者取小。

图 4-18　球拍

(3)用以击球的拍面应以一层颗粒向外的普通颗粒胶覆盖,连同黏合剂厚度不超过 2.0mm,或以颗粒向内或向外的海绵胶覆盖,连同黏合剂,厚度不超过 4.0mm。①"普通颗粒胶"是单层无泡沫的天然橡胶或合成橡胶,其颗粒必须以每平方厘米不少于 10 颗、不多于 30 颗平均分布整个表面;②"海绵胶"是在一层泡沫橡胶上覆盖一层颗粒胶,颗粒胶的厚度不超过 2.0mm。

(4)用来击球一面的底板或底板上任何一层覆盖物及黏合剂,均应为厚度均匀的整体,可以添加用以塑造执握球拍手柄的材料。

(5)除靠近拍柄部分和手指执握部分可以不覆盖或以任何材料覆盖外,覆盖物覆盖整个拍底,但不得超过其边缘。

(6)球拍两面不论是否有覆盖物均应为无光泽,一面为黑色,另一面为鲜艳色,必须与黑色及比赛用球有明显区别。

(7)球拍覆盖物不得经过任何物理的、化学的或者其他处理,因褪色引致拍面的整体性或颜色一致性有轻微的差异及加上辅助的活保护性配件,若未明显改变拍面的性能,则该拍仍可使用。

(8)球员在比赛开始前及比赛中更换球拍时,应将球拍向裁判员及对手展示,并容许他们检查。

(9)球拍的分类。

正胶海绵拍:颗粒向外,颗粒的高度一般为 0.8～1.0mm。其特点是弹性好,击球稳且速度快,能制造一定的旋转,适合近台攻球型运动员使用。

生胶海绵拍:颗粒比较柔软,弹力较大,颗粒的高度一般为 0.8～1.0mm。其特点是击球有下沉性,能减弱对方拉弧圈球的威力;搓球旋转弱,易控制球,适合近台攻球型运动员。

反胶海绵拍:表面平整柔软,有较大的黏性。其特点是打球的旋转力强,但反弹力差,它适合于弧圈型和削球型运动员。

长胶海绵拍:果糖向外,柔软,颗粒的高度一般为 1.5～1.7mm。它主要依靠来球的旋转或冲力增加回球的旋转强度或旋转变化,如对方拉过来的上旋球用挡球回击,则变为下旋球等。它适合于削球型和攻削结合型运动员。

防护海绵拍:在一块结构松、弹力差的海绵上反贴一块厚而硬、黏性小、有些发涩的胶皮。球拍缓冲性能强,可减弱强旋转的作用,适合于削球型运动员。

注意,使用光滑的胶皮表面(反胶)能够击出各种不同的旋转球,可以发挥多种击球技术。比赛中只能使用国际乒联规定的球拍、球台、球网和球。拍柄有直型、彗尾型、圆锥形和符合人体工程学的解剖型。

（四）乒乓球

乒乓球应为圆球体，直径 40mm，重 2.7g，呈白色、黄色或橙色，由赛璐珞或类似的塑料制成（见图 4 - 19）。

图 4 - 19   乒乓球（单位：mm）

（五）辅助器材

乒乓球比赛中还有抽签器、记分器、裁判桌、裁判椅、量网尺等比赛用的辅助器械。教学辅助器材用还有捡球器、发球器、回弹器、球桶等设施。

三、其他要求

（1）每个球台上面至少用 2 套电子记分牌，决赛时用 4 套。电子记分牌放置在乒乓球场地两侧的后面或四角。卡片上有运动员的名字、他们的国家或地区、时间、每场比赛的分数等。这样观众就能清楚地看到看台显示屏上的分数。

（2）乒乓球比赛场地仅限于室内，风速不宜大于 0.2m/s。

（3）电子记分牌应安放在乒乓球比赛场地两端，牌上标有运动员的姓名、所属国家地区、时间、各局比分等。

（4）无论裁判员的座椅，还是副裁判员、记分员和计数员的座椅，都应尽量靠近赛区边线位置放置，以确保运动员在比赛过程中有尽可能多的活动空间。

第五节   羽毛球场馆与设施

一、羽毛球场馆的分类

（1）水泥层面场地，使用最多的羽毛球场地，因为其施工以及造价方面性价比比较高，施工周期很短，而且成本也比较低，水泥地面的羽毛球场使用年限久，但因为其地面较硬，不利于锻炼者健康，容易引起脚崴伤，水泥地面虽然是羽毛球场分类的一种，但是不太被羽毛球场施工单位推荐；

（2）合成材料层面场地，场馆颜色设计感更丰富，可有多种配色选择，该类型地面柔软性很好、弹性佳，塑胶层面具有一定的缓冲性，可减缓运动员损伤风险，基层羽毛球馆多采用该类场地；

（3）木地板层面场地，球场建设于室内，带看台的室内羽毛球场地称为羽毛球馆。木质层面场地，相对前两者球场类型，它的造价高，后期维护成本也高，正式比赛多采用该类场地。

二、比赛场地规格

国际重大比赛中对羽毛球运动的场地有严格的要求，羽毛球馆内要能平行放置三片比赛场地，场地端线在一条线内，整个场地的面积至少长为 55.0m，宽为 19.5m。每片场地之间距离至少 8.0m，端线外至少要有 2.0m 的空间作为缓冲区，司线裁判员的位置在 2.0m 之外的地方（见图 4-20）。

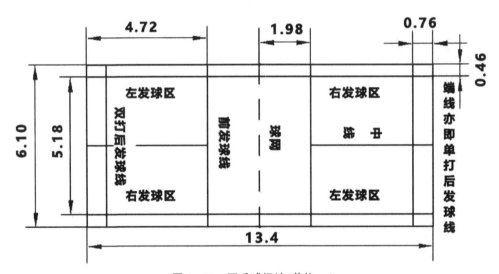

图 4-20　羽毛球场地（单位：m）

（一）羽毛球场地的规格

1. 单打场地规格

边线长 13.4m，端线长 5.18m，对角线长为 14.366m。

2. 双打场地规格

边线长 13.4m，端线长 6.10m，对角线长为 14.723m。

按照国际比赛规定，羽毛球场地应为一个长方形场地，球场里面两条边线是单打场地边线，近球网 1.98m 与网平行的两条线为前发球线。

前发球线中点与端线中点连起来的一条线叫中线，它把羽毛球场地分为左、右发球区。

场地线的颜色宜为白色、黄色或其他容易辨别的颜色，线宽为 4.0cm，包含在场地的各个区域的组成部分。

球场四周 2.0m 以内不得有任何障碍物(包括相邻的球场),国际比赛场地室内净高大于等于 12.0m,训练场地、休闲健身场地的室内净高大于等于 9.0m。比赛场地四周墙的颜色必须是深色的,反射率小于 0.2。

训练场地缓冲区边线端线外各 2.0m,两片场地之间距离不小于 2.0m。

休闲健身场地缓冲区宽度边线外尺寸不小于 1.2m,端线外尺寸不小于 1.5m,两片场地之间距离不小于 0.9m。

(二)羽毛球场地的具体要求

1. 界线

球场长边的界线叫边线,长 13.40m。短的两条界线叫端线,双打端线为 6.10m,单打端线为 5.18m,场线要用宽度为 4.0cm 且颜色一致的线条,按规定出界线的颜色最好用白色、黄色或其他易于识别的颜色。丈量时要从线的外沿算起,所有场地线都是它所确定区域的组成部分。界线要距离观众、广告牌和其他障碍物(包括球队席全体人员)至少 2.0m。

2. 发球区

单打发球区域为单打边线、端线、前发球线及中线所围区域,双打发球区双打边线、双打后发球线、前发球线及中线所围区域。

3. 半区

羽毛球场地被中线平分为左右两个半区。

4. 前场、中场、后场

羽毛球场地纵向被分为前场、中场、后场。前场就是从前发球线到球网之间区域,后场是指从端线到双打后发球线之间区域,中场是前发球线与双打后发球线之间区域。

5. 无障碍区

场地边线、端线外、场地上空不得有任何障碍物。不同级别场地要求不同。

三、比赛器材规格

(一)球网

球网应是深色、优质的细绳织成。网孔方形,各边长均在 15～20mm。网上下宽 0.76m,长 6.10m。网的顶端用 0.75m 宽的白布对折而成,用绳索或钢丝从夹层穿过。白布边的上沿必须紧贴绳索或钢丝。绳索或钢丝须有足够的长度和强度,能牢固地拉紧网柱顶部。球场中央网高 1.524m,双打边线处网高 1.55m。球网的两端必须与网柱系紧,它们之间不应有空隙(见图 4-21)。

(二)网柱

网柱应垂直固定在场地双打边线的中点上,网柱高 1.55m。使球网保持紧拉状态。如不能设置网柱,必须采用其他办法标出边线通过的位置。在双打球场上,不论进行的是双打还是单打比赛,网柱或代表网柱的条状物,均应置于双打边线上(见图 4-21)。

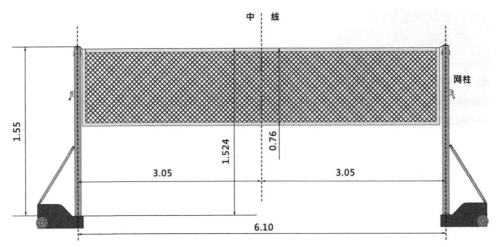

图 4‑21　球网与网柱(单位:m)

（三）羽毛球拍

　　羽毛球拍一般由拍头、拍杆、拍柄及拍框与拍杆的接头构成,羽毛球拍的重量为 95～120g(不包括穿线后的重量),是用木、铝合金或碳素纤维等质地轻而坚实,并富有弹性的材料制作而成(见图 4‑22)。球拍框为椭圆形,球拍的框架,包括拍柄在内,总长度不超过 680mm,宽不超过 230mm。拍框长度不超过 290mm。弦面长不超过 280mm,宽不超过 220mm。拍弦面应该是平的,用拍弦穿过拍头十字交叉或其他形式编织而成。编织的式样应保持一致,尤其是拍弦面中央的编织密度不得小于其他部分。不论拍弦用什么方法拉紧,规定拍弦穿过连接喉的区域不超过 35mm,连同这个区域在内的整个拍弦面不超过 330mm。

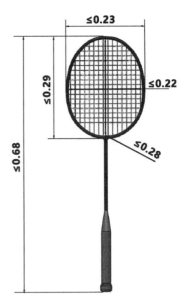

图 4‑22　羽毛球拍(单位:m)

（四）羽毛球

　　球由天然材料、人造材料或用它们混合制成,应由 16 根羽毛固定在球托上,每根羽毛从球托到羽毛尖的长度,统一为 62～70mm,羽毛顶端围成圆形,直径为 58～68mm。羽毛应用线或其他适宜材料扎牢,球托底部为球形,直径为 25～28mm,球重 4.74～5.50g。对于比赛中使用的球,必须经过测试才能使用。正确的方法是:站在终点线上,把手放低,全力以赴向前和向上击球,球的飞行方向与边线平行。一个合格的球应该落在距离对方终点线 53～99cm(见图 4‑23)。

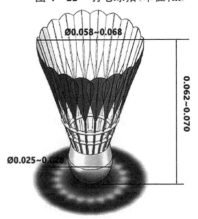

图 4‑23　羽毛球(单位:m)

（五）其他器械

裁判员椅——座高1.55m。应居中放置在网的延长线上距网1m处,椅面高度与网高相同,在左右扶手间设一块裁判员放置计分板的垫板。

发球裁判员椅——为有靠背椅,它的高度需满足当发球裁判员坐下时,发球裁判员眼睛的视平线基本与发球员的腰部持平。

司线裁判员椅——要求同发球裁判员椅。

衣物筐——为比赛的运动员放置备用球拍、毛巾、运动衣以及饮用水等。单打比赛时,于裁判员椅的两侧各放置一个衣物框,双打比赛放置两个。

放球箱——位于发球裁判员的椅旁,放置比赛时备用的新球和用过的旧球。

干拖把——每个场地备有两个有良好吸水性能的干拖把,每边一个。

量网尺——其宽为4cm、长160cm的木或铝制的直尺,在1.524m和1.55m处有标记。

记分垫板——为裁判员临场裁判时,垫写积分表用。板的尺寸要略大于A4纸,材质为硬质的有机玻璃或塑料板。

四、其他要求

（一）地面

比赛场地一般采用木质地板或塑料胶地面,场地应具有一定的弹性,滑涩程度适中。地面必须保持清洁,持久干燥,且没有裂缝。混凝土地面含水率不得超过2.5%,石膏地面含水率不得超过0.5%。地板表面2m直尺范围内误差不大于3mm。此外,木地板、复合木地板、瓷砖、大理石和水磨石地板平整度达到要求均可铺装。

（二）灯光

比赛应在场地四周比较暗的环境中进行,因此,赛场上空的灯光至关重要。一般灯光的设计和布局有两种方法:一种是白炽灯泡,安装在每一球场的两侧网柱的上空;另一种是荧光灯,挂在与球场边线平行并且长度一样的地方。为避免自然光线的干扰,场馆内应挂上窗帘,场地上的照度要求达到500~750lx。

（三）围网

如室外羽毛球场地,外围宜设围网,四周围网高度不宜小于3.0m。

第六节　网球场馆与设施

一、网球场馆的分类

网球场馆分类因内涵不一,有不同分类方式,主要有三种。

第一类:根据受天气影响程度不同分为室内网球场地、风雨网球场地以及室外网球场地。其中室内带有看台的网球场地称为网球馆,不带看台的称为室内网球场。

第二类:网球场地根据面层材料硬度可分为软性球场和硬性球场。天然或人工草地及土质场地为"软性"球场,丙烯酸硬地球场属于硬性球场。

第三类:根据面层材料不同分为天然草地网球场、人工草地网球场、土地网球场即红土网球场和沙土网球场,以及以丙烯酸为材料面层的硬地网球场。草地网球场地最具有悠久历史,四大公开赛之一的温布尔登(草地)网球公开赛即为最具有代表性场地;在欧洲盛行红土球场,法国网球公开赛使用的红土球场为代表。

二、比赛场地规格

(一)单打比赛场地

根据中华人民共和国国家标准《GB/T 22517.7—2018 体育场地使用要求及检验方法第七部分:网球场地》(以下简称为"国标")为依据,网球场单打场地(见图 4‑24)长度为 23.77m(78 英尺)、宽度为 8.23m(27 英尺),单片标准网球场面积为 669m²。球场尽头的线称为端线(baselines),球场两侧的线称为边线(sidelines)。在端线以外至少要有 6.40m 的空地,无障碍物,边线以外至少要有 3.66m 的空地,无障碍物。球网把全场分成相等的两个区域。中线线宽为 2 英寸(5.0cm),其他线应在 1 英寸(2.5cm)和 2 英寸(5.0cm)之间,但端线宽可达 4 英寸(10.0cm),国内外目前标准场地除端线为 10.0cm 外,其他网球场地上的线为 5.0cm。所有测量距离,所有线都是所确定区域的组成部分,场地上线的颜色应与场地表面的颜色有明显对比,一般比赛场地的线为白色(见图 4‑24)。

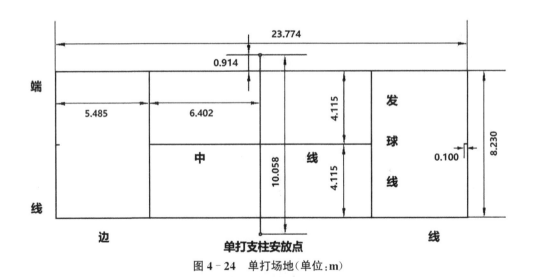

图 4‑24　单打场地(单位:m)

1. 发球线

在场内距球网两侧 6.402m 处,画一条与球网平行的横线,至于边线,即为发球线。

2. 中线

连接两条发球线的中点,画一条 5.0cm 宽与球网垂直的纵线,即为中线。

3. 中点

在端线的中心,向场内画一条长 10.0cm、宽 5.0cm 的短线,并与端线垂直,此短线即是中点。

(二)双打比赛场地

双打比赛场地,也是长方形的场地,球场长 78 英尺(23.77m),宽 36 英尺(10.97m),比单打球场每边宽 1.37m。两发球线间单打球场场地的边线,改为发球区域的边线。其余部分的画线与单打球场的画法完全相同(见图 4-25)。

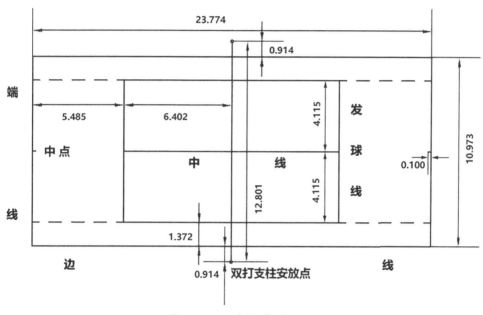

图 4-25 双打场地(单位:m)

三、比赛器材规格

(一)球

球为白色或黄色,外表毛质均匀,接缝没有缝线。球的直径 6.35～6.67cm,重量要介于 2 盎司(56.7g)和 2⅙盎司(58.5g)之间(见图 4-26)。

球的弹性:球在从 100 英寸(254.0cm)的高度向混凝土地面做自由落体运动时,反弹的高度应该介于 53 英寸(134.62cm)和 58 英寸(147.32cm)之间。当在球上施加 18 磅(8.165 公斤)的压力时,向内发生弹性形变应该介于 0.22 英寸(0.559cm)和 0.29 英寸(0.737cm)之间,压缩后反弹形变的范围应该介于

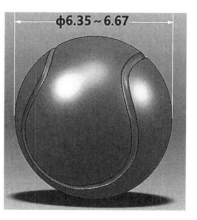

图 4-26 比赛用网球(单位:cm)

0.315英寸(0.8cm)和0.425英寸(1.08cm)之间。这两种形变数据应该是以球的三个轴测试后得到的平均值。在每一种情况下任何两个数据之间的差异不能大于0.03英寸(0.076cm)。如果在海拔4 000英尺(1219m)的高度进行比赛,就需要采用另外两种特殊用球。第一种是除弹跳高度要介于48英寸(121.92cm)和53英寸(134.62cm)以外,还要使球的内压大于外部气压,其他方面则与上面的描述完全相同,这种球通常被称为增压球;第二种球除弹跳高度要在53英寸(134.62cm)和58英寸(147.32cm)之间外,还要使球的内压大约等于外部的气压,并且能在指定的比赛场地的海拔高度适应60天以上,其他方面则与上面的描述完全相同,这种球通常被称为零压球或无压球。见表4-1。

表4-1 网球比赛用球规格

	类型1(快速)	类型2(中速)[1]	类型3(慢速)[2]	高海拔[3]
质量(重量)	56.0~59.4g (1.975~2.095盎司)	56.0~59.4g (1.975~2.095盎司)	56.0~59.4g (1.975~2.095盎司)	56.0~59.4g (1.975~2.095盎司)
大小	6.54~6.86cm (2.57~2.70英寸)	6.54~6.86cm (2.57~2.70英寸)	7.00~7.30cm (2.76~2.87英寸)	6.54~6.86cm (2.57~2.70英寸)
回弹	138~151cm (54~60英寸)	135~147cm (53~58英寸)	135~147cm (53~58英寸)	122~135cm (48~53英寸)
向内弹性形变[4]	0.56~0.74cm (0.220~0.291英寸)	0.56~0.74cm (0.220~0.291英寸)	0.56~0.74cm (0.220~0.291英寸)	0.56~0.74cm (0.220~0.291英寸)
反弹形变[4]	0.74~1.08cm (0.291~0.425英寸)	0.80~1.08cm (0.315~0.425英寸)	0.80~1.08cm (0.315~0.425英寸)	0.80~1.08cm (0.315~0.425英寸)
颜色	白色或黄色	白色或黄色	白色或黄色	白色或黄色

注:(1)这种球型可以是加压的或无压力的。无压力球的内部压力应不大于7 kPa(1psi),可用于海拔1 219m(4 000英尺)以上的高空比赛,并应在特定比赛的海拔高度适应60天或以上。
  (2)这种球型被推荐用于在海拔1 219m(4 000英尺)以上的任何球场类型的高空比赛。
  (3)这种球型是加压的,仅适用于海拔1 219m(4 000英尺)以上的高空比赛。
  (4)变形值应为沿三个垂直轴的单个读数的平均值。每两个轴读数的差值不得超过0.08cm(0.031英寸)。

(b)段中规定的所有网球类型应符合表4-2中所示的耐久性要求。

表4-2 标准网球最大允许变化表

	质量(重量)	回弹	向内弹性形变	反弹形变
最大变化[1]	0.4g (0.014盎司)	4.0cm (1.6英寸)	0.08cm (0.031英寸)	0.10cm (0.039英寸)

注:ITF批准的网球、分类表面和公认球场中描述的耐久性测试导致的指定性能的最大允许变化。

10岁及以下的网球比赛用球有另外规定。

（二）网柱

网柱一般为金属制成,网柱的直径不得超过 6 英寸(15cm)的圆形或边长不超过 6 英寸(15cm)的正方形。网柱颜色为黑色或绿色。网柱顶部有的有小槽,绳索或钢丝绳绷紧时便于固定。网柱高为 3½ 英尺(1.07m),不超过网绳顶部上方 1 英寸(2.5cm)。网柱中心距边线外沿 0.914m,网柱高度应使网绳或钢丝绳的顶部距离地面 1.07m。

若兼有单打和双打的场地,挂着双打球网用于单打时,则必须增加两根支柱,此支柱称为单打支柱。其高为 3½ 英尺(1.07m),直径不得超过 3 英寸(7.5cm)的圆形和边长不超过 7.5cm 的方形。这两根支柱立于距单打场地边线外沿 3 英尺(0.914m)处支撑球网。网柱和单打支柱不得超过网线顶部上方 1 英寸(2.5cm)。

对于单场比赛,如果只使用单网柱,网柱的中心应在单打边线外侧 3 英尺(0.914m)。网柱同双打网柱,它的直径不超过 15.0cm 的圆形或边长不超过 15.0cm 的正方形。

（三）球网

应由一根绳索或钢丝绳悬挂的网横跨中间,该网应穿过或连接在 3½ 英尺(1.07m)高度的两个网柱上,使网顶绷紧。绳索或钢丝绳的最大直径应为 1/3 英寸(0.8cm),两端挂在网柱的钩上拉紧或固定装置上。在球网的中点,用不超过 2 英寸(5cm)宽的白色中心带绷紧垂直于中线紧束于地面,使球网的中央高为 0.914m。球网应该充分展开,球网完全填充在两柱之间,网眼尺寸为 1.75 英寸×1.75 英寸(4.45cm×4.45cm),一般网孔大小以球不能穿过为准。单打网长为 10.06m,双打网长为 12.80m。网顶的绳索或金属绳要用白色网带包裹住,每边宽不得少于 2 英寸(5.0cm),也不得多于 2½ 英寸(6.35cm)。球网主体颜色与网柱相同,黑色或绿色。

球网及网柱示意图如图 4-27 所示。

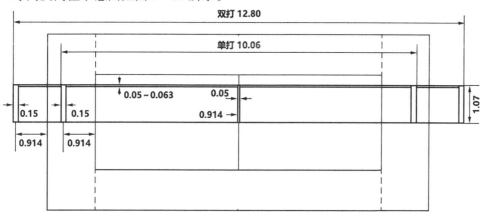

图 4-27　球网及网柱规格示意图(单位:m)

（四）球拍

从 1997 年 1 月 1 日起,在职业比赛中使用的球拍拍框的总长度(包括拍柄)不能超过 27 英寸(73.66cm)。从 2000 年 1 月 1 日起,在非职业比赛中使用的球拍拍框的总长度(包括拍柄)不能超过 27 英寸(73.66cm)(见图 4-28)。在此之前,非职业比赛所使用的球拍的最大长度为 32 英寸(81.28cm)。拍框的总宽度不能超过 12 又 1/2 英寸(31.75cm)。穿弦平面的总长度不能超过 15 又 1/2 英寸(39.37cm),总宽度不能超过 11 又 1/2 英寸(29.21cm)。球拍的击球面平坦,由连接在球拍框上的拍弦组成统一规则,拍弦在交叉的地方应该是相互交织或相互结合;拍弦所组成的试样应该大体一致,中央的密度特别不能小于其他区域的密度。球拍的设计和穿弦应使球拍正反两侧在击球时性质大体保持一致。拍线上不应有附属物或突出物,除非该附属物仅仅并且非常明确的是用来限制和防止拍弦磨损、撕拉或振动,而且它的尺寸以及位置也必须是合理的。拍框、包括拍柄都不能有附属物和装置,如附属物仅仅并且非常明确的是用来限制和防止球拍磨

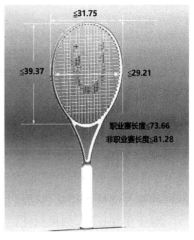

图 4-28　比赛用球拍(单位:cm)

损、破裂、振动或是用来调整重量分布,而且它的尺寸以及位置也必须是合理的。球拍不符合规则规定将不允许比赛中被使用。

(五)挡网、挡布、围网

可在场地边缘内侧 30.5cm 处修建挡网,高度不得小于 3.05m,挡网网眼尺寸为 1.75 英寸×1.75 英寸(4.45cm×4.45cm),网眼大小以通不过球为准。挡网中的所有立柱应为外边长不小于 2.5 英寸×2.5 英寸(6.35cm×6.35cm)的方柱或外直径 3 英寸(76.2cm)的圆柱。挡网横柱 2.5 英寸(6.35cm×6.35cm)粗。挡网涂料的标准颜色为绿色、黑色或是褐色。

场内两端线外的铁网上挂好挡布,挡布宽 2.5m、长 20.0m。颜色为深蓝或深绿,挡布下沿离地面 20cm 左右。场内如有挡墙,墙面前要挂好挡网,防止球弹回影响比赛。挡网宽 3m、长 20m,为深蓝色或深绿。挡网距离墙 10.0cm 左右,下沿紧贴地面。

围网高度至少满足 10 英尺(3.05m),场地周围临靠居民区或马路,则高度至少满足 5m。平屋顶网球场的围网高度须至少 6.0m。围网材料应厚实不易破,无凸出倒钩部分,以免给打球人造成危险。围网网眼大小、颜色同挡网。

(六)辅助器材

网球比赛中还有记分牌、罚分牌、电子秒表、挂表、地毯、领奖台,测量网高的直尺、裁判椅、推水器等。

教学用辅助器材,还有捡球器、发球器、简易球网、球桶、小推车等设施。

四、其他要求

(一)广告

网带及单打支杆上都不能有广告。在球网上被允许做广告,但广告投放在距离网柱中心 3 英尺(0.914m)以内的球网部分,并且广告投放的方式不影响球员的视力或比赛条

件。允许在球网的下半部分,距离球网顶部至少 20 英寸(0.51m)的地方可以有(非商业的)标记,标记不影响球员的视力或比赛条件。

允许在球场背面和两侧放置广告和其他标志或材料,允许在球场线外的球场表面上放置广告和其他标志或材料,但不得干扰球员的视野或比赛条件。

如放置广告或其他物品时,则颜色不得使用白色、黄色。场上固定物,任何浅颜色,只有当其不妨碍运动员视线时,方可使用。

(二)场地方向

室外场地边线南北方向为宜,与正南北方向最大偏转角度不得大于 18°。学校教学网球场地建设遵循该要求,由于实际用地限制,因地制宜而建,满足教学需要。

(三)记分牌

记分牌位置应靠近场地端线外角,面向主裁和观众方向。

(四)场地照明

场地照明度水平度基准平面:场地表面以上 1.0m。垂直照明度基准平面:场地表面以上 1.5m。不同用途的场地照明有不同的要求。

(五)观众席位

国际赛事标准中规定四面设有观众座席的中央比赛球场,从球场双打边线至座席的距离至少不小于 15 英尺(4.57m),从球场底线至观众座席的距离至少不小于 27 英尺(8.23m);除了中央比赛球场外其他球场地从双打边线到观众座席的距离至少不小于 12 英尺(3.66m),从球场端线至观众座席的距离至少不小于 21 英尺(6.40m);相邻两片比赛场地主打区间的距离应不小于 24 英尺(7.32m)。

第七节　棒球场地与设施

一、比赛场地规格

(一)场地尺寸

比赛场地是一个直角扇形区域,直角两边是区分界内地区和界外地区的边线。两边线以内为界内地区,两边线以外为界外地区。界内和界外地区都是比赛有效地区。界内地区又分为内场和外场。内场呈正方形,四角各设一个垒位,在同一水平面上在尖角上的垒位是本垒,并依逆时针方向分别为一垒、二垒和三垒,内场以外的地区为外场(见图 4 - 29)。

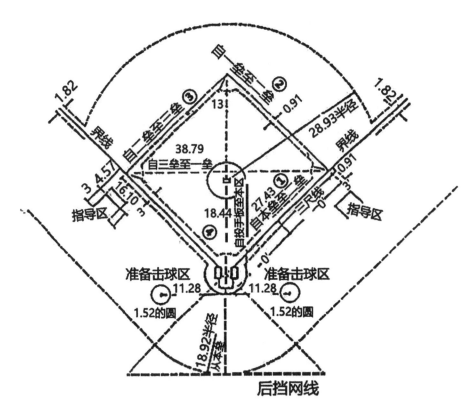

图 4-29　棒球比赛场地区域分布图(单位:m)

棒球场地两边线应延长至 97.54m,本垒经二垒伸向中场外的距离至少达 121.92m。

内场每边垒间距离为 27.43m。投手板的前沿中心和本垒尖角的距离为 18.44m。本垒后面和两边线以外不少于 18.29m 的范围内为界外的有效比赛地区。两边线至少长 76.20m。两边线顶端连接线的任何一点距本垒尖角的距离都不应少于 76.20m。

场地上各线的宽度为 7.6cm,线的宽度包括在各区域的有效范围之内。边线通过击球员区的部分不应画出。

比赛场地必须平整,不得有任何障碍物。地面应平整。跑垒路线上的土质要松软。一般国际比赛场地要求内场整个场地呈龟背形,最高点为投手区,跑垒路线、投手区及各垒位周围是土地,内场其余地方及外场区应为草坪。比赛场地的内场与地面平,只是投手区为直径 5.49m 的圆圈土坡,投手板高出地面 25.0cm。投手板用木或橡胶制成,应固定在地上。击球员区及接手区为限制击球员及接手的合法活动范围。

(二) 场地设施

1. 本垒板

用白色橡胶、软塑料和木板制成,呈五角星,要求固定在地上与地面平。本垒板尖角两边应与一垒和三垒边线外沿交叉叠合。

2. 垒包

一、二、三垒垒包为 38.10cm²,厚 7.6～12.7cm 的白色帆布缝制,内装棕毛等软物,应按规定固定在地上。

3. 投手板和投手区

投手板用白色橡胶制成,板长 61.0cm,宽 15.2cm,投手板周围应有 86.4cm 宽,152.0cm长的平台。

4. 围网

场地周围各部具有不同高度的围网,比赛有效区线围网、本垒打线围网及观众席围网,由金属制成,且均需要做柔性包装处理。

5. 后挡网

本垒尖角后 18.29m 处应设置后挡网,由金属制成,网高 4m 以上,长度为 $R = 18.29m$ 的圆周长的 1/4,两端与围网相连接。

(三)场地布置

场地应布置接手区、击球员区、跑垒指导员区、跑垒限制线、击球员准备区、野传球线、全垒打线和草地线(见图 4 - 29)。

1. 接手区

自本垒尖角后 2.44m 处画一条横线,线长 1.10m,线的两端距本垒中心线各 0.55m。然后再从两端向本垒方向各画一与本垒中心线平行的线,与击球员区界线连接,这个区域叫接手区。

2. 击球员区

在本垒的左右两侧,各画一个长方形的击球员区高该区长 1.82m,宽 1.22m。两区相邻近的内侧界线各距本垒板边沿为 0.15m,以本垒横中心线为准,击球员区前后部分各长 0.91m。

3. 跑垒指导员区

在一、二垒及二、三垒垒线与边线相交的点以外 4.57m 处向本垒方向各画一条与边线平行长 6.10m 的线,再在线的两端向场外各画一条长 3.00m 的垂直线,这三条线以内的区域为跑垒指导员区。在一垒一侧为一垒跑垒指导员区,在三垒一侧为三垒跑垒指导员区。

4. 跑垒限制线

由本垒和一垒的中点和沿边线至一垒后 0.91m 处各向场外画一条长 0.91m 的垂直线,并将两垂直线的终点连接在一起,就是跑垒限制线。这条线和边线所构成的长条区域就是跑垒限制道。

5. 击球员准备区

在本垒尖角 3.96m 处向本垒纵向中心线两侧各量 11.28m,并以该处为圆心各画一直径为 1.52m 的圆圈,此圈就是击球员准备区。

6. 比赛有效区线

距两条边线外至少 18.29m 处,各画一条与边线平行的线,该线一端与后挡网相连,另一端与本垒打线和边线末端相交的延长线相连,此线是比赛有效区线,用以区分界外比赛有效地区和无效地区。

7. 全垒打线

以二垒垒位为中心为圆心,以圆心到边线顶点的距离为半径,画一弧线与两侧边线末端相交,此弧线即为全垒打线,作为判断全垒打的标志。

8. 草地线

在草皮场地上,从投手板前沿中心为圆心,28.93m 为半径,在界内连接两边线所划弧线,即为草地线。此线以外的外场地区为草地以内为土地。

二、其他设施

球棒用木或铝制,球用明线缝球皮。防守队员均应戴手套。捕手及一垒手可戴连指手套。捕手要有面罩、护胸、护腿等护具。击球员要戴护帽。球鞋用皮革制,前后掌各有扁形钉 3 枚。

第八节 沙滩排球场地与设施

一、比赛场地规格

(一)场地尺寸

比赛场地为长 16.0m、宽 8.0m 的长方形。其四周至少有 3.0m 宽的无障碍区。从地面向上至少有 7m 高的无障碍空间。

国际排联正式国际比赛场地边线外和端线外的无障碍区至少 5m,最多 6m,比赛场地上空的无障碍空间至少高 12.5m。沙滩排球场地规格见图 4 - 30。

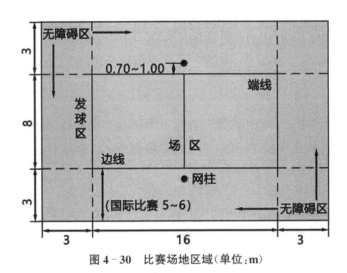

图 4 - 30　比赛场地区域(单位:m)

（二）场地地面

（1）场地的地面必须是水平的沙滩，尽可能平坦。没有石块、壳类及其他可能造成运动员损伤的杂物。

（2）国际排联正式国际比赛的场地，沙滩必须至少 40cm 深，并由松软的细沙组成。比赛场地的地面不得有任何可能伤害队员的隐患。国际排联正式国际比赛的场地，其沙子应该筛选过，不可太粗糙，没有石块和危险的颗粒，没有过多的粉尘和可能刺伤皮肤的隐患。

（3）比赛场地的地面不得有任何可能伤害队员的隐患。

（4）国际排联正式比赛的场地，应备有大型苫布，以便下雨时遮盖比赛场区。

（三）场地画线

两条边线和两条端线划定了比赛场区，边线和端线都包括在比赛场区的面积之内，没有中线，所有的界线宽 5.0～8.0cm。界线必须是与沙滩明显不同的颜色，场区界线应由抗拉力材料的带子构成。露在地面的固定物必须是柔软和灵活的。

（四）其他规格

1. 发球区

端线之后，两条边线延长线之间的区域为发球区。发球区的深度延至无障碍区的终端。

2. 照明度

国际排联正式比赛如在夜间举行，照明度在离比赛场区地面 1m 高处测量应为 1 000～1 500lx。

二、比赛器材规格

（一）球网

球网设在场地中央中心线的垂直上空，拉紧时长 8.5m，宽 1.0m（±3.0cm）。球网网孔为 10.0cm²。球网上、下沿的全长各缝有 5.0～8.0cm 的双层帆布带，最好是蓝色或鲜明的颜色。上沿帆布带的两端留有小孔，用绳索穿过小孔系在网柱上拉紧。用一根柔韧的钢丝贯穿上沿的帆布带，用一根绳索贯穿下沿的帆布带，使它们与网柱固定，以将球网拉紧。

球网的高度：男子为 2.43m，女子为 2.24m。

网高可以根据不同年龄组有所区别：16 岁以下 2.24m（男、女）；14 岁以下 2.12m（男、女）；12 岁以下 2.00m（男、女）。

球网的高度应用量尺从场地中间丈量。球网两端（边线上空）离地面的高度必须相等，并不得超过规定网高 2.0cm。

（二）标志带

两条宽 5.0～8.0cm（与边线同宽），长 1.0m 的彩色带子为标志带，分别设在球网两端,垂直于边线,标志带是球网的一部分,允许设置广告。

（三）标志杆

标志杆是有韧性的两根杆子,长1.80m,直径1.0cm,由玻璃纤维或类似质料制成。标志杆分别设置在标志带的外沿,球网的不同侧面。标志杆高出球网80cm。高出的部分每10cm应涂有明显对比的颜色,最好为红白相间。标志杆为球网的一部分,并视为过网区的界限。

（四）网柱

支架球网的两根网柱必须为高2.55m的光滑圆柱,最好能够调节高度。网柱固定在两条边线外0.7~1.0m的地方。禁止用拉链固定网柱。一切危险设施或障碍物都必须排除。球柱必须用保护垫包裹起来。

球网、标志带、标志杆和网柱尺寸及场地布置如图4-31所示。

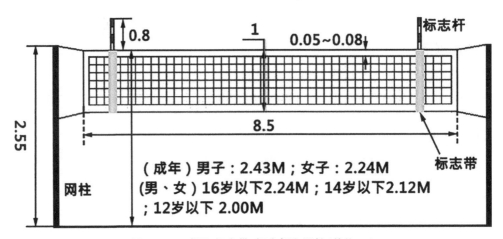

图4-31 球网、标志带、标志杆和网柱（单位:m）

（五）球

球是圆形的,由柔软和不吸水的材料制成外壳（皮革、人造皮革或类似材料）,以适合室外条件,即使在下雨时也能进行比赛。球内装橡胶或类似质料制成的球胆。颜色:明亮颜色（浅黄色或其他浅色,如橙色、黄色、粉红色、白色等）;圆周:66~68cm;重量:260~280g;内压:171~221mBAR（0.175~0.225kg/cm²）（见图4-32）。

在一次比赛中所用的球,其特性包括颜色、圆周、重量、内压、牌号等都必须是统一的。国际排联正式比赛必须使用经国际排联批准的球。

图4-32 沙滩排球（单位:m）

三、其他要求

（1）允许在水平帆布带上设置广告。

（2）一切附加设备必须符合国际排联的规定。

第九节　气排球场地与设施

一、比赛场地规格

（一）场地

比赛场地气排球的比赛区和无障碍区，其形状为对称的长方形。场地所有的线宽为5cm。

（二）面积

比赛区边线长12.0m，端线长6.0m。其四周至少有2.0～3.0m宽的无障碍区，从地面向上至少有7.0m高的无障碍空间。

（三）地面

场地地面必须平坦、水平、划一。不得有任何可能造成伤害队员的隐患，也不得在粗糙或易滑的地面上进行比赛。

场地规格及区域布置见图4-33。

（四）线

场地所有的界线宽为5.0cm，其颜色须区别于场地颜色。

1. 界线

两条边线和端线划定了比赛场区。边线和端线都包括在比赛场区面积之内。

2. 中线

中线连接两条边线的中点。中线的中心线将比赛场区分为长6.0m、宽6.0m的两个相等的场区。

3. 进攻线

每个场区各画一条距离中线中心线2.0m的进攻线。进攻线（包括进攻线的宽度）前为前场区，进攻线后为后场区。进攻线外两侧各间距20.0cm、长15.0cm的三段虚线为进攻线的延长线。两条进攻线的延长线之间，记录台一侧边线外的范围为换人区。

4. 发球区短线

端线后两条边线的延长线上各画一条长15.0cm，垂直并距离端线20.0cm的短线，两条短线（包括短线宽度）之间的区域为发球区，发球区深度延至无障碍区的终端。

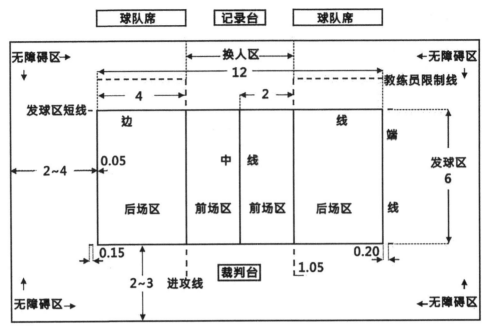

图 4-33　比赛场地(单位:m)

5. 跳发球限制线

在距端线后 1.0m 处画一条平行于且与端线长度相等的平行线为跳发球限制线;跳发球必须在该线后完成起跳动作。

6. 教练员限制线

从进攻线的延长线至端线延长线,距边线 1.05m 并平行于边线由一组长 15.0cm、间隔 20.0cm 的虚线,组成教练员限制线;比赛中教练员活动区域为限制线外、球队席前的区域,球队其他成员坐在球队席上。

二、比赛器材规格

(一)球网

球网架设在垂直地面中线上空。球网为黑色,长 7m,宽 0.8m,网孔为 8.0cm^2。网的上沿缝有 5.0cm 宽的双层白色帆布,中间用柔软的钢丝绳穿过,网的下沿用绳索穿起,上下沿拉紧并固定在网柱上。

(二)标志带

球网的两端各系一条宽 5.0cm、长 0.8m 的标志带,垂直于边线。

(三)标志杆

在两条标志带外沿、球网的不同侧面,分别设置长 1.80m,直径 1.0cm 的标志杆,高出球网 1.0m。标志杆每 10cm 涂有红白相间的颜色。

标志杆、标志带是球网的一部分,并作为球网两端界线的标志。长于6m的球网、网柱以及标志杆均属于障碍物。

(四) 球柱

网柱是两根高出地面2.25m可以调节得圆形光滑的金属材料制成,固定于边线以外0.5m至1m的中线延长线上。球网柱应无拉链,一切危险和障碍物都必须排除。

球网、标志带、标志杆和网柱尺寸及场地布置如图4-34所示。

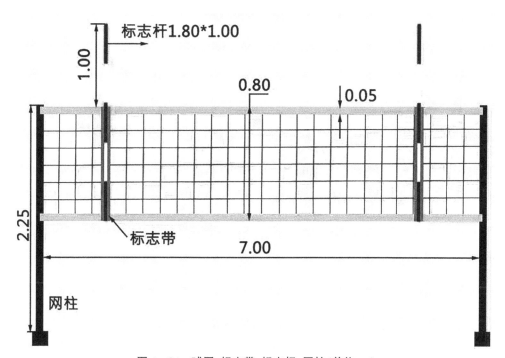

图 4-34　球网、标志带、标志杆、网柱(单位:m)

(五) 球网的高度

男子球网高度2.1m、女子球网高度1.9m。球网高度用量尺从场地中间丈量。球网两端离地面必须相等,不得超过规定高度2cm。

男女混合为2.0m,老年组男子60岁以上网高2.0m,女子组55岁以上网高1.8m。球网高度均应在中线中点丈量,球网两端的网高不得超过规定网高2.0cm。

(六) 气排球

球为圆形,球的面料由柔软的高密度合成革材质制成。颜色为彩色。圆周长为72~78m,重量为120~140g,气压为0.15~0.18kg/cm²(见图4-35)。一次比赛所用的球必须是同一特性、同一品牌的球。其特点为球质软、球体大、球速慢等。

图 4-35　气排球(单位:cm)

三、其他要求

(1)裁判台设在球网的一端。记录台设在裁判台对面的边线无障碍区外,记录台两侧设球队席。

(2)比赛之前及在比赛期间,裁判员必须检查网柱和裁判台有没有对队员构成危险的因素,例如网柱凸出的绞盘、挂钩等。

(3)一次比赛所用的球必须是同一特性的球。

(4)比赛中,队的成员应坐在他们场地一侧的球队席上;替补队员可以在本方场区的无障碍区外做无球的准备活动。

(5)其他辅助器材,如哨子、记分牌、换人牌、秒表等辅助器材同排球比赛。

第十节　门球场地与设施

门球项目是以老年人为主要对象的休闲球类活动项目。如室外场地宜选在避风、向阳、安全和排水条件较好的地方建设;如室内场地有采光窗时应参考室外场地方向布置,无采光窗无朝向要求。

一、比赛场地规格

(一)场地

1. 场地标准尺寸

门球运动场地应为 20.0~25.0m,宽 15.0~20.0m 的长方形,由带状比赛线的外沿圈定,为矩形薄沙硬场地。根据现行的门球规则和现代门球竞技体系的运作要求,将门球场地的实战区域划分为如图 4-36 所示。

图中各符号名称和含义如下:

A:开球区。按门球规则要求,开球区长 2.0m,宽 1.0m;在一角左侧 1.0~3.0m 的四线上,并向外延伸 1.0m 所构成的区域。

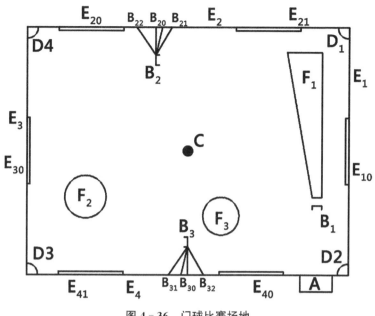

图 4‑36　门球比赛场地

B_1:一门。按门球规则要求,球门两框的内缘宽 22.0cm,球门横框内缘离地高 20.0cm;一门球门中心坐标为:场内方向距离第四边界线 4.0m 与距离第一边界线 2.0m 所对应的交点。球门线是指球门两侧门框后沿的连线。

B_2:二门。球门中心坐标为场内方向距第二边界线 2.0m 与距离第一边界线 12.0m 所对应的交点。

B_3:三门。球门中心坐标为:场内方向距离第四边界线 2.0m 与距离第一边界线 10.0m所对应的交点。

C:终点柱,简称柱。按门球规则要求,终点柱直径为 2.0cm,离地高 20.0cm,位于球场的中心点位置,其上方可设标志物。

D_1:球场的第一角。简称一角。是第一、四边界线的顶角。

D_2:球场的第二角。简称二角。是第一、二边界线的顶角。

D_3:球场的第三角。简称三角。是第二三边界线的顶角。

D_4:球场的第四角。简称四角。是第三、四边界线的顶角。

E_1:球场的第一边界线。简称一线。是一、二角的连线。

E_2:球场的第二边界线。简称二线。是二、三角的连线。

E_3:球场的第三边界线。简称三线。是三、四角的连线。

E_4:球场的第四边界线。简称四线。是一、四角的连线。

F_1:第一接应区。简称一区。F 在一门后呈梯形状区域,其四个顶点坐标分别为:

(1)场内方向距离四线 5.0m 与距离一线 1.928m 所对应的交点。

(2)场内方向距离四线 5.0m 与距离一线 2.341m 所对应的交点。

(3)场内方向距离四线 14.0m 与距离一线 1.928m 所对应的交点。

(4)场内方向距离四线 14.0m 与距离一线 4.754m 所对应的交点。

F_2：第二接应区。简称二区。是接应二门进门球、主控三门和四角的实战要区。F_2呈圆形，其圆心坐标为：场内方向距离三线 3.0m 与距离四线 5.0m 所对应的交点，直径为3.0m。

F_3：第三接应区。简称三区。是接应三门进门球上柱的实战要区。F_3呈圆形，其圆心坐标为：场内方向距离一线 8.0m 与距离四线 4.0m 所对应的交点，直径为 2.0m。

B_{20}：二门零号位。简称二门零位。零号位是指门前边界侧，击打白球无法进门的三角区域。其三个顶点的坐标为：球门外侧门柱前缘中心点、球门前沿连线延长到近侧边界线上的交点、该交点沿边界线向一线方向延伸 0.69m 的点；由此三点构成的区域为零号位。

B_{21}：二门一号位。简称二门一位。一号位是指门前边界侧，击打白球能够进门的三角区域。包括球体撞击门框后反弹进门的情况。其三个顶点的坐标为：B_{20}的斜两端，再加上第二边界线门前方向垂直于球门前沿线 1.5m 处的点；由此三点构成的区域为一号位。

B_{22}：二门二号位。简称二门二位。二号位是指零号位和一号位在二门后对称的三角区域。其三个顶点坐标为：球门线在外侧门框上的点、球门线延长到近侧边界线上的交点，以及该交点沿边界线向门后方向延伸 1.5m 的点；由此三点构成的区域为二号位。

在零号位和二号位之间有一个门框直径宽的窄小区域，可归纳到二号位中去。

B_{30}：三门零号位。简称三门零位。区域位置在三门外侧与 B_{20}相同。

B_{31}：三门一号位。简称三门一位。区域位置在三门外侧与 B_{21}相同。

B_{32}：三门二号位。简称三门二位。区域位置在三门外侧与 B_{22}相同。

E_{10}：一线腰线位。简称一线腰位。位于一线中部长 5.0m、场内方向宽 10.0cm 的带状区域。

E_{21}：二门前腰线位。简称二门前腰位。位于二线上，离二角 4.0～8.0m 段、场内方向宽 10.0cm 的带状区域。

E_{20}：二门后腰线位。简称二门后腰位。位于二线上，离三角 2.0～6.0m 段、场内方向宽 10.0cm 的带状区域。

E_{30}：三线腰线位。简称三线腰位。在三线上与 E_{10}对称。

E_{41}：三门前腰线位。简称三门前腰位。在四线上与 E_{20}对称。

E_{40}：三门后腰线位。简称三门后腰位。在四线上与 E_{21}对称。

门球场地分为比赛区(通称场内)和限制区，地面要求平整，无任何障碍物。

缓冲区：比赛区每条边外延 1.0m(发球区在这 1m 范围内)。

辅助区：缓冲区每条边外延 1.0m 以上(用于放置记分牌及场地座椅)。

限制线：比赛线外 0.5～1.0m 处，与比赛线平行。

自由区：限制线外 2.0m 以内。

挡球墙：场地边缘设高 30.0cm，宽 20.0～50.0cm，内墙粘贴弹性材料，防止球撞到墙面，对球造成损害。

限制区为比赛区外侧 0.5～1.0m 范围的区域，由带状限制线的外沿圈定。

2.门球场地面

(1)在平整的水泥地面上，按图纸要求放线，将场地纵、横两轴找出，定出场地中心位置,定好场地的四周界线位置。

（2）将门球场草卷依照图纸,顺序排列于场地,无破损,无露基础或起皱现象。

（3）把门球场人造草摊铺开,停放半天使其伸缩到自然位置后,按照场地的长边开始从一边往另一边进行接缝,在接缝的过程中,一定要注意接缝带的正反情况,保证方向一致。用专用切割刀具将相邻重叠部分草皮割开并清理碎料,同时制作边界白线条备用。

（4）在草皮之间的地基上铺设专用接缝带,涂刷专用胶水,在涂胶过程中,一定要均匀涂刷,待干后再进行粘合,粘合接缝准许间隙在 3.0mm 范围内,如若超出范围过大,就会出现明显的接缝痕迹。依次粘接完全部绿色草坪部分。

3. 门球场划线步骤

绿色门球场草皮铺设完成后,切开草皮留出位置镶嵌 125px 宽的白线,将两边的草并齐,粘接在胶带上,重物压平接缝,然后整合接缝部位,将草皮粘合。在整个接缝工程完工以后再进行操场的画线工程,严格按照设计图纸和甲方所要求的标准进行画线还要注意切割的直线性。在粘合白线时,一定要将胶水均匀涂刷,使其粘贴吻合。

4. 门球场填砂步骤

在画线工程全部结束后,开始进行注砂工程,在注砂过程中,一定要注意注砂的均匀度,注入方法为纵横方向注入。注砂用量标准是每平方米草苗注 4kg,砂粒规格为 0.4～0.8mm。注砂时要控制速度及出砂速度,使注砂均匀。

（二）球门

球门由直径为 1.0cm 的圆形金属棒制成,有两个直角,形状为" ⌐⌐ "形。球门垂直固定在地面上,其横梁下沿距地面 19.0cm、两门柱内宽 22.0cm。球门的正上方设号码标志,规格为 10.0cm×10.0cm。

门球场设 3 个球门,分别为第一门、第二门、第三门(简称一门、二门、三门),两球门柱后沿之间的连线为球门线。3 个球门在比赛场上的位置如下:

一门位置:球门线与四线平行,距四线外沿的距离为 4.0m,其中心点距一线外沿的距离为 2m。

二门位置:球门线与一线平行,距一线外沿的距离为 12.0m,其中心点距二线外沿的距离为 2m。

三门位置:球门线与三线平行,距三线外沿的距离为 10.0m,其中心点距四线外沿的距离为 2.0m。说明:一门的位置也可由比赛组委会酌情决定,其球门线距四线外沿的距离允许略小于 4m。球门的颜色与场地地面颜色要易于识别。

每个球门正上方可设球门号码标志,标志宽不得超过 3.0cm,长不得超过 10.0cm。

门球比赛场地的线、角、区分布如图 4-37 所示。

（三）中柱

中柱为直径 2.0cm(±1mm)的圆形金属棒,垂直固定于场地中心,高出地面 20.0cm。中柱的颜色与场地地面颜色要易于识别。

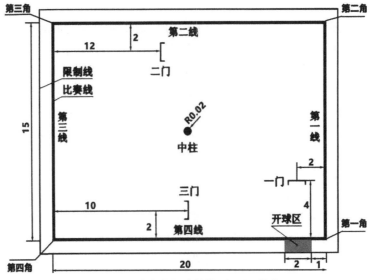

图 4-37　门球比赛场地的线、角、区（单位：m）

二、比赛器材规格

（一）球槌

球槌由槌头和槌柄构成，呈 T 字形，重量及材质不限（见图 4-38）。

（1）槌头长 18.0～24.0cm，材质坚硬，其外形不限（一般为圆柱体，直径为 3.5～5cm），槌头两端面为击球面。

（2）槌柄长度不小于 50.0cm，固定在槌头中间。

（3）允许使用各种式样的球槌，但槌头不得装有任何附加物。

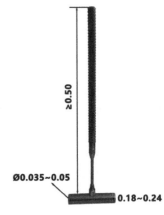

图 4-38　球槌（单位：m）

（二）球

（1）比赛用球是由合成树脂材料制成的圆形球体。球体直径为 7.5cm（±0.7mm）、重 230g（±10g）（见图 4-39）。

（2）球分红、白两色，各 5 个。红底白字球为奇数球，号码为 1、3、5、7、9；白底红字球为偶数球，号码为 2、4、6、8、10。号码字尺寸为 5cm×5cm，笔画宽度不小于 0.8cm，标示在球面对称的两侧。

图 4-39　门球

三、其他要求

（一）替换席

替换席设于自由区内。替换席设有座位（长凳、椅子等）供运动员、教练员使用。

（二）附属设施

记分牌根据场地周边环境因地设置，但不能影响观看。

（三）场地基础要求

（1）水泥混凝土厚度12.0～15.0cm，三七灰土或无机材料厚度30.0cm，场地平整，素土夯实，场地周边立挡球墙。

（2）人造草坪要求非充沙型，草坪高度：10.0～15.0mm，草坪DETX值：6 000以上。

（3）门球场地坡度的处理要求：球场表面层的坡度必须在构筑基础垫层中加以解决，垫层坡度必须符合球场面层坡度，否则，难以达到面层设计的坡度要求。场地的排水，应采用排渗结合，以排为主的方式进行处理，明水流进环形排水沟，门球场地排水坡度不宜过大，一般为1%。

（4）照明设计要求：为适应老年门球活动的需要，露天球场和风雨球场可安装照明设备。照明灯具的布置形式主要有四柱式布置、多柱式布置、光带式布置、柱带混合布置四种。四柱式布置是在场地四角设置四个灯柱，可满足活动的要求，但场内照度不均匀。光带式布置是在场地两侧连续布置灯具，这样可使场地获得的照度较为均匀。柱带混合布置这种形式综合了柱带两种形式的优点，是理想的布置形式，但造价较高。

不论采取哪种照明形式，都要避免对观众和运动员造成眩光，影响比赛与活动的正常进行，同时，要注意把比赛和休息灯光分开。

思考题

（1）按照标准足球场地规格要求，7人制、5人制和3人制足球场地规格有哪些差异？

（2）按照标准篮球场地规格要求，与NBA及WNBU的篮球场地的差异有哪些？

（3）标准排球场地与沙滩排球、气排球场地的差异有哪些？

（4）足球、篮球、排球、乒乓球、羽毛球、网球各场地的线宽有哪些要求？

（5）篮球、排球、乒乓球、羽毛球国际比赛场馆比赛场区上空无障碍空间有什么要求？

（6）绘制标准足球、篮球、排球、羽毛球、网球比赛场地，并标志出场上各线长、宽数据。

（7）足球、篮球、排球、乒乓球、羽毛球、网球各球类比赛使用的标准球规格有什么要求？

（8）拓展本章未涉及的其他球类项目场地知识，如手球、高尔夫球、木球等球类。

第五章　水上类项目场馆与设施

教学目标

（1）知识：通过各水上类项目场馆及设施的学习，掌握水上项目场馆的基本结构以及各类赛事相关设施的规格要求。

（2）能力：培养学生掌握水上运动项目的场馆设施的基本理论、基本知识、基本技能，了解场馆规划、安全操作，学以致用。

（3）素质：安全为先，指导学生科学规范使用及管理水上项目设施，使其具有高度的社会责任感，良好的科学素养和理念。

教学内容

本章主要内容涉及标准游泳场馆、跳水场馆、水球场馆、花样游泳场馆、公开水域场地，以及各水上运动项目的相关设施规格。

第一节　标准游泳场馆与设施

一、游泳场馆的基本要求

（一）游泳场馆的朝向

室外游泳场地的布置方向应符合长轴为南北方向，室内游泳场地无外采光窗时无朝向要求，当有直射光进入室内时应考虑光线对场地的影响，应尽量避免游泳方向不好产生眩光。如附设有跳水池，则首先应考虑跳水不至于有眩光，以免发生意外。

（二）选址要求

（1）游泳馆的选址应征得当地城乡规划行政主管部门的许可，在城乡规划确定的建设用地范围内选址，并考虑远期发展的需要。

（2）游泳馆的选址应考虑市、区各级体育设施的布局，应当符合人口集中、交通便利的原则，在基础设施条件较好的地段选址，合理利用自然地形、地貌。用地至少应有一面或两面临接城市道路，以满足交通、疏散等要求。

（3）游泳馆的建设应符合城乡规划条件要求。

（4）游泳馆应满足朝向、日照、风向、安全、卫生、消防、环保等建设条件的要求，并根据当地气候条件,在满足体育竞赛要求的前提下,采取节能、节水措施,科学利用自然通风和天然采光,合理确定建设方案。

(三)游泳场馆的分类

游泳场馆的种类很多,根据游泳池的建筑形式分类,室外的称为游泳池或游泳场,室内带有座位的称为游泳馆,不带座位的称为室内游泳池。根据水温可分为一般游泳池和温水游泳池。根据游泳场馆比赛等级范围分类可分为四类,具体见表5-1。

表5-1 标准游泳场馆赛事等级及适用范围表

分类	适用范围	比赛场地设施配备				看台观众席数量/座
		游泳池	跳水池	训练设施	计时计分系统	
特级	奥运会、亚运会、世界大学生运动会及世界锦标赛等洲际比赛主场	有	有	应有供运动员训练的游泳池和陆上训练设施	应有电动计时计分系统	6 000以上(可设固定和临时座位)
甲级	全国运动会、国际单项比赛、全国性单项比赛、全国城市运动会、全国大学生运动会	有	根据需要设置	应有相应的训练设施	具备电动计分系统条件	3 000~6 000(可设固定和临时座位)
乙级	省(区)、市运动会	有	根据需要设置	根据需要设置	手动计时	1 000~3 000(可设固定和临时座位)
丙级	业余比赛、训练	有	根据需要设置	根据需要设置	手动计时	1 000以下,也可少设或不设固定观众席

注1:各类游泳场馆应根据所在地区、使用性质、服务对象、管理方式等因素合理确定其规模和等级。
注2:游泳池、跳水池的规格按照各级比赛和训练要求确定。
注3:特级和甲级游泳场馆的比赛设施、游泳池和跳水池宜分开设置。
注4:多用途游泳池的规格应同时符合各项目的技术要求。

二、比赛场地规格

比赛用标准游泳池有50.0m标准游泳池(俗称标池)、25.0m标准游泳池(俗称短池)和带活动池岸的标准游泳池。两端池壁安装触板预留总厚度为最多0.03m,最少0.02m,具体标准游泳池尺寸见表5-2。

表 5-2 标准游泳池尺寸表

分类	不带触板游泳池	带触板游泳池	泳道数量
50m 标准游泳池	$50\times25m^2$	$50.03\times25m^2$	10 道
	$50\times21m^2$	$50.03\times21m^2$	8 道
25m 标准游泳池	$50\times25m^2$	$50.03\times25m^2$	10 道
带活动池岸的标准游泳池	$51.5\times25m^2$	$51.5\times25m^2$	10 道
	$51.5\times21m^2$	$51.5\times21m^2$	8 道

(一)标准游泳池

(1)池长:游泳池应长 50.00m(短池长 25.00m),当出发端或转身端安装自动计时装置触板后,两触板间的距离必须符合此要求。允许误差为+0.01m、-0.00m。

两端池壁自水面上 0.300m 至水面下 0.80m 范围内的测量长度,50m 池最小为 50.02m,最大为 50.03m;25m 池最小为 25.02m,最大为 25.03m(见图 5-1)。

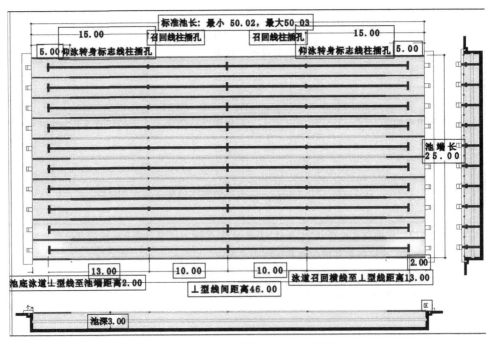

图 5-1　50m 标准游泳池平面图(单位:m)

以上规格必须经由国家承认的测绘单位测量并提供书面证明。

(2)池宽:举办全国综合性运动会游泳比赛、游泳冠军赛、游泳锦标赛等全国性赛事的游泳池宽应为 25.00m(世界锦标赛上可用宽为 26.00m),其他赛事的游泳池宽至少为 21.00m。

(3)池深:游泳池深度至少 2.00m,推荐 3.00m。

（4）池壁：游泳池两端池壁必须平行,垂直于泳道和水面。池壁必须坚实、平整,自水面下 0.80m 以上的池壁必须防滑。允许在池壁上设歇脚台。歇脚台必须设在水面下至少 1.20m 深处,台面宽 0.10m 至 0.15m。歇脚台可采用凸出式或凹进式,但推荐凹进式。游泳池的四壁可设水槽。如果在两端池壁上设水槽,水槽必须用合适的栅板或隔板遮盖,同时能够在水面上 0.30m 处安装触板。

（5）溢水沟：游泳池四周宜设置溢水沟,溢水沟覆盖格栅和挡板;在泳池两端侧壁上设置溢水沟时,应在水面上 0.30m 处预留安装触板的位置及条件。

（6）池水：水温 25～28℃。比赛时,池水必须保持正常水位。如使用水循环装置,池水不得有明显的流动或漩涡。池水应达到使运动员能看清池底和池壁标志线的清晰程度。池水水质必须符合国家游泳场所的水质卫生标准。

（7）照明：整个游泳池的照明度不得少于 1 500lx。

（8）如果游泳池与跳水池在同一比赛场地内,则游泳池与跳水池之间至少应相隔 5m。2014 年 1 月 1 日开始建设的游泳池,游泳池和跳水池之间至少应相隔 8m,推荐相隔 10m。

（二）泳道与标志线

（1）泳道：游泳池可设 8 条或 10 条泳道,泳道宽 2.50m,两侧泳道到池壁的距离至少 0.20m。使用 8 条泳道比赛时,泳道应是从 1 到 8 道。使用 10 条泳道比赛时,泳道应是从 0 到 9 道。

（2）泳道标志线：各泳道中间的池底应有清晰的深色标志线,线宽 0.20～0.30m,线长 46.0m(25.0m 池线长 21.0m),泳道标志线两端距池端各为 2.0m。在泳道标志线的两端应各设一条长 1.0m 与泳道标志线同宽并与其垂直的对称横线,也称为⊥型线(见图 5-2)。

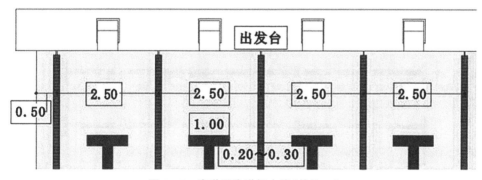

图 5-2 泳道及泳道标志线（单位:m）

（3）池端目标标志线：池端目标标志线应设在两端池壁上或触板上,位于各泳道正中,宽为 0.20～0.30m,从池壁的上沿一直延伸到池底。在水面下 0.30m 处的池端目标标志线中心上设一横线,横线长 0.50m,宽 0.20～0.30m。

50m 游泳池的每条泳道标志线,在距两端池壁 15.0m 处设一条长 0.50m、宽 0.20～0.30m 的横线（横线的中心距池壁 15.0m）。

50m 标准游泳池及 25m 标准游泳池标志线示意图见图 5-3 和图 5-4。

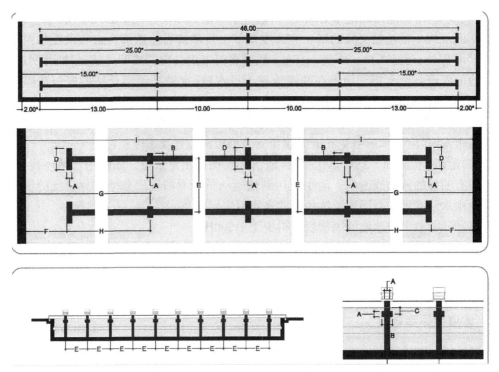

图 5-3　50m 标准泳池泳道标志线示意图

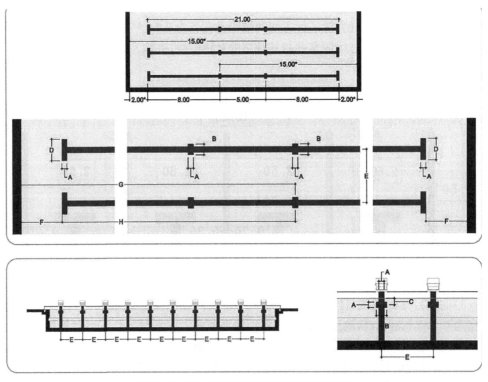

图 5-4　25m 标准泳池泳道标志线示意图

50m 标准游泳池及 25m 标准游泳池标志线示意图中字母标记说明见表 5－3。

表 5－3 国际标准泳池泳道标志线标记说明表（单位：m）

池底及池壁泳道标志线宽度	A	0.25m±0.05m
池端目标标志线	B	0.50m
池壁泳道标志线中心横线深度	C	0.30m
池底泳道⊥型线长度	D	1.00m
泳道中心线至中心线距离	E	2.50m
池底泳道⊥型线至池端距离	F	2.00m
泳道召回横线至池端距离	G	15.00m
泳道召回横线至⊥型线距离	H	13.00m
泳池中心横线至池端距离	I	25.00m

三、比赛器材要求

（一）分道线

标池设 9 条或 11 条分道线。分道线必须拉至游泳池两端，固定分道线的挂钩应安装在池壁内，分道线必须拉紧。分道线由直径 0.10～0.15m 的单个浮标连接而成，距两端池壁 15.0m 处和 50m 池的 25.0m 处的浮标颜色应不同于其周围浮标颜色。自两端池壁起至 5.0m 内的浮标为红色。两条泳道之间只允许有 1 条分道线。游泳池设 8 条分道线时，其颜色第 1、9 分道线为绿色；第 2、3、7、8 分道线为蓝色；第 4、5、6 分道线为黄色。游泳池设 11 条分道线时，第 1、11 分道线为绿色；第 2、3、4、8、9、10 分道线为蓝色；第 5、6、7 分道线为黄色。见图 5－5 和图 5－6。

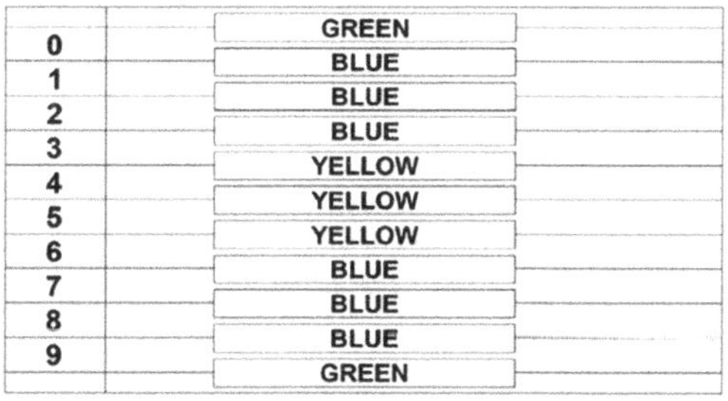

0	GREEN
1	BLUE
2	BLUE
3	BLUE
4	YELLOW
5	YELLOW
6	YELLOW
7	BLUE
8	BLUE
9	GREEN

图 5－5 9 条分道线浮标颜色

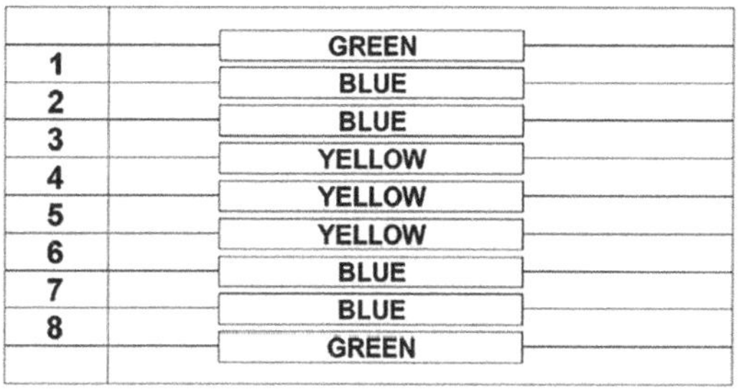

1	GREEN
2	BLUE
3	BLUE
4	YELLOW
5	YELLOW
6	YELLOW
7	BLUE
8	BLUE
	GREEN

图 5－6 11 条分道线浮标颜色

（二）召回线与仰泳转身标志线

（1）出发召回线：出发召回线必须横跨游泳池并系在离出发端 15.0m 处的固定柱子上，距水面至少 1.20m，应能迅速放入水中，并有效覆盖全部泳道。

(2)仰泳转身标志线：仰泳转身标志线为横跨游泳池的旗绳。旗绳两端固定在离游泳池两端 5.0m 的柱子上，高出水面 1.80m。标志旗必须固定在旗绳上，规格为底边 0.20m、两斜边 0.40m 的三角形；标志旗之间的距离为 0.25m。见图 5-7。

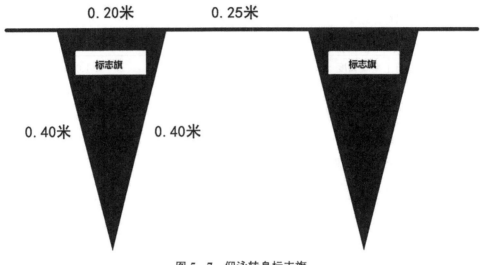

图 5-7　仰泳转身标志旗

（三）出发台

(1)出发台必须坚固没有弹性，正对泳道的中间，其前沿应高出水面 0.50～0.75m。出发台的台面面积至少为 0.50m×0.50m（全国性游泳赛事的出发台台面面积至少为宽 0.50m×长 0.60m）。台面应由防滑材料覆盖，其向前倾斜不超过 10°。出发台前沿应与池壁在同一垂直面上。出发台可设置可调节踏板。允许在出发台下安装电子显示板，但不能闪烁。仰泳出发时显示板上的数字不能跳动。

应保证运动员出发时能在前沿或两侧抓握出发台。如果出发台台面的厚度超过 0.04m，可在出发台两侧设至少 0.10m 长、前端设至少 0.40m 长的握手槽。槽深 0.03m。

(2)出发台必须设有横式和竖式的仰泳出发握手器，高出水面 0.30～0.60m。横握手器与水面平行，竖握手器与水面垂直。握手器应与池壁在同一垂直面上，不得突出池壁之外。

(3)出发台应能安装仰泳出发器。仰泳出发器的踏板高 8.0cm，至少 65.0cm 长，下端厚 2.0cm，倾斜角为 10°；前沿和池端对齐，台面应作防滑处理。踏板可以调节到水上 4.0cm 至水下 4.0cm 处，见图 5-8。

(4)出发台四周应用明显的阿拉伯数字标明泳道号数。出发台的号数应在出发一端面对游泳池从右至左依次排列。

（四）攀梯、扶手

攀梯及扶手正式比赛及训练的游泳池应在泳池两侧，但都不得突出池壁，距离池端 1.0m 处的池壁上各设置 1 个攀梯，共计 4 个。攀梯扶手用直径 4.5cm 无缝钢管热弯制

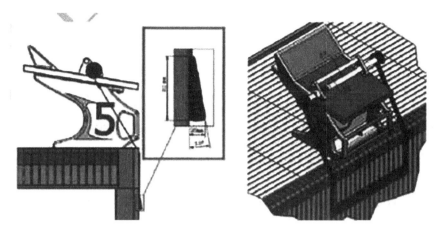

图 5-8 出发台、仰泳出发器

成。踏板一般有两种,一种为压花钢板踏板;另一种为钢筋混凝土踏板。

(五)水下观察窗及观察系统

(1)游泳池水下观察系统应具备比赛摄像、训练观察、救生监控等功能,以满足不同的使用需求。

(2)比赛和训练游泳池的池壁需要直观效果要求的,宜设置水下观察窗和观察长廊。

(3)观察窗和观察廊的构造和选用材料性能良好,安全可靠,接缝严密,窗框平整,不影响运动员比赛及训练,水下观察窗根据赛事需求及条件可设一个或数个。

(六)自动计时装置

全国综合性运动会游泳比赛、游泳冠军赛、游泳锦标赛、春季游泳锦标赛、夏季游泳锦标赛、青年游泳锦标赛等全国性赛事必须采用自动计时装置。

自动和半自动计时装置应能判定运动员到达终点的先后,并记录运动员的成绩。计时的成绩应精确到百分之一秒。任何装置均不得影响运动员的出发、转身和溢水系统的功能。这种装置应由发令员启动。装置的连线尽可能不要露在池岸上,要能够按名次和泳道显示出各泳道所有记录下的信息,提供易读的运动员成绩。

自动计时装置应包括以下设备:

(1)发令装置:①供发令员发布口令的话筒。②如使用发令枪,必须带有信号转换器。③话筒和信号转换器应与各出发台的扬声器相连,使运动员都能同时听到发令员的口令和出发信号。

(2)自动计时装置触板:触板最少应为宽 2.40m×高 0.90m,厚度为 0.01m。触板应露出水面 0.30m,浸入水中 0.60m。各泳道的触板应独立安装以便单独控制。触板的表面颜色必须鲜明,并设有固定的池端目标标志线(见图 5-9)。①安装:触板应安装在泳道中心的固定位置上,并应轻便,以便容易拆卸。②灵敏度:触板应不会受水波影响,而只对运动员的轻微触动产生作用。触板的顶部前沿应是灵敏的。③标志线:触板上的标志线应与池壁的标志线一致并重叠,触板的周围和边沿应标有 0.025m 的黑边。④安全性:触板应绝无触电的危险,触板的边沿应平滑。

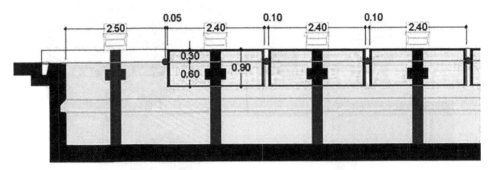

图 5-9　自动计时装置触板

(3)自动计时装置至少有下列配件和功能:

①在比赛中能重复打印出各种信息。②电子公告板。③精确到百分之一秒的接力出发判断器。当使用视频计时系统时,该系统可以作为接力出发判断器的补充。④自动计趟。⑤分段成绩显示。⑥总名次排列。⑦误触板纠正。⑧自动充电器。

(4)全国综合性运动会游泳比赛、全国游泳冠军赛、全国游泳锦标赛,自动计时装置应具备下列条件:

电子公告板至少应有 12 行,每行可显示 32 个字符,每个字符的位置上均能显示字母和数字,每个字符至少为 0.36m 高。显示栏应可上下翻动,并且有闪烁功能。电子公告板应显示比赛运行的成绩。每个矩阵记分牌都应能通过计算机程序进行控制,并能显示动画。成绩公布板至少为 7.50m 宽,4.50m 高。

在离终点池端 3.0~5.0m 处,必须有一个装有空调的控制中心,面积至少为 6.0m×3.0m,要求在比赛中随时能不受阻碍地观察到终点端的情况。执行总裁判在比赛期间应能方便地出入控制中心,其他时间控制中心应能封闭。

(5)使用自动计时装置时,可以采用半自动计时装置作为自动计时装置的备用系统,每条泳道须有 3 个按钮,由 3 名裁判员独立操作。在运动员抵达终点触壁后,裁判员立即按下按钮以计取成绩。

(七) 辅助器材

游泳比赛中还有数字秒表、报趟牌、报趟铃铛、电子挂钟、衣物框、游进指示牌、发令台等。

教学辅助器材有打腿板、背浮、8 字板、划手掌、呼吸管等设施。

四、其他要求

(1)所有被批准的水上、水下录像、摄像设备须遥控操作,均不得阻挡运动员视线或游进路线,不得干扰比赛。

(2)消毒设施。更衣室进出游泳场地的通道内应设置浸脚消毒池,消毒池长大于等于 2.0m,与通道同宽,深度大于等于 0.2m;比赛时还应设置强制淋浴设施。

（3）基层比赛的场地、器材。①设有出发台的游泳池，其出发端从距池壁1.00m起到距池壁至少6.00m处，深度至少1.35m。其他地方池深至少1.00m。泳道宽不得少于2.00m，两侧泳道与两侧池壁的距离不得少于0.20m。②出发端和转身端的照明度不得少于600lx。③泳道数和池宽不限，分道线颜色不限，游泳池池水温度不得低于25℃。

第二节　跳水场馆与设施

一、比赛场地规格

跳水比赛池应满足1m、3m跳板以及10m跳台的比赛要求，以及1m跳板、3m跳板、3m跳台、5m跳台（可满足双人训练需求）、7.5m跳台、10m跳台的训练需求。室外跳水池的台、板在北半球时朝北，南半球时朝南。室内场地无外采光时无朝向要求，当有直射光进入室内时应考虑光线对场地的影响。

（一）跳水池规格

国际比赛中，跳水池的规格25m×25m，水深不小于5.5m。一般跳水池不小于16m×25m。最新建造跳水池，建议水深宜为6m。具体跳水池中跳台跳板及相关设施区域分布如图5-10所示。

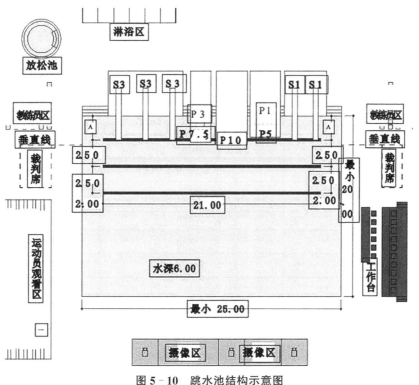

图5-10　跳水池结构示意图

10m 跳台上空净高不应小于 4m,跳台上方净空高度宜为 5～6m。

池壁、池岸必须坚实、平整、防滑,两端池壁应平行,沿布置跳水设施一侧的池壁应设置出水池的台阶。池岸、池身的阴阳交角处应按弧形处理。

(二)跳板

(1)长至少 4.8m、宽至少 0.5m。同一高度的跳板应安装在一起,不同高度的跳板应分别安装在跳台的两侧。跳板台面应铺设防滑材料。跳板规格应采用由国际泳联审定的比赛当年最新型号跳板。

(2)跳板应有可移动支点,方便运动员调节前后位置。从支撑支点调节装置的平台到跳板顶端的垂直距离应为 0.365m。从支点调节装置(0.676m 长)的前沿到支撑平台的前沿的距离不超过 0.68m。如果平台前沿长于这个距离,超过规则距离的顶端表面应该以垂直:水平比为 1:3 度的比率向下倾斜。支点后方到其中心线的最小距离应符合跳板制造商提供的推荐值。所有活动支点到位时,跳板应绝对水平的安装在平台前沿。

(三)跳台

(1)跳台应该坚硬、保持水平,表面和前沿覆盖有弹性的防滑材料。跳台前沿的厚度为 0.2m,最多不超过 0.3m,且应垂直,或者倾斜角度不超过铅垂线角度 10°。

(2)10m 跳台前端至少伸出跳水池边沿 1.5m 远。7.5m 跳台前端至少伸出跳水池边沿 1.25m 远。2.6～3.0m 跳台和 5.0m 跳台伸出 1.25m,0.6～1.0m 跳台伸出 0.75m。

(3)如果一个跳台直接设置在另一个跳台之下,则上方跳台应该比下方的跳台至少多伸出 0.75m(最好 1.25m)的长度。

(4)除 1m 跳台外,所有跳台的后端和两侧应该有扶手栏杆,两边栏杆之间的最小距离为 1.8m,栏杆高度至少为 1.0m。应于前段 0.8m 处开始安装,安在跳台的外侧。

(5)跳台的最小尺寸应为表 5-4 所示。

表 5-4 跳台最小尺寸对应表

跳台	宽度	长度
0.6～1.0m 跳台	1.00m(最好为 2.90m)	5.00m
2.6～3.0m 跳台	1.00m(最好为 2.00m)	5.00m
5.0m	2.90m	6.00m
7.5m	2.00m	6.00m
10.0m	3.00m	6.00m

(四)造波器

在跳台、板下池岸应安装使水面产生波动的机械装置或气浪装置。喷头方向可以上下左右调节,水速可以控制,以帮助运动员看清水面。

（五）放松池

应在接近跳台跳板侧设置可加热的放松池,大小应可同时容纳不少于 6 名运动员同时放松。运动员在放松时应可以直接看到赛场或通过电视了解到比赛进行情况。

（六）淋浴

应在跳台或跳板下方设置可控制水温的热水淋浴装置,淋浴喷头数量不少于 3 个。

（七）LED 显示屏

高清大屏,分两屏,一屏显示成绩及相关信息,一屏显示视频及体育展示内容。

（八）水下观察窗及观察系统

跳水池宜设水下观察(摄像)系统,应具备比赛摄像、训练观察、救生监控等功能,以满足不同的使用需求。观察窗的位置应根据跳板、跳台高度确定。观察窗和观察廊的构造和选用材料性能良好,安全可靠,接缝严密,窗框平整,转角处应用圆角,橡胶密封嵌压条不得有接头缝隙。

二、训练场地规格

（一）训练场地

跳水训练可在比赛场地进行,同时还应提供其他相关训练设施。跳水训练池建议宽 25m,长 25m。建议水深不小于 5.5m,池岸宽度不小于 3m。

（二）陆上训练房

跳水训练应设置陆上训练场地,供跳水运动员赛前热身及训练使用,场地面积可容纳设施包括不少于 3 块跳板,2 个蹦床,4 个陆上跳台,垫上练习区域,配备不同厚度海绵垫若干。并保证最高器械上空净高不少于 6m。

三、裁判所需器材规格

(1)应准备打分裁判椅,2.0m 高裁判椅,2.5m 高裁判椅,3.0m 高裁判椅。裁判椅装有转动式搁板,侧面有号码,并安装置物筐,侧面上方安装高 1m×0.5m 隔离卷帘,注意安全,保持稳固,易于搬动,方便裁判员就位。

(2)裁判椅号码牌:单人比赛 7 块:1～7;双人比赛 11 块:E1－E6,S1－S5。

(3)手工评分牌可翻动显示分数。每副评分牌有 2 套数字,左边为 0～9 共 10 块,右边为 0 和 5 共两块。

(4)投表箱一个,供运动员投放动作表,透明材质。

四、其他要求

(1)运动员进出场地的通道必须设置浸脚消池,消毒池的长度应不少于 2.0m,深度应不少于 0.2m。

（2）靠主席台的观众席一侧池岸的宽度和与跳水池相邻的池岸宽度宜大于 8.0m,其余池岸宽度应不少于 6.0m。

（3）在水面以上 1m 处的最低照度不得低于 600lx。自然和人工照明源应设有控制装置,以防止眩光。

（4）奥运会和世锦赛比赛水温不低于 26℃。一般水温为 28℃。

（5）上下跳板和跳台的阶梯和通道地面均应做到防滑或铺设防滑材料。

第三节　水球场馆与设施

水球比赛通常使用一个标准的 50m 游泳池,用水线标出比赛区域。

一、比赛场地规格

（一）场地规格

50m×25m 标准游泳池,可根据比赛要求设置。比赛的场地男子为 30.00m×20.00m,女子为 25.00m×20.00m。男子比赛的球门线距离为 30m,女子比赛的球门线距离为 25m。室内游泳池内,比赛场地的最低高度不得低于 7.00m,水面上空净高度宜为 8～10m。

比赛场地边缘的定位点应位于门线前方 30cm 处。比赛场地的宽度为 20.00m。

男子水球比赛场地总长度为 30.60m,两球门线之间的距离不得少于 20m 或多于30m。女子水球比赛场地总长度为 25.60m,两球门线之间的距离不得少于 20m 或多于25m。场地宽度不得少于 10m 或宽于 20m。大型比赛池水深不得小于 2m,一般水深不低于 1.8m(见图 5 - 11)。

（二）场地两侧标记

球门线和中线用白色标记。比赛场地两侧,从球门线至 2m 线之间的部分应全部用红色标示,2m 线至 6m 线之间的部分用黄色标示,6m 线至中线的部分应全部绿色标示。应在距球门线 5m 的位置放置红色标志,以示 5m 罚球点的位置。在比赛中这些标示应该清晰可见。

（三）温度和场内灯光亮度

水温控制在 26℃,上下浮动±1℃。场内灯光亮度要求照明均匀充足,光线不应对运动员视线有妨碍。光照强度不得低于 1500lx。

（四）池岸

比赛场地池岸的最小宽度:池端岸宽不小于 6.0m,能给运动队入场检录和颁奖等留下足够的使用空间。侧岸宽不小于 8.0m,能安装裁判通道、裁判员记录台和运动队交换

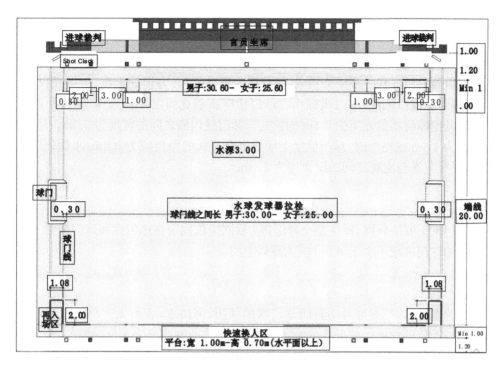

图 5-11 水球标准场地规格图（单位:m）

场地的行走通道等。

（五）重新入场、快速入场区

在记录台对面,场地两端距场地底角 2.0m 处用红线标示出运动员重新入场区,球员进入的矩形区域的尺寸为 2.0m×1.08m。在场地的外侧,球队座席的一侧,需设置快速换人区。这个区域的宽度须至少在 0.5~1.0m。每队的快速换人区应为本队球门线至场地中线之间。

（六）裁判区域

应在比赛池两侧提供长 30.0m,宽 1.0m,高 0.7m 的裁判通道,在球门线处设置监门员座位。并在一侧安装与裁判通道同等高度,面积约 40.0m² 的裁判员记录台。

二、比赛器材规格

（一）水线

水线最小直径为 0.06m,最大直径为 0.12m。水线和裁判台上距球门线 5m 的位置必须增设红色标志,以示 5m 罚球点的位置,两端黄色水线延长至 4.0m。绿色水线男子18.0m,女子 13.0m,在绿色区域的中间会有一个白色的标记,表示场地的中心。

比赛场地两侧应有明显的球门线、距离球门线 2.0m 的标志线、距离球门线 5.0m 的标志线和中场标志浮标。在比赛中这些标志线应该清晰可见。场地两端的边界线在球门线后 0.3m 处。球门线距离池壁的距离不少于 1.66m。

（二）球门

球门由两根门柱和一根横梁构成，门柱应为长 0.075m 方形的木质、金属或合成材料（塑料）制成，涂成白色，用球门线标出。球门柱应该垂直固定在场地两端，与两边等距，在端线和其他障碍物前方至少 0.3m 的位置。球门柱内侧之间的宽度为 3.0m。

水深为 1.5m 或更深时，球门横梁下缘与水面之间的距离应为 0.9m；水深低于 1.5m 时，球门横梁下缘与池底之间的距离应为 2.4m。

（三）球网

球门门框上安装软网，罩住整个球门区，软网应该固定在球门柱和球门横梁上，使球门线之后的球门区域不少于 0.3m 的无障碍空间。

（四）球

球应为圆形体，带有可自动封闭球门嘴的气胆，可防水，表面无突出的缝线，且不得涂抹油脂或类似的物质。球的重量为 400～450g。球的颜色可为多色或单色。

男子比赛用球，球的周长为 0.68～0.71m，充气压力为 55～62 千帕（每平方英寸 8～9 磅压力）。

女子比赛用球，球的周长为 0.65～0.67m，充气压力为 48～55 千帕（每平方英寸 7～8 磅压力）。

（五）视频设备

比赛场地上共安装七个摄像头：球门线上有四个摄像头，每个球门两个。摄像机的位置应在泳池边缘或裁判平台下方，高出水面约 1.0m。

两个摄像机应固定在记录台的同一侧，每台摄像机应相应地拍摄比赛场地的每一半。摄像机的位置应能提供最好的视频录制质量。

一个摄像头位于泳池的一侧，这台摄像机将拍摄整个赛场，能够以最大可能的角度拍摄（目前最大角度为 160 度），最小分辨率为 2K 像素。

（六）辅助器材

比赛计时计分器、开球器、暂停器、裁判旗、裁判台、储球筐、储球架、捞球勺、裁判座椅等。

三、其他要求

两支球队的球帽颜色应对比鲜明，未经裁判员批准，不得使用单一的红颜色球帽，并与球的颜色对比鲜明。比赛球帽应配有软性耳罩。奥运会比赛要求球帽两侧应有高度为 0.1m 的冒号。守门员戴 1 号球帽，其余队员戴 2～11 号球帽。

地面应防滑，在有水的情况下，池岸地面的静摩擦系数应不小于 0.5，宜不小于 0.6。除了池底，不允许有任何让守门员站立和休息的地方。

水质要求清澈透明,场地上空不得有影响比赛的障碍物。在比赛池区域预留有安装和固定水球门装置的设施和条件。

第四节　花样游泳场馆与设施

一、比赛场地规格

花样游泳比赛通常使用一个标准的 50m 游泳池。奥运会和世界锦标赛的比赛区域为 30m×25m,区域内水深 3.0m。一般的比赛可用最小面积为 15m×25m,其正中位置12m×12m 的区域内水深不得小于 3.0m,其余区域的深度最少应为 2.0m,坡度变化的长度不得小于 8.0m(见图 5-12)。

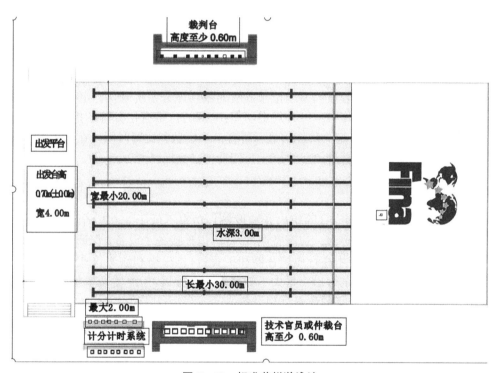

图 5-12　标准花样游泳池

二、热身场地规格

热身场地宜接近比赛场地,运动员在热身、按摩时应可以直接看到赛场或通过显示屏了解到比赛的进行情况。热身池在平时可以兼作训练池使用。

(一)热身池

奥运会和世界锦标赛的练习热身池的最小面积应为 25m×25m 或 30m×20m,深度为 3.0m。一般的比赛热身在池长 50.0m、宽 21.0～25.0m、水深 2.0m 的训练池。池岸宽度不得小于 3.0m。应有覆盖水面上下的播音设备。

（二）陆上热身区

必须为运动员提供陆地训练热身区，并提供垫子，有足够的电源插座和上下水条件。

三、比赛器材规格

（一）出发台

在比赛池一端设置长 20.0m，宽至少 4.0m，高 0.50～0.70m 的运动员出发台，奥运会和世锦赛出发台的高度为 0.7m($\pm$0.01m)。平台的表面应该覆盖一层防滑材料，使用快速干燥的防水地毯。

（二）裁判台

两侧裁判台必须有桌椅，高度不低于 0.6m，裁判台距离泳池边缘不超过 2m。

（三）自动裁判装置

符合国际泳联 TSSC 核准的，基于记录成绩的裁判评分系统软件。电子记分牌的数量与裁判人数相同（自选动作：10～20，规定动作：5～20）。带有记分牌的控制装置，应能够显示 10 行、32 个数字。记分牌能够显示所有记录信息和比赛时间。在电子系统无法使用时，为每位裁判提供打分牌 20 个。

（四）音响设备

应配备水下音响、池岸音箱（除馆内音响设备），功率不低于 350W/个。应配备音量（分贝）计量表，以监控音乐声级。应配备调度塞绳，以连接各个设备，保证扬声器的设置达到最佳声音分布效果。使用高音质扩音器和扩音台，供广播和颁奖仪式使用。平均音量不能超过 105 分贝，瞬间的爆破声最大不能超过 125 分贝，扬声器频率至少为 40Hz～16kHz。同时还需要提供适宜的伴奏复刻设备。

1. 岸上音响系统

高音质扬声器的大小、数量和位置应能保证到达竞赛区域和观众席的声音一致、清晰。

2. 水下音响系统

应使用 UWS 扬声器提供能够覆盖噪声的、适合竞赛的清晰、一致的水下声音。配备水下音响连续监控系统。

（五）水下仲裁系统

具备采集、储存、回放等功能，为评判争议和抗议提供数据。

（六）辅助器材

花样游泳比赛中还有竞赛桌椅、抽签箱、信息台、颁奖台、秒表、打分器等器材。

四、其他要求

池水必须十分干净,清澈见底。水温不得低于27℃。高出水面1.0m处的最低光照强度不得低于1 500lx(一般不得低于600lx)。裁判台和表演台的自然和人工光源应配有控制装置,以防止眩光。靠主席台的观众席一侧池岸的宽度宜大于8.0m,其余池岸宽度应不少于5.0m。水面上空净高度宜为8.0~10.0m,地面应防滑。

第五节　公开水域场地与设施

一、公开水域场地的分类

公开水域游泳比赛在江、河、湖、海等自然水域举行。

二、比赛场地规格

世界锦标赛和国际泳联公开水域比赛项目有25.0km、10.0km和5.0km,比赛场地和路线须经国际泳联批准。群众性公开水域比赛一般要求最高不得长于3.0km的距离,以1 000~2 000m为宜。比赛线路有直线、折返、环形绕标。赛程线路中任意位置的水深不小于1.4m(OWS 5.4)。场地布置如图5-13所示。

比赛场地的岸上空间大而平整,能设置相关功能用活动房及有效容纳参赛队伍和观众。出发和终点水域区间水底平整无障碍物。采用平台出发和终点板触壁抵达终点时,要求水域深度需符合规则要求。比赛水域无礁石及任何障碍物(暗礁、暗流)。水域内的任何水生物及植物都要以不危及运动员安全为原则(水母、水草原等)。水温应在16~31℃(OWS 5.5)范围内,应于比赛当天开赛2小时之前,在赛道中水下40.0cm处进行水温测试。

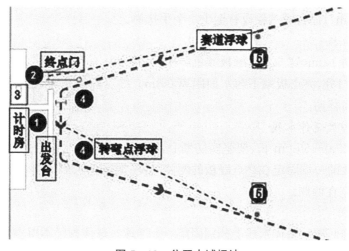

图5-13　公开水域场地

三、比赛器材规格

（一）出发台

（1）水中出发：在水中设置出发标志线，标志线中心点与第 1 标志点约为垂直，运动员在水线后列一横排，每名运动员位置不小于 0.8m。

（2）出发台出发：在水面上搭建浮台或利用岸上平台设置出发平台。出发台中心点与第 1 标志点约为垂直，每名运动员出发位置不小于 0.8m。出发台前沿与水面高度不高于 0.7m，出发区域水深不少于 1.6m。

（3）引桥：从岸边通向出发台的浮桥，长至出发远端，宽至 4.0m 以上。

（4）岸上出发：利用岸上滩涂平整区域设置出发区，在出发区前设置出发线，出发线中心点与第 1 标志点垂直。

（二）赛道标志

1. 赛道浮球

全程间隔 50.0～100.0m，设置固定浮球一个；球体直径不得小于 0.8m，颜色鲜艳易辨认。

2. 转弯点浮球

根据赛道形状决定设置转弯点浮球，形状一般有圆形、椭圆形、多面圆柱状，浮球不能小于高 3.0m×直径 1.5m。浮球颜色鲜艳易辨认且颜色须与路线引导浮标的颜色不同，浮球上可以做数字标识。

（三）终点

1. 终点浮台

浮台要求 U 字形状，入口处宽 7.0～8.0m；两侧台面宽 2.0～4.0m，长 8.0～10.0m；U 形浮台底端台面宽 5.0～6.0m，长 15.0～20.0m 左右；浮台高于水面 0.5m（如与出发台共用不能高于 0.7m）；浮台底端要设有至少 1 个手扶梯。

2. 水中终点板

终点触板高 1.0m，宽 5.0m；触板颜色鲜明，触板上标有"终点"字样。触板垂直固定于 U 形浮台入口处，终点板端下与水面距离 0.3m。终点板须系紧，避免因风、浪或运动员触碰的力量而移动。

3. 终点入口处延伸水线

设有两条 25.0～50.0m 长、要坚实防断且易固定的水线，水线上的浮球或标志物要颜色鲜明。水线的一端固定在终点触板的两侧，另一端呈喇叭形状向外延伸离赛道至少 10.0m，分别固定在两侧。

4. 终点浮球

终点入口处两侧的延伸水线上分别固定一个浮球。球体直径不得小于 0.8m，两球之间相距 25.0m 左右，颜色鲜艳容易辨认。

5. 终点线

群众比赛可以在岸边距离水面比较接近的地方,设置终点线或门。

(四)补给台

在5km、10km及以上马拉松游泳比赛项目中设置。所要的平台都应被固定,避免潮汐、刮风或其他原因造成移动。每名补给者位置不小于0.6m的空间,补给杆长度不超过5.0m。

(五)安全救生器材

裁判用船只根据参赛人数和每组出发人数及标志点数确定救生船数量。包括执行裁判长船、转折点裁判船、引导船、救生船、机动船。每条救生船上要配备救生杆、救生绳。10km以上项目每名选手安排一艘随行救生船。

(六)自动计时系统和视频摄像设备

当根据游泳竞赛规则SW11条款的规定采用自动计时装置计取比赛成绩时,必须使用能够提供分段成绩的微芯片信号发送技术并将其添加到设备中。在世界锦标赛和奥运会中必须使用微芯片信号发送技术。该装置记录的正式成绩应精确到十分之一秒。摄像头设置在终点触板两端上方,记录运动员触板次序。

(七)辅助器材

对讲机、发令汽笛、秒表、打印式计时器(大赛需求)、运动员写号用品(油性记号笔、棉球、酒精、毛巾、指甲刀)、检录告示板、喊话器、裁判旗、温度计、对讲机;裁判船只功能旗:刀旗高1.8~2.0m,宽0.8~1.0m。旗帜用不同颜色区分功能并标识名称号码,旗杆PV水管3.0m一根;检录区、运动员休息区、医疗区、淋浴区、嘉宾休息区等区域标识牌、帐篷、桌椅等。

四、其他要求

比赛应在水流缓慢且浪小的咸水或淡水水域进行。比赛场地须得到当地卫生部门和安全部门的认可,一般情况下,须就水质洁净度及水域人身安全系数给予证明。

应设运动员休息区、检录区、赛前等候区、医务站、淋浴更衣室等。国际大赛还需设自动计时室、裁判员会议室和休息区域、混合采访区等。

思考题

(1)不同等级游泳比赛场地及附属设施有什么要求?

(2)绘制标准游泳池的平面图,并能表述游泳池内各类线的名称、长度。

(3)了解如何设置10m、7.5m、5m、3m、1m台和3m、1m板项目,并熟悉台和板的器材规格要求。

(4)水球比赛场地及使用标准用球有什么要求?

(5)标准游泳、花样游泳、跳水、水球、公开水域比赛场地水深有哪些差异?

(6)水上项目进行中的安全规范有哪些?

第六章 体操类项目场馆与设施

教学目标

(1)知识:能基本掌握体操大类中各项目场馆规格和比赛辅助设施的知识点和数据,把握该类场馆的基本结构及器械设施规格。

(2)能力:运用基本知识和器材使用方法,理论联系实际,把握合理、安全使用各种器械的能力。

(3)素质:学生科学使用各类器械,具有一定社会责任感,场馆设施使用安全意识的教育和责任。

教学内容

本章主要教学内容为竞技体操、健美操、艺术体操、技巧、体育舞蹈等项目场馆以及各项目器械设施规格。

第一节 竞技体操场馆与设施

一、竞技体操简介

根据国际体操联合会(简称"国际体联"英文缩写"FIG")男女技术委员会制定的竞技体操评分规则,大型高规格的竞技体操比赛只进行自选动作比赛。男子竞技体操项目包括自由体操、鞍马、吊环、跳马、双杠和单杠共六个项目。女子竞技体操项目包括跳马、高低杠、平衡木、自由体操共四个项目。大型比赛一般安排在体育馆内进行比赛。

竞技体操比赛分类:

团体和个人资格赛(第Ⅰ种比赛)、个人全能决赛(第Ⅱ种比赛)、单项决赛(第Ⅲ种比赛)和团体决赛(第Ⅳ种比赛)

二、竞技体操比赛场地

竞技体操比赛可以分场或同场比赛。一般情况下,重大国际性比赛都采用男女分场比赛。总长标准为60.0m,宽34.0m。自由体操场地在中间,两侧是双杠、单杠和鞍马、吊环或高低杠和平衡木,边上是跳马场地。男女同场比赛时,自由体操和跳马可作为共用场地。

正式体操比赛均在馆内进行。大型的比赛要求有标准的比赛馆及附属馆,供比赛及赛前训练使用。

比赛馆的地面结构为木质地板。一般世界性或洲际性的比赛需要在馆内搭 80.0～110.0cm 高的木质台,上面铺置地毯,所有的比赛器械都放置台面上,在各项器材附近的台下四角放有 50.0cm 高的小台,能安置所有与比赛有关的设施和有关人员的席位。

场馆内上空高度应不小于 12.0m。

一般比赛馆的大小,以能合理地放置男女十项全部器材并保证不影响运动员完成动作和安全为准。面积不小于 35.0m×35.0m。

(一)男子体操比赛场地

男子 6 个项目场地分布如图 6-1 所示。

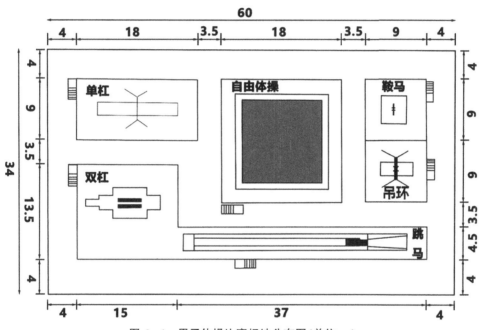

图 6-1 男子体操比赛场地分布图(单位:m)

(二)女子体操比赛场地

女子 4 个项目场地分布如图 6-2 所示。

三、男女各项目比赛场地及器械规格

(一)自由体操场地及器械规格

自由体操是男女共有的项目,由多块单板拼接而成,木板为加强的复合材料,板下面加弹簧或用橡胶材料制成的弹性层,表面有柔软的保护层,上面覆盖自由体操地毯。地毯由羊毛或合成纤维编织而成。场地面积为 12.0m×12.0m,周围加 1.0m 的外延部分为边沿。用 5.0cm 宽的白色胶带标出 12.0m×12.0m 的比赛场地范围(见表 6-1)。

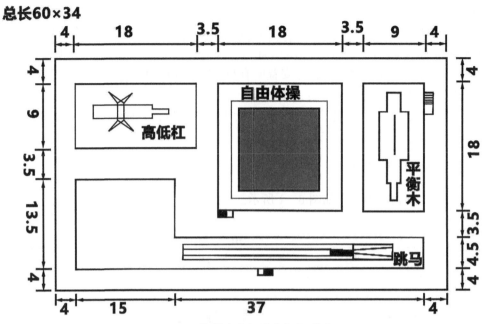

图 6-2　女子体操比赛场地分布图（单位:m）

从地面到地毯高度为 13.5cm。

场地要求平整、柔软、弹性一致,表面不滑、不涩。

表 6-1　自由体操场地规格

名称	规格（cm）
比赛区域	1 200×1 200
比赛区边界线宽	5.0
比赛区边沿宽	100
比赛场地安全区宽	200
单板厚度（包括弹性层）	5.0～7.5
单板长、宽	2.0×1.2 或 2.0×1.5 或 1.5×1.5

自由体操场地及器材规格要求见图 6-3 和图 6-4。

(二) 鞍马器械规格

鞍马为男子项目。鞍马由鞍环、马身、马腿和腹下接地拉链组成。这个器械包括一个水平放置在基座上的平截头棱锥体。在平截头棱锥体的上表面,横向安放了两个鞍环,鞍马规格见表 6-2。

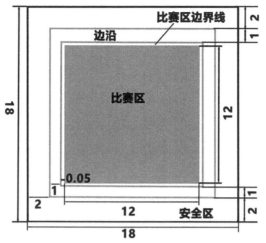

图 6-3　自由体操场地(单位:m)

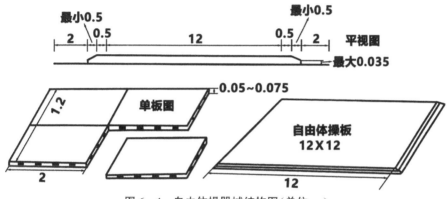

图 6-4　自由体操器械结构图(单位:m)

1. 马身

马身从2个侧面和2个正面看都向内倾斜。马身上表面横向成拱形,纵向是水平、平滑的,除了连接点外没有缝隙。马身用木和铁作框架,垫上毛毯、海绵用皮包裹,表面光滑。马腿、底座、拉链都用铁制,可以升降。马身长160.0cm,高28.0cm。鞍马上表面宽度为35.0cm,地面至鞍马上表面高度为115.0cm。

2. 鞍环

呈环状,从底部开始垂直向上,然后有弧形拐弯,上端是水平的。底部起支撑作用,和马身弧形的上表面一致。鞍环用胶合木环或吸湿硬塑料环,距离可调节。鞍环高度为12.0cm,鞍马坏横截面直径为3.4cm。

3. 基座

马腿和腹下接地拉链组成基座,对结构和具体概念没有明确规定。所有的脚和边都是光滑、弧形的。基座必须保证马身的稳定性,保证马身的横轴和纵轴都是水平的,必须遵守所有技术安全规定。以前鞍马有四条腿,现发展为带底座的两根立柱。

4. 颜色

具体颜色由生产商决定。对于特定的比赛,国际体操联合会可能会选择颜色。在实践检测中以及允许的颜色是：

马身：皮革的自然色，即表面材料使用人造合成材料。

鞍环：木头的自然颜色，如果使用合成材料就是浅暗色。

基座：油漆的颜色。

表 6‑2　鞍马规格

名称	规格（cm）
鞍马环高度	12.0
鞍马环间距	40.0～45.0
鞍马环横截面直径	3.4
鞍马长度	160.0
鞍马上表面宽度	35.0
地面至鞍马上表面高度	115.0

鞍马器械规格要求见图 6‑5。

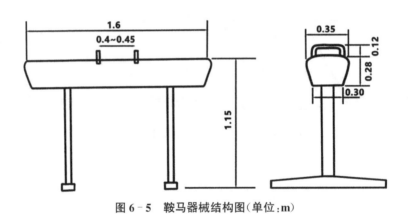

图 6‑5　鞍马器械结构图（单位：m）

（三）吊环器械规格

标准吊环器械是由圆环、环带、环绳、钢架和 4 条拉链组成，具体规格数据见表 6‑3。

1. 内环

环内径 18.0cm，横切面直径 2.8cm，用钢丝绳悬挂在钢架上，上端有一个枢轴装置，位于与架子相连的悬垂点上。靠环处有 70.0cm 的皮带或帆布带，起保护前臂作用，吊环的钢绳必须是垂直悬垂的。两环间距离 50.0cm，从圆环内侧最低点到地板的距离 280.0cm。

2. 钢架

由两根支柱和一根水平横梁组成，横梁上有连接钢绳的装置，水平横梁的长度至少 120.0cm。钢架高度 580.0cm 左右，从带子与架子的连接点到圆环内侧最低点的距离为

300.0cm。弯曲点之间的距离至少280.0cm,地面上两根支柱间的距离至少260.0cm。

钢架由四根紧绷的绳索拉成垂直状态,这四根绳索与地板相连。

为了分散压力,两根支柱下面都有加宽了的金属底盘。

表6-3　吊环器械规格

名称	规格(cm)
圆环内径	18.0
圆环横截面直径	2.8
两环之间距离	50.0
环的高度(从地面量起)	280.0
环架高度	580.0
地面上两立柱之间距离	至少260.0

3. 绳索

绳索的横截面直径至多为1.0cm,一般为金属材料。固定器械竖向间距离为550.0cm,器械横截方向间距离400.0cm。

4. 颜色

吊环保持其原材料的本色。

吊环器械规格平面及侧面结构如图6-6和图6-7所示。

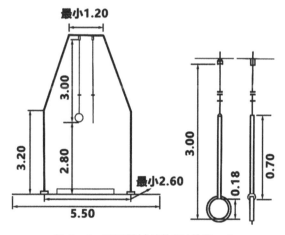

图6-6　吊环器械结构图(单位:m)

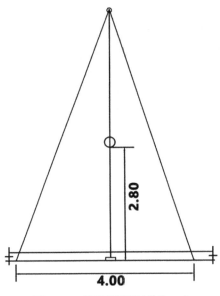

图 6-7 吊环侧面图(单位:m)

(四)跳马器械规格

跳马项目是男女共有项目。所有跳马动作必须通过用手推撑跳马来完成。第一次跳马结束后,运动员应立即返回到开始位置,出示信号后,再进行第二次试跳。

以男子跳马为例,运动员在资格赛、团体决赛和全能决赛中必须完成一个跳马动作。想获得跳马决赛资格的运动员在资格赛中必须跳两个动作,这两个动作必须是不同结构组的动作,而且第二腾空动作不能相同。新旧跳马器械规格见表 6-4。

表 6-4　跳马器械新老规格

样式	名称	规格(cm)
新跳马	马长	160.0
	马宽	90.0
	马高	男 135.0 女 125.0
	升降幅度	5.0
老跳马	马长	160.0
	马宽	35.0～36.0
	马高	男 135.0 女 125.0

1. 跳马场地

跳马场地面积需要 37.0m×4.0m。男女运动员跳马的助跑距离最长为 25.0m,从离他最近的马的边缘量起。男女跳马垫子长 6.0m、宽 3.0m,布置在跳马后方。

2. 跳马

跳马由马身、马腿、底座和腹下拉链组成。以前跳马是四条腿,后发展成两条腿。马身为木制和铁制,内有弹性海绵或毛毯等垫物,外用皮革包裹。

跳马高度男子1.35m(从地面量起),女子马高1.25m。随着2001年至2004年体操新规则的执行起,比赛使用新"马"。新马的马面是一段水平面和一段斜面的连接,总长为1.2m,马内有弓形钢板以增强弹性,新马的宽度为0.9m,男女跳马从外形上完全一样,只是在高度上不同,男为1.35m,女为1.25m。新式跳马器械规格如图6-8～图6-11所示。

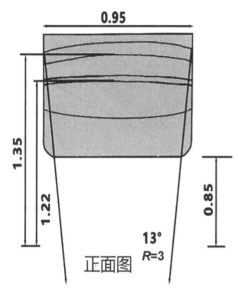

图6-8 新式样跳马器械正面图(单位:m)

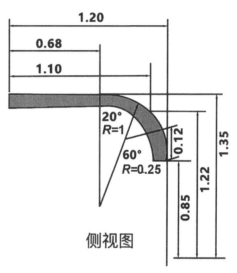

图6-9 新式样跳马器械侧视图(单位:m)

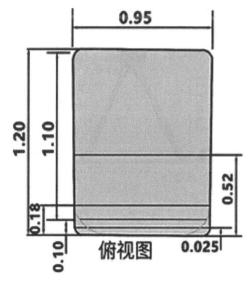

图6-10 新式样跳马器械俯视图(单位:m)

图6-11 新式样跳马器械完整图

3. 助跑道

助跑距离最长为25.0m,跳马动作从运动员的第一步或小跳开始,但评分从他的脚触及踏板开始。助跑跑道的 25.0m 长度必须在跑道上或边上设置标志,比赛型助跑道25.0m×0.9m。

4. 跳板

跳板规格为长 1.20m、宽 0.60m 的弹簧形板,远端板高 0.20m,板面覆盖有防滑地毯。老式样为"S"形(见图 6‑12);新式跳马跳板为弹簧形(见图 6‑13),尺寸规格同老式样。

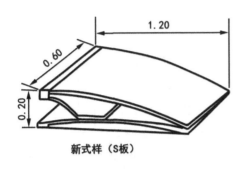

图 6‑12 "S"形老式跳板(单位:m)

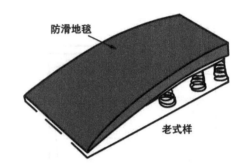

图 6‑13 弹簧形新式跳板

5. 老式跳马

男子为纵马,女子为横马。标准跳马是由马身和马腿组成。马身长 160.0cm 左右;马身宽 35.0cm 至 36.0cm;马高男子为 135.0cm,女子为 120.0cm,少年比赛适当放低。马身用皮革包制,里面放置弹性海绵,使马身柔软有弹性,有助于完成各种高难动作。老式跳马很多地区还应用于体操教学中(见图 6‑14)。

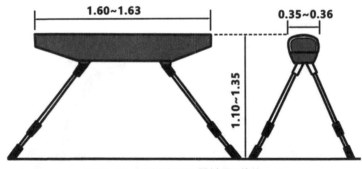

图 6‑14 老样式跳马器械图(单位:m)

（五）双杠器械规格

双杠为男子比赛项目,标准双杠器械是由两根横杠、立柱和底座 3 部分组成。两根杠子位置平行,在同一高度,可以预加应力,双杠器械具体规格见表 6‑5。

表 6 - 5　双杠器械规格

名称	规格（cm）
横杠长度	350.0
横杠截面长轴直径	5.0
横杠截面短轴直径	4.0
两根杠子之间的距离	42.0～52.0
从横杠上端到地面的距离	200.0

1. 横杠

横杠长 350.0cm，横杠内部装有弹性钢条，直径 1.0cm 至 1.2cm；横杠横截面纵轴高度 5.0cm，横截面横轴高度 4.0cm，杠子的横截面成水滴型，整根杠子的横截面都是完全相同的。杠面从杠子上端到地面的距离 200.0cm（可升降）。横杠一般用麻栗木、水曲柳等弹性木制成。双杠要坚固平稳，升降灵活，光滑有弹性（见图 6 - 15）。

2. 立柱

支撑竖直立柱包括一个固定部分和一个可移动的部分，可以调节双杠的高度和宽度。立柱间距离 48.0cm，两杠内侧距离 42.0cm 至 52.0cm 可调节。每根杠子由两根竖直立柱支撑，立柱下面是一个起固定作用的底座。

3. 基座

基座的大梁以及两梁间的空地必须都用垫子盖上。覆盖后地面必须是平坦的，没有空隙，和四周的垫子同一高度形成一个平面，只有支撑立柱从平面上升出来。

4. 颜色

杠子保持木头原来的颜色。

双杠器械平面、侧面规格见图 6 - 16、图 6 - 17 和图 6 - 18。

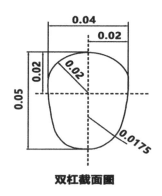

图 6 - 15　横杠截面图（单位：m）

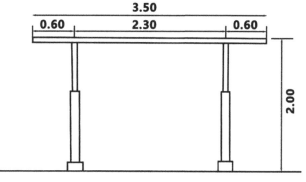

图 6 - 16　双杠器械平视图（单位：m）

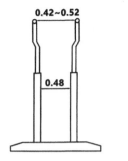

图 6-17 双杠器械俯视图（单位:m）

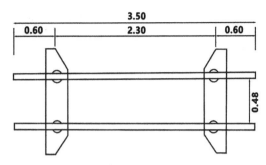

图 6-18 双杠器械侧面图（单位:m）

（六）单杠器械规格

标准单杠是由横杠、立柱和 4 条绳索三部分组成,单杠器械具体规格见表 6-6。

表 6-6 单杠器械规格

名称	规格(cm)
横杠长度	240.0
横杠直径	2.8
横杠高度(从地面量起)	280.0

1.横杠

横杠长 240.0cm,直径 2.8cm,杠高 280.0cm,青少年杠高 220.0cm(高低可调节)。横杠一般用高碳钢、弹簧钢和镍铬钢制成。

2.立柱

支撑立柱竖直立在地面上,下面有底盘。单杠立柱要正直,拉链挂钩要牢固,拉链必须拧紧以保护安全。横杠和支撑立柱之间必须通过活结相连,以保证有效的弹性。

3.绳索

绳索的横截面直径至多为 1.0cm,一般为金属材料。固定器械竖向间距离为 550.0cm,器械横截方向间距离为 400.0cm。四根绳索将单杠拉成直立,四根绳索和地面的四个地钩相连,使用时杠子和拉紧绳索不能产生干扰声音。

4.颜色

杠子保持磨光钢铁的自然颜色。其余部分的颜色或设计由生产商自行决定。在特定的比赛中,国际体操联合会可以指定颜色。

单杠器械前视和侧视规格见图 6-19。

（七）高低杠器材规格

高低杠是竞技体操女子特有项目,标准高低杠由两根不同高度、平行的杠子组成,杠子下面是支撑基座,高低杠器械具体规格见表 6-7。

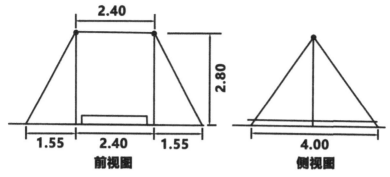

图 6-19　单杠器械结构图(单位:m)

表 6-7　高低杠器械规格

名称	规格(cm)
高杠高度	250.0
低杠高度	170.0
横杠直径	4.0
横杠长度	240.0
两杠之间可调节的直线距离	130.0~180.0

1. 杠子

横杠长 240.0cm,杠子直径 4.0cm,高杠高 250.0cm,低杠高 170.0cm。每根杠子由两根支撑立柱支撑,两杠端有 8 条尼龙钢绳拉紧固定。横杠是由弹性木质或玻璃钢制成,以保证完成各种高难度动作的需要。在横杠两端安有厚为 0.2cm、长为 10.0cm 的钢管,与调节宽度装置相连。两杠之间的可调节的直线距离为 130.0~180.0cm。

2. 支撑基座

支撑基座有四根支撑立柱,由绳索(直径最大为 1.0cm)拉起。绳索通过地钩连在地面上。

3. 支撑立柱

支撑立柱与支撑基座相连,两杠支撑立柱间安装有调整器,可以调整两杠间的宽度。

4. 绳索

绳索的横截面直径至多为 1.0cm 的尼龙钢绳。固定器械竖向间距离为 550.0cm,器械横截方向间距离 400.0cm。链上有调整套松紧的装置,为了拴锁绳索和保证杠面安装牢固。

5. 颜色

杠子保持木头的原色。杠子既不能刷漆也不能抛光。

高低杠器械前视和侧视规格见图 6-20。

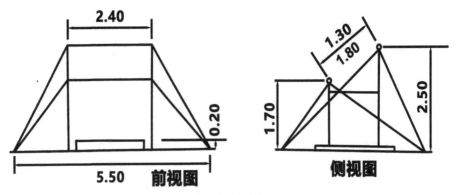

图 6‑20　高低杠器械结构图（单位：m）

（八）平衡木器械规格

平衡木是竞技体操女子特有项目。平衡木是一根横木，下面由基座的两根支柱支撑，平衡木器械具体规格见表 6‑8。

表 6‑8　平衡木器械规格

名称	规格（cm）
横木长度	500.0
横木面上端、下端宽度	10.0
横木横轴	13.0
横木竖轴	16.0
横木上端离地面高度	125.0

1．横木

横木由木质或合金材料组成，上面粘贴一层橡胶垫，外包薄毯，防滑护肤。横木长 500.0cm，横截面上端和下端宽 10.0cm，横轴宽 13.0cm，竖轴 16.0cm，平衡木横截面的两个侧面成拱形。横木上端离地高 125.0cm。

2．支撑支柱

支撑支柱是金属材料的支架，可以升降调节高低。为保持水平，建议可以连续调节高度。在使用过程中，平衡木不能移位、倾倒或晃动。

3．颜色

平衡木的颜色必须明显不同于垫子的颜色。

平衡木器械前视和侧视规格见图 6‑21。

四、其他辅助器材

体操垫：各项器械比赛的保护垫。

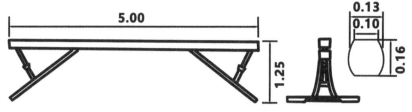

图 6 - 21　平衡木器械结构图(单位:m)

镁粉:运动员上器械时使用,防止手及脚防滑。

另外,还有裁判座椅、运动员教练员休息椅子、音响系统、皮尺、计时器、成绩记录系统等。

第二节　健美操场馆与设施

一、健美操比赛场地

竞技健美操竞赛项目包括男子单人、女子单人、混合双人、三人(3 名运动员为男子/女子/混合)、五人操(5 名运动员为男子/女子/混合)、有氧舞蹈(8 名运动员为男子/女子/混合)、有氧踏板(8 名运动员为男子/女子/混合)等。竞技健美操比赛场地呈正方形。四周用宽 5.0cm 的黑色标志带圈定,带宽包括在场地面积之内。场内为地板或铺地毯。比赛场地规格如图 6 - 22 所示。

健美操比赛场馆高度至少 8.0m,有足够的灯光照明(750lx)。

适合健美操运动训练的场地要求木地板最好是实木地板,主要看功能性来选择适合的地板、木地板和 PVC 地板(有弹性的卷材 PVC 地板,厚度在 4.0mm 以上,有发泡弹性层的 PVC 地板)。健美操练习场所还应保持良好的通风状态,保证有洁净的空气及时供给。

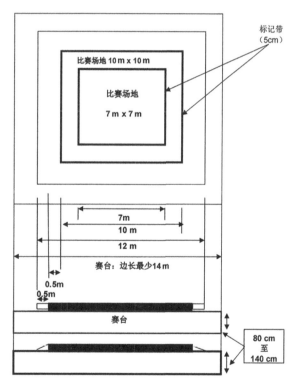

图 6 - 22　赛台及比赛场地

1. 比赛赛台

赛台高 80.0～140.0cm,正后方立有背景板。赛台不得小于 14m×14m。

2. 比赛地板

必须是 12.0m×12.0m,并清楚地标出成年组所有项目、年龄组部分项目 10.0m×10.0m比赛场地(少年组、国家预备组部分项目比赛场地为 7.0m×7.0m)。标记带必须是 5.0cm 宽的黑色带,标记带是场地的一部分。只有经国际体联认证的地板才能用于正式比赛。

有氧舞蹈和有氧踏板场地为 10.0m×10.0m。

二、场地设施

1. 训练场地

在开赛前两天,运动员可以使用训练场馆。馆内配有符合标准的音响设备以及标准的比赛地板。运动员将根据组委会制定并经由健美操技术委员会批准的轮换表使用训练场地。

2. 候场区域

与赛台相连的一块特定区域为候场区域,该区域只允许即将出场的两名或者两组运动员及其教练员使用,其他人员不得入内。

3. 裁判席(世界锦标赛)

裁判组位于赛台正前方。

视线裁判坐在赛台的斜对角。

高级裁判组坐在裁判组后方的高台上。

视线裁判:每名视线裁判负责赛场的两条边线。视线裁判 1(L1):负责边线 A 和 B。视线裁判 2(L2):负责边线 C 和 D。视线裁判位置如图 6-23 所示。

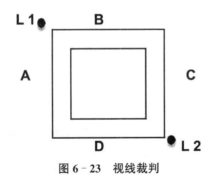

图 6-23 视线裁判

三、比赛器材规格

(一) 踏板

踏板的规格有很多,对于比赛没有统一的标准。一般有以下四种(见图 6-24)。

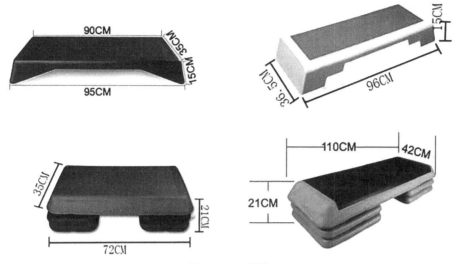

图 6-24 踏板

（二）花球

啦啦操比赛中花球尺寸可以是：4 寸、6 寸、8 寸。啦啦花球要求符合环保要求，不掉色、不掉条、无毒。

（三）健身球

一般采用对人体无害的 PVC 材料制成，直径在 65.0～75.0cm，内部为空心结构，需充气使用。健身球标准直径尺寸有 75.0cm，也有 65.0cm 的。根据身高选择，身高 160cm 以下的选择 75.0cm，160cm 以下的选择 65.0cm。使用球时手能抱、脚能夹就是最佳的选择。球的承受力有 100kg，手按下去感觉非常有弹性、柔软舒适说明质量合格。

四、辅助器材

健美操比赛中还有电子秒表、音响、CD 光盘、电脑等。

教学辅助器材还有音响，哑铃、拉力器、健身弹簧棒、踏板等设施。

五、其他要求

健美操训练的健身房，首先应该具有明亮的照明灯光，场地通风条件一定要好。在硬件设施上，健身房对地面要求相对较高，一般都是采用木质地板，在进行特殊项目训练时，还要在上面铺上地毯或小型海绵垫，对身体形成妥善保护。

健身房一般都有把杆和镜子，把杆大多固定在墙壁的四周，高度适中，直径在 6～10cm 之间，它的功能在于可以协助练习者完成某些形体动作，比如压腿、踢腿等。镜子的高度在 2m 左右，配合把杆安装于四周墙壁。除此之外，一些小型健身器械也是健美操中必不可少的，比如音响，哑铃、拉力器、健身弹簧棒、踏板等。

第三节　艺术体操场地与设施

一、艺术体操比赛场地

正式艺术体操锦标赛有个人、集体和团体赛三项。艺术体操比赛在室内馆进行，地面为木质地板，比赛馆的高度至少 8.0m。地毯是艺术体操运动员唯一用的场地器材，在国际体操联合会组织的正式锦标赛中，要求至少有两块 13.0m×13.0m（包括边线的外沿）的地毯场地，在地毯的下面铺设一层 2.0～3.0cm 厚、有一定强度系数的弹性塑料物。场地四周有宽度至少 4.0m 的安全区域。场地必须符合 FIG 标准（见图 6-25）。

国际比赛中，每块地毯的中央 12.0m×12.0m（场地内沿）的面积必须用 5.0cm 宽的白色胶带画出清晰的标志线。此外，根据集体项目比赛允许越出场地的规定，在场地的边缘必须增加 50.0cm 的界线。

在一般国际、国内比赛时，可使用一块场地。

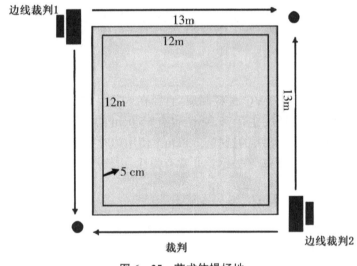

图 6-25　艺术体操场地

二、比赛器材规格

艺术体操比赛器材绳、球、棒、带和圈的规格见表 6-9。

表 6-9　艺术体操比赛器材的标准

名称	长度	直径	质量	材质	其他
绳	运动员身高	/	/	麻或合成纤维	除金、银、铜以外的其他颜色

名称	长度	直径	质量	材质	其他
球	/	18.0～20.0cm	至少400g	橡胶或软塑料	除金、银、铜以外的其他颜色
棒	40～50cm	棒头最多3.0cm	至少150g	木材或合成材料	除金、银、铜以外的其他颜色
带	至少6m	直径不超过1cm	至少35g	棍：木、竹、塑料或玻璃纤维；带：缎或类似材料制作	除金、银、铜以外的其他颜色
圈	/	内径80～90cm	至少300g	木材或塑料	除金、银、铜以外的其他颜色

（一）绳

采用麻或合成纤维制成，可染成除金、银、铜以外的其他颜色，长度不限，依据运动员身高而定，两端有小结头，中段可缠布条或胶布（见图6-26）。

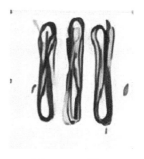

图6-26　绳

（二）球

采用橡胶或软塑料制成，可选用除金、银、铜以外的其他颜色，直径18.0～20.0cm，重400g以上（见图6-27）。

图6-27　球

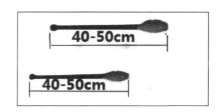

图6-28　棒

（三）棒

采用木材或合成材料制成，是一对瓶状器械，长度相等，可染成除金、银、铜以外的其他颜色，全长40～50cm，每根棒重150g以上，形状如瓶，细端为颈，粗端为体，顶端为头（见图6-28）。

（四）带

由棍、尼龙绳或带构成。棍可采用木、竹、塑料或玻璃纤维等材料制成，带可采用缎或类似材料制作，可选用除金、银、铜以外的其他颜色。带长6.0m，宽4.0～6.0cm，重35g以上（不包括棍）。棍长50～60cm，直径不超过1.0cm的圆柱形棍，一端有金属环，与绳或带相连(见图 6-29)。

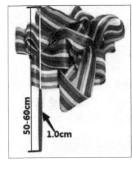

图 6-29 带

图 6-30 圈

(五)圈

采用木材或塑料制成,可染成或选用除金、银、铜以外的其他颜色。横断面可以是圆形、方形、椭圆形等。内径 80~90cm,重 300g 以上(见图 6-30)。

三、其他要求

正式比赛两块地毯并列排放,中间间隔距离至少 4.0m 以上。

裁判席靠近地毯一边,排成一排,裁判员之间距离 1.0m 宽。

边线裁判的位置:边线裁判坐在相对的角,负责该角对应的 2 条边线和右手边的拐角。另外一种为边线裁判坐在裁判席两侧,通过监控摄像机,观察边线情况。

第四节 技巧场地与设施

一、技巧比赛场地

国际技巧比赛共设置女子双人、男子双人、混合双人(下面人为男、上面人为女)、女子集体和男子集体共五项。

所有成套必须在符合国际体联器械规范的 12.0m×12.0m 的体操场地上伴着音乐进行,每块场地的边缘用 5.0cm 宽的白色胶带标出,胶带贴在场地外沿。

在平衡套和联合套中,男子四人可以使用落地垫协助从罗汉架上落地。

在国际正式大型比赛时,要在底板上搭起 80.0~110.0cm 高的木质台子上进行。比赛场地上空无障碍物,高度不得小于 15.0m,场地面积不得小于 60.0m×35.0m。

二、比赛场地的布置与要求

(1)在大型比赛中,安排两块双人和集体项目场地时,要求两块场地并列,中间间隔至少 2m。

(2)裁判员座位安排在比赛场地的一侧。

（3）其他与比赛有关的人员的席位一般在主席台对面靠场地一边,运动员休息用的长凳放在场地附近一边。

三、辅助设施要求

规则规定同伴之间的身高差允许在 29.0cm 范围内,超出即为扣分项,在比赛前需测试同伴身高值。应采用电子激光测距仪,电子激光测距仪必须固定在三脚架的垂直板上。

第五节　体育舞蹈场地与设施

一、比赛场地规格

国际标准舞的比赛是在平整光滑的室内场地进行的,实木地板,长度为 23.0m,宽度为 15.0m。舞者在长方形场地沿逆时针方向前进,跳完 23.0m 长度线为 A 线,转入15.0m 的 B 线,再一次转入 A 线和 B 线为一周。

拉丁舞(定位型舞)则没有 A、B 线规定。

场地中间有个"0"点作为舞池中央标志。

场地要求不反光,防滑,平整,四周有明确的界线。具体场地规格如图 6 - 31 所示。

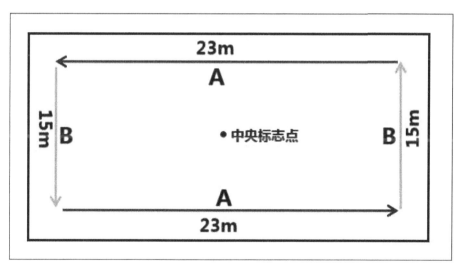

图 6 - 31　体育舞蹈比赛场地图

二、辅助器材

（一）专业播放器材

大型体育舞蹈比赛的音响播放系统多为专业的播放器材,场内音乐扬声器的音量能够覆盖包括观众在内的全部空间。

（二）工作台

在场地 A 线外的中央位置安放主持人工作台，并且配备有话筒和对讲机。

（三）计分组设备

电脑、打印机、足量的耗材、各类表格、评分夹与文件夹等。同时还设置有成绩公告栏。

三、其他要求

在赛事过程中，采用主持人制比赛形式，主持人从大赛开始贯穿到大赛结束，主持人既是司仪、广播员又是宣传员，整个大赛都在主持人的指挥和控制之下进行。

赛场音乐制作台应该放置在播音员与主持人相互涉及范围之内，至少配备两名音乐播放人员。

全部比赛舞种伴奏音乐的 CD 光盘，另外赛会需要备有入场式伴奏音乐、国歌音乐、颁奖音乐和赛间休息音乐的 CD 光盘等。

思考题

(1)竞技体操比赛场地规格是怎样的？

(2)男女竞技体操比赛项目分别是哪几项，各项目的器械要求有哪些？

(3)体操教学中使用器械安全要求有哪些？

(4)竞技健美操比赛场地规格要求以及健身健美操各类器械要求有哪些？

(5)艺术体操比赛中绳、圈、球、棒、带的器械规格要求有哪些？

第七章　武术类项目场馆与设施

教学目标

　　(1)知识:能基本掌握武术大类项目的场馆规格和相关项目的器材设施规格的知识点和相关数据,把握该类比赛场馆的基本结构,比赛标准器材规格及服饰要求。

　　(2)能力:运用武术类场馆及器材规格的基本知识,学会比赛场馆的布置及器材设施的安全使用方法,学以致用。

　　(3)素质:客观正确应用场馆与设施知识,应用于实践,锤炼坚强意志品质,培养内外兼修素养,弘扬民族传统体育文化精神。

教学内容

　　本章主要教学内容为武术(其中包括武术套路、武术散打、太极推手和武术短兵项目)、空手道、跆拳道、拳击、击剑和摔跤等项目的场馆和器材设施规格。

第一节　武术项目场馆与设施

一、武术套路项目场馆与设施

(一) 比赛场馆规格

　　依据国家体育总局武术管理中心 2020 年发布的《武术赛事活动指南》。

　　(1)比赛场馆:内场无障碍空间不小于长 50m、宽 30m、高 12m 的体育馆,看台座席位置 3 000 以上;配备音视频功放系统一套和至少双基色 LED 大屏幕一面;具备必要的竞赛功能用房及相关设施,如贵宾室、仲裁休息室、裁判员休息室、竞赛工作室、医务室、兴奋剂检查室、会议室、运动员休息室(男、女运动员更衣室)、新闻发布厅等。

　　(2)训练(热身)场馆:内场无障碍空间不小于长 30m、宽 22m、高 8m 或长 42m、宽 16m、高 8m;配备两台连接比赛现场视频信号的 LED 平板电视及必要的功能设施。训练(热身)场馆与比赛场馆的距离超过 100m 的,须有交通工具进行摆渡。

(二) 比赛场地规格

　　依据国际武术联合会 2019 年印发的《IWUF Event Operation Manual》、国际武术联合会 2019 年审定的《武术套路竞赛规则与裁判法(节选)》和国家体育总局武术管理中心

2020 年印发的《武术赛事活动指南》,武术套路比赛应在国际武联批准的、由高密度弹性弹簧层和优质地毯层组成的武术套路比赛垫上进行。

(1)个人项目和对练项目的场地:长 14m、宽 8m 的武术套路专用地毯,四周内沿应标明 5cm 宽白色边线,场地的长和宽均由边缘的外沿开始计算,在场地的两长边中间各做一条长 30cm、宽 50cm 的中线标记,周围至少有 2m 宽的安全区(见图 7-1)。

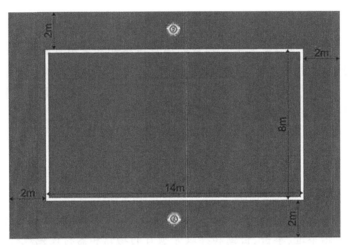

图 7-1 武术套路个人项目和对练项目比赛场地规格

武术套路比赛垫子规格如图 7-2 和图 7-3 所示。

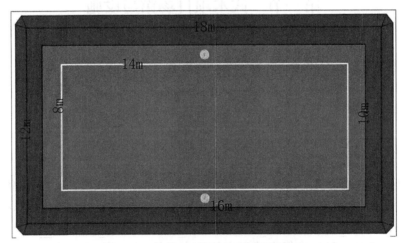

图 7-2 武术套路比赛垫规格(俯视图)

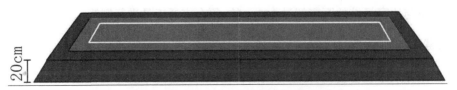

图 7-3 武术套路比赛垫规格(斜侧视图)

（2）集体项目的场地：长16m，宽14m，四周内沿应标明5cm宽的白色边线，场地的长和宽均由边缘的外沿开始计算，其周围至少有1m宽的安全区（见图7-4）。

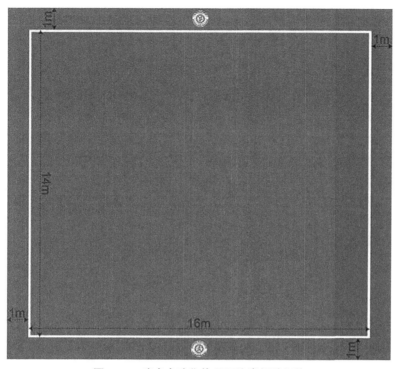

图7-4　武术套路集体项目比赛场地规格

（3）竞赛场地应有明显的场地编号标志，应设置仲裁录像和电子示分屏的位置，周围一圈设置有高度为70～75cm的A型围挡，场地一侧设置裁判席（按要求搭建），总裁判席后架设主背景板。

（4）竞赛场地的地面空间高度不少于12m，周围所有设置均应保持与场地边线2m以上距离，若设置两块场地，两场地之间的距离应不少于4m，比赛场地可高出地面0.6～1m，场地光照度不低于1 500lx（符合电视转播要求）。

（5）每个场地均应配有满足比赛所需要的电子评分系统1套、高清数码摄像机2～3台（含三脚架）、仲裁用电视机（或电脑）1台、配套音响、集群电话（对讲机）等设备。

（6）一块竞赛场地时，裁判台分前后两排布局，两排前后相距120cm至150cm，后排高出前排40cm；两块（多块）竞赛场地时，仲裁组将列座于两块（多块）竞赛场地之间。

（7）临场裁判员座位，前排为评分裁判员和套路检查员座位，裁判员之间间隔50cm。J1、J5、J9为A组评分裁判员座位，J2、J4、J6、J8、J10为B组评分裁判员座位，J3、J7、J11为C组评分裁判员座位，R1为套路检查员座位。HJ为裁判长座位，T&S为电子计分系统人员座位。CR为总裁判长座位，ACR为副总裁判长座位。进行对练、集体项目、自选项目和规定项目的比赛时，评分裁判员由8人组成，根据需要设套路检查员1人，J1、J3、J5、J7、J9为B组评分裁判员座位，J2、J4、J6为A组评分裁判员座位，J8为套路检查员座位。无电子计分系统时，裁判长座位两侧分别为计时员和计分员座位（见图7-5）。

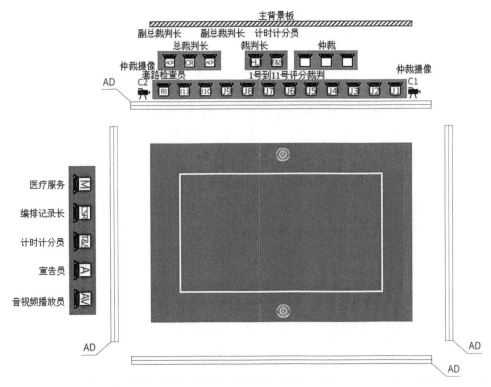

图 7-5　武术套路竞赛场地布局

(三)比赛器材规格

依据国际武术联合会 2019 年审定的《武术套路竞赛规则与裁判法(节选)》及《武术套路竞赛规则与裁判法(节选)附加规则(试行)》,比赛使用国际武术联合会认证的比赛器械(传统武术套路竞赛可使用本项目武术器械或由规程规定的器械):

(1)刀、剑:左手持剑或抱刀,剑尖或刀尖不低于运动员本人耳上端,刀彩自然下垂的长度不短于 30cm。

(2)南刀:左手抱刀,刀尖不低于运动员本人下颌骨。

(3)棍、南棍:长度不短于运动员本人身高。

(4)枪:长度不短于运动员本人并步直立直臂上举时从脚底至中指尖的长度,枪缨长度不短于 20cm 且不得太稀疏。

(5)扇:扇长,扇长度约为运动员左手持扇根部,扇首朝上,扇首不低于运动员本人肘部;扇沿,扇面上端的弧形边沿不能高过扇骨顶端 1.5cm。

二、武术散打项目场馆与设施

武术散打项目场馆与设施主要依据 2017 年国际武术联合会印发的《武术散打竞赛规则与裁判法》、国际武术联合会 2019 年印发的《IWUF Event Operation Manual》、2020年国家体育总局武术管理中心印发的《武术赛事活动指南》和 2021 年国家体育总局武术管理中心、中国武术协会印发的《武术散打项目办赛指南(试行)》。

（一）比赛场馆规格

（1）比赛场馆：内场空间需要至少长 30m、宽 28m，且地面垂直无障碍空间不少于 10m，看台座席位置 3 000 个以上；配备音视频功放系统一套和至少双基色 LED 大屏幕一面；具备必要的竞赛功能用房及相关设施。

（2）训练（热身）场馆：内场空间需要至少 24m 长、24m 宽，且地面垂直无障碍空间不少于 8m，应根据比赛规模配置 1～2 处面积不少于 8m×8m、厚度 3～5cm 软硬适度的软垫作为训练热身活动场地（软垫周围 2m 内无棱角突出的硬物），并配备两台连接比赛现场视频信号的 LED 平板电视及必要的功能设施。

（二）比赛场地规格

武术散打竞赛场地分为武术散打竞赛标准擂台或带围绳的擂台。

（1）武术散打竞赛标准擂台：高 0.8m、长 8m、宽 8m，台面铺有厚度为 5cm 软硬适度的软垫，软垫上铺有防滑盖单，台中心画有直径 1.2m 的中国武术协会的会徽。台面边缘有 5cm 宽的红色边线，台面四边向内 0.9m 处画有 0.1m 宽的黄色警戒线。台下四周铺有高 0.3m、宽 2m 的保护软垫。擂台应结实牢靠，平整安全。竞赛场地两侧应设比赛双方运动员和教练员中场休息席，在场地一侧设置医务监督席（擂台平面示意图）。

武术散打标准擂台场地规格见图 7-6 和图 7-7。

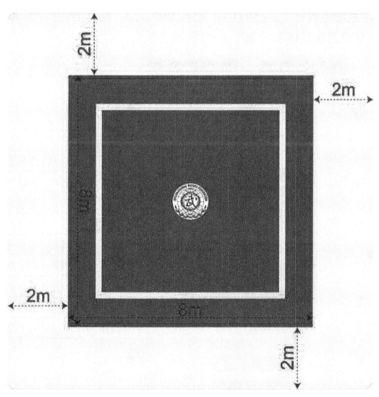

图 7-6 武术散打场地规格（俯视图）

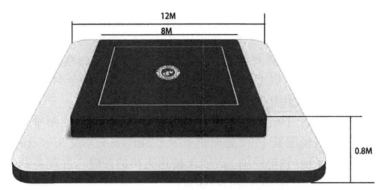

图 7-7　武术散打场地规格(斜侧视图)

(2)武术散打职业比赛围绳擂台:擂台面积(含围绳)为 6m×6m 至 7m×7m,围绳外台面延伸出 40~90cm;台面距离地面的高度不超过 1.2m。台面铺有厚度不小于 5cm 的软垫,软垫上覆盖防滑盖单。擂台四周须有 5 根直径为 3~5cm 的围绳固定在四角的立柱上,且有柔软材料包裹。整个擂台应结实牢靠、平整安全。

(3)竞赛场地的地面空间高度不少于 10m,周围所有设置均应保持与场地边线 2m 以上距离。若设置两个擂台,其间的距离应不少于 8m,场地光照度不低于 1500lx(符合电视转播要求)。

(4)根据赛事需求配有满足比赛所需要的电子评分系统 1 套、高清数码摄像机 2 台(含三脚架)、仲裁用电视机(或电脑)1 台、配套音响、耳麦、集群电话(对讲机)等设备。

武术散打竞赛场地整体布局如图 7-8 所示。

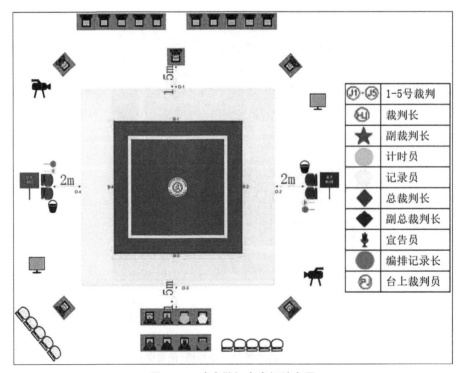

图 7-8　武术散打竞赛场地布局

（三）比赛器材规格

1. 色别牌

色别牌是边裁判员判定运动员比赛胜负所出示的标志。圆牌直径 20cm，把长 20cm，共计 18 块，其中红色、蓝色、红蓝各半色牌各 6 块(见图 7-9)。

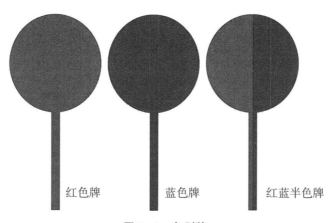

红色牌　　　　　蓝色牌　　　　　红蓝半色牌

图 7-9　色别牌

2. 劝告牌

长 15cm、宽 5cm 的黄色板 12 块，板上写"劝告"字样。

3. 警告牌

长 15cm、宽 5cm 的红色板 6 块，板上写"警告"字样。

4. 强制读秒牌

长 15cm、宽 5cm 的蓝色板 6 块，板上写"强读"字样。

5. 申诉牌

长 15cm、宽 5cm 的橙色板 6 块，板上写"申诉"字样。

四种牌子样式如图 7-10 所示。

图 7-10　劝告、警告、强制读秒、申诉牌

6. 放牌架

长 60cm、高 15cm、红色和蓝色架子各 1 个(见图 7 - 11)。2 个哨子(单、双音各 1 个),3 个扩音喇叭,1 副铜锣、锣锤、锣架。

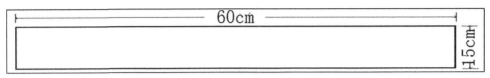

图 7 - 11　放牌架

7. 弃权牌

圆牌直径 40cm,把长 40cm,黄色 2 个。在圆牌正反面分别用红蓝色写"弃权"字样(见图 7 - 12)。

8. 申诉牌(Appeal Paddle)

圆牌直径 40cm,把长 40cm,橙色 2 个。在圆牌正反面分别用红蓝色写"申诉"字样(见图 7 - 13)。

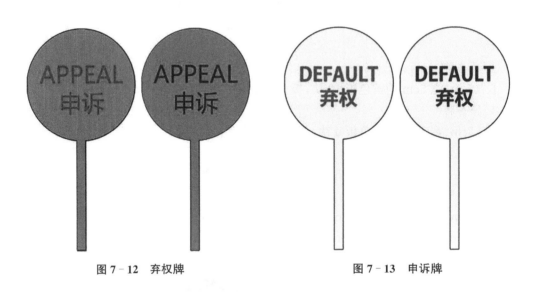

图 7 - 12　弃权牌　　　　　　　　**图 7 - 13　申诉牌**

9. 其他器材

2 块秒表(1 块备用);15～20 块计数器;2 台公制计量器;1 套电子计分系统;1 个无线麦克风(场上裁判别在胸前用);2 台称量体重的电子秤。

(四) 比赛服装护具

(1)运动员必须穿中国武术协会认定的武术散打比赛服装及护具。

(2)国际武联认定的武术散打比赛服装包括:男子短裤和背心,女子短裤和背心,且男子短裤和背心或女子短裤和背心须为同一颜色(红色或蓝色)。比赛时,运动员须自备红色和蓝色的比赛服装各一套。

（3）比赛护具分红、蓝两种颜色，包括拳套、护头、护胸；运动员须自备护齿、护裆和缠手带。护裆必须穿在短裤内，缠手带的长度为 3.5～4.5m。

（4）少年、青年运动员的拳套重量为 230g；成年女子和男子 65 公斤级及以下级别运动员的拳套重量为 230g，男子 70 公斤级及以上级别的拳套重量为 280g。

（5）武术散打业余比赛和专业比赛运动员必须穿戴护头、护齿、护胸、拳套、缠手带、护裆，青少年比赛还必须穿戴护脚背。职业比赛至少应穿戴护齿、拳套、缠手带、护裆，根据需要穿戴护脚背，必要时穿戴护头和护胸。

（6）信仰伊斯兰教的女子运动员可穿着伊斯兰服装，但须同时满足以下标准：长袖上衣（不能太紧）、长裤（不能太紧）、头巾（须与比赛服装同一颜色，并穿戴在护头里面）。以上规定的服装须由非光滑的软性材质制成（如氨纶、聚酯、尼龙、超细纤维组合等）。长袖和长裤须为同一颜色（红色或蓝色）。

三、太极推手项目场地与设施

根据中国武术协会 2018 年印发的《武术太极拳推手竞赛规则（2018 试行版）》，武术太极拳推手竞赛标准擂台，整块毯面边长 12m，蓝色毯面边长 9m，外圈直径 4m，内圈直径 3m，中心圈直径 60cm，擂台底座高 20cm，整体台高 60cm，毯面坡度 25°（见图 7‑14）。

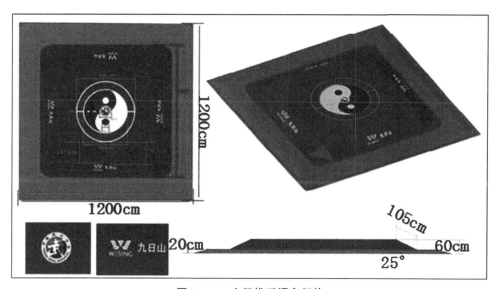

图 7‑14 太极推手擂台规格

四、武术短兵项目场地与设施

（一）比赛场地规格

场地规格依据中国武术协会 2021 年印发的《武术兵道（短兵）竞赛规则（试行）》。

（1）武术短兵比赛场地规格：比赛场地是铺有经中国武术协会认可的 11m×11m 垫子/地毯/地板，中间边长为 9m（由场地外缘量起）的正方形场地为运动员比赛场地，四周

1m为安全区。场地四周应至少保持2m净空的安全区域。采用赛台时,每边的安全区应再增设1m。

(2)武术短兵场地布局:①将距离比赛场地中心垫子1m、竖直靠近主席台方向的两块垫子翻转成为区别比赛场地的颜色,作为两位运动员起始位置的标识垫子。当比赛开始、等待判罚和结束时,双方运动员应面对面站在各自的起始垫子前沿正中的位置。②将距离比赛场地中心垫子1m、横平靠近运动员候场席方向的三块垫子翻转成为区别比赛场地的颜色,作为主裁位置的标识垫子。主裁应面向两位运动员,站在三块标识垫子中间。③边裁应呈三角形分坐在场地外的安全区内。④监场裁判应坐在安全区外、2号边裁的左方或右方,并配备哨子。⑤教练员应坐在各自运动员一侧的安全区外。当比赛在台式场地上进行时,教练员应坐在台外(下)。⑥1m的安全区必须与场地比赛区主颜色不同,以保持醒目的提示注意。具体布局设置如图7-15所示。

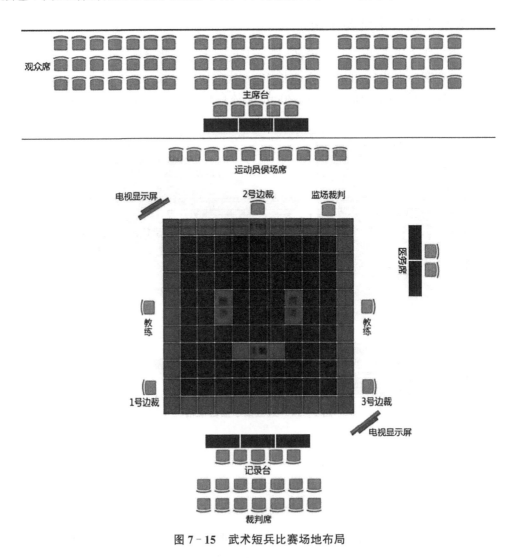

图7-15 武术短兵比赛场地布局

（二）比赛器材规格

运动员必须使用大会指定品牌的短兵进行比赛。

短兵规格:短兵总长 85～95cm,兵身直径为 2.9～3.9cm,护手盘的厚度为 1.2～1.5cm,把手 15～18cm,短兵兵尖为 2.9～3.9cm 的缓冲软垫,剑首(把手末端)为 1.9～2.9cm 的缓冲软垫,重心零点在护手盘距离兵身 8～10cm 处(见图 7-16)。

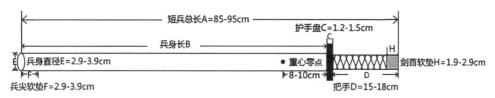

图 7-16　武术短兵规格

短兵的重量根据男女不同级别区分对待,误差值±10g,不同年龄及级别的器械重量标准见表 7-1。

表 7-1　武术短兵器械重量标准表

成年男子		青年男子		少年男子	
体重级别	兵器重量	体重级别	兵器重量	体重级别	兵器重量
60kg级及以下	400g	52级及以下	350g	42kg级及以下	300g
65kg～75kg级	450g	56kg～65kg级	400g	45kg～52kg级	350g
80kg级及以上	500g	70kg级及以上	450g	56kg级及以上	400g
成年女子		青年女子		少年女子	
体重级别	兵器重量	体重级别	兵器重量	体重级别	兵器重量
52kg级及以下	300g	47kg级及以下	250g	42kg级及以下	200g
56kg～65kg级	350g	50kg～58kg级	300g	45kg～52kg级	250g
70kg级及以上	400g	63kg级及以上	350g	56kg级及以上	300g

第二节　空手道项目场馆与设施

空手道项目场馆与设施部分主要依据中国空手道协会 2019 年印发的《中国空手道协会全国赛事活动指南》,中国空手道协会审定、世界空手道联盟(WKF)2020 年印发的《空手道竞赛规则》。

一、比赛场馆规格

（一）比赛场馆与设施

比赛场馆的内场无障碍空间不小于长 50m、宽 30m、高 12m 的体育馆，看台座席一般不低于 1 000 个；主席台座席要 30 个以上，记者座席要 20 个以上。配备音视频功放系统一套和至少双基色 LED 大屏幕一面；场地光照度不低于 1 500lx（符合电视转播要求）。

具备必要的竞赛功能用房及相关设施。根据比赛规模及实际情况可酌情配备工作室，包括运动员休息室；贵宾休息室；仲裁、官员休息室；裁判员休息室；志愿者休息室；竞赛办公室；成绩统计室；计时记分室；网络机房；兴奋剂检测室；记者工作室；新闻发布厅；颁奖室；会议室；安保室；称重室；恢复室等。

竞赛场地应有明显的场地编号标志，应设置仲裁录像和电子示分屏的位置，周围一圈设置有高度为 70～75cm 的 A 型围挡，场地一侧设置裁判席（按要求搭建），总裁判席后架设主背景板。

（二）训练（热身）场馆与设施

训练（热身）场馆需要紧靠比赛场地，训练热身区域面积：能铺设最少 2 块训练垫子（每块 10m²），还需增加运动员休息室及放松区域大于 100m²，配备两台连接比赛现场视频信号的 LED 平板电视及必要的功能设施。训练（热身）场馆与比赛场馆的距离超过100m 的，须有交通工具进行摆渡。

二、比赛场地规格

空手道场地分为组手比赛场地和型比赛场地。

（一）组手比赛场地

（1）比赛场地是铺有经 WKF 认可的垫子，边长为 8m（由场地外缘量起）的正方形场地，四周需增设有 1m 的安全区。场地四周应有 2m 净空的安全区域。采用赛台时，每边的安全区应再增设 1m（见图 7 - 17）。

（2）将距离比赛场地中心点 1m 处的两块垫子翻转，以红色一面向上，作为两位选手位置的标识。当比赛开始或再次进行时，双方选手应面对面站在各自的红色垫子前沿正中的位置。

（3）主裁应面向两位选手，站在距离安全区 2m 的两块垫子中间。

（4）边裁应分坐在场地四个角落的安全区内。主裁可以在整个场地内移动，包括边裁所在的安全区部分。每位边裁都将手执红、蓝旗各一只。

（5）赛事监督应坐在安全区外、主裁的左后方或右后方，并配备有红色旗子或信号标识与哨子。

（6）记分监督员应坐在官方记分台后，在记分员与计时员之间。

（7）教练员应坐在各自选手方面对官方记分台一边的安全区外。当比赛在台式场地上进行时，教练员应坐在台外（下）。

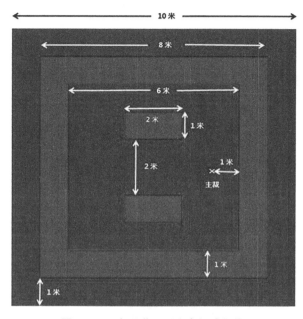

图 7‑17 空手道组手比赛场地规格

（8）1.0m 的边界区必须与场地其他垫子区域颜色不同。

（9）比赛场地安全区外围 1.0m 内不得有广告招牌、广告墙及广告柱等。铺设场地所使用的垫子与地板接触面需是防滑的，同时垫子表面的摩擦系数要低。主裁必须确认垫子在比赛进行时不会分散，因为垫子之间的间隙可能会构成危险并造成伤害。铺设场地的垫子必须是 WKF 认可的。

具体空手道组手比赛场地布局见图 7‑18。

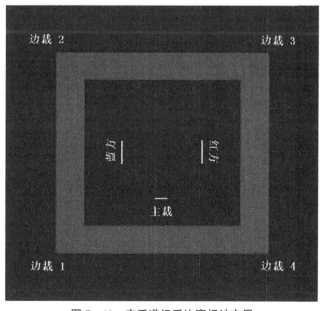

图 7‑18 空手道组手比赛场地布局

(二)型比赛场地

(1)比赛场地是铺有经 WKF 认可的垫子,边长为 8m(由场地外缘量起)的正方形场地,四周需增设有 1m 的安全区。场地四周应有 2m 净空的安全区域。采用赛台时,每边的安全区应再增设 1m。

(2)除 8m×8m 场地外缘一圈的垫子必须是不同颜色外,其他部分必须为同一颜色。

(3)边裁和软件技术员应面对选手,并排坐在场地垫子边的一张桌子前。软件技术员应坐在桌子最远端,主裁(一号边裁)坐在他身旁。

(4)比赛场地安全区外围 1m 内不得有广告招牌、广告墙及广告柱等。铺设场地所使用的垫子与地板接触面须是防滑的,同时垫子表面的摩擦系数要低。主裁必须确认垫子在比赛进行时不会分散,因为垫子之间的间隙可能会构成危险并造成伤害。铺设场地的垫子必须是 WKF 认可的。

空手道型比赛场地布局见图 7-19。

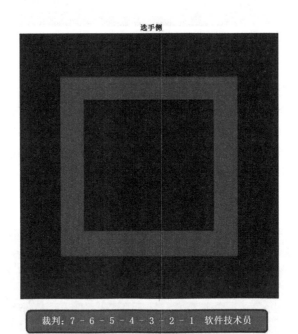

图 7-19 空手道型比赛场地布局

三、运动员护具服装要求

(1)选手必须穿着除 WKF 理事会许可内容以外,纯白无条纹、无绲边、无个人刺绣(绣的名字)的空手道道服。国家标识或该国国旗标识应佩戴在道服左胸,其大小不得超过 12×8cm,只有道服制造厂商可以将其商标置于空手道道服上。此外,由赛事组委会所提供的身份识别标识应佩戴于背部。选手必须一方系红色腰带,另一方系蓝色腰带。腰带宽度必须在 5cm 左右,且在打结后腰带两端应留有不少于 15cm 的长度且不超过大腿长度的四分之三。腰带必须是素色的红色和蓝色,上面除制造厂商的商标外,不允许有任何个人刺绣(绣的名字和国家、团体名)、广告或记号。

(2)尽管有上述规定,但理事会有权指定经过批准的赞助单位展示其特定的标识或商标。

(3)道服在系紧腰带后,其下摆长度至少须遮盖臀部,但不得超过大腿长度的四分之三。女性选手可以在道服里穿纯白色的 T 恤。道服上的系带必须系紧,不允许穿着没有系带的道服。

(4)道服的袖长不得长过手腕,且不可以短于小臂的一半。袖子不得卷起。组手比赛中,道服上衣的系带在回合开始时必须系紧,但是如果系带在比赛过程中断落,选手不必更换道服上衣。

(5)道裤至少须覆盖小腿三分之二且长度不得超过踝骨关节,裤腿不得卷起。

(6)选手头发须保持干净且其长度不至于妨碍比赛顺利进行。禁止系头带。假如主裁认为选手的头发太长或不干净,则可取消该选手出赛的资格。禁止使用压发、金属发夹。运动员头发上不允许扎彩色丝带、珠串或其他装饰物。允许在单条马尾辫上使用一个或两个不明显的橡皮筋。

(7)选手可以佩戴宗教规定所需佩戴的头饰(套),但必须是受 WKF 认证的款式:一条纯黑色布制头巾来包住头发,但不允许遮挡住喉部。

(8)组手比赛中,选手的指甲必须修短且不得佩戴任何金属饰品或可能伤害对手的物品。只有在获得主裁及大会医生的许可后,才可使用金属齿列矫正器。选手必须自己承担因此而产生的任何伤害。

(9)组手比赛中,下列护具是必备的:①经 WKF 认可的拳套,一方戴红色,一方戴蓝色。②必须使用大小合适的牙套(护齿)。③WKF 认可的躯干护具(所有选手),女性还必须佩戴护胸。④经 WKF 认可的护胫,一方戴红色,一方戴蓝色;⑤经 WKF 认可的护足,一方戴红色,一方戴蓝色。⑥不强制要求佩戴护裆,但如果佩戴必须是受 WKF 认证的款式。⑦所有的护具都必须经过 WKF 认证。⑧选手仅系一条腰带,红方(AKA)系红带,蓝方(AO)系蓝带。比赛时不系表示选手级位、段位的色带。

(10)禁止戴眼镜,可戴软性隐形眼镜,但选手必须自行负责。

(11)禁止穿戴未经认可的服饰、服装或护具。

(12)赛事监督有责任在每一场比赛前检查选手是否穿戴受 WKF 认证的装备(在洲际、国际、国内的比赛中,必须接受 WKF 认证的装备,不可拒绝)。

(13)如因受伤而需要使用绷带、护垫或辅助性护具,必须由大会医生建议,并取得主裁的许可。

(14)若选手出场比赛时穿着不当,他不会被立即取消参赛资格,而会被给予一分钟的时间进行补救。

第三节　跆拳道项目场馆与设施

跆拳道项目场馆与设施部分主要依据中国跆拳道协会 2021 年印发的《中国跆拳道协会全国赛事活动办赛指南》,世界跆拳道联合会 2022 年修订的《WT Competition Rules &

Interpretation》以及 2019 年修订的《WT Poomsae Competition Rules & Interpretation》。

一、比赛场馆规格

（一）比赛场馆

比赛场馆的内场无障碍空间不小于长 50m、宽 30m、高 12m 以上的体育馆,看台座席一般应不低于 1 000 个;主席台座席要容纳 16 个以上,场馆应具备记者席和混合采访区域。配备现场音频广播系统和 LED 大屏幕(全彩不低于 P5 清晰度)。场地光照度不低于 1 500lx,不超过 2 000lx(符合电视转播要求,为保障录像审议(IVR)系统正常工作须为顶射光源)。

具备必要的竞赛功能用房及相关设施。根据比赛规模及实际情况酌情配备工作室,如运动员休息室;贵宾休息室;仲裁、技术代表休息室;技术官员休息室;志愿者工作室;竞赛办公室;成绩处理及计时计分办公室;信息技术办公室;兴奋剂检测室;新闻媒体工作室;新闻发布厅;颁奖礼仪准备室;会议室;安保备勤室;称重室等。竞赛场地应有明显的场地编号标志,应设置场地视频实况和赛程信息显示设备。

（二）训练（热身）场馆

训练(热身)场馆的内场无障碍空间不小于长 30m、宽 22m、高 3m 以上;训练(热身)场地须单独设置。训练(热身)场地必须配备至少两台可显示比赛现场视频及赛程检录信息的平板显示器(50 英寸以上)及必要的功能设施。训练(热身)场馆与比赛场馆的距离超过 150m 的,须有交通工具进行摆渡。

二、比赛场地规格

（一）竞技项目场地规格

1. 场地规格

比赛场地应平整,无任何阻碍性突出物,并覆盖有弹性且不滑的垫子。如有必要,比赛区也可安装在距地面 0.6~1m 高的平台上。为了参赛者的安全,外线外侧的倾斜度应小于 30°。以下形状之一可用于竞赛项目。

1)方形

比赛区由比赛区和安全区组成。方形比赛场地为 8m×8m,包括 60cm 边界线。围绕比赛区,四面大致等距,应为安全区。竞赛区(包括竞赛区和安全区)的尺寸不得小于 10m×10m 且不大于 12m×12m。如果比赛区域在平台上,可以根据需要增加安全区域,以保证参赛者的安全。比赛区域和安全区域的颜色不同。

2)八角形

比赛区由比赛区和安全区组成。比赛场地为方形,尺寸不小于 10m×10m,不大于 12m×12m。比赛区域的中心应为八角形的比赛区域。比赛区域的直径约为 8m,八角形的每一边的长度约为 3.3m。赛区外线与赛区界线之间为安全区。比赛区域和安全区域的颜色不同(见图 7 - 20)。

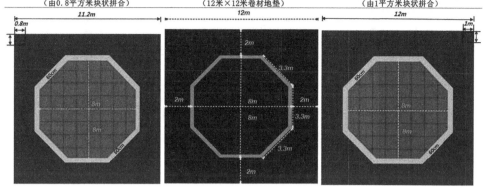

图 7‑20 　竞技跆拳道比赛专用八角形地垫规格

2. 场地布局

(1)竞赛场地最外边的线称为外线,与记录台相邻的前外线称为外线♯1(O−1),从外线♯1顺时针方向,其他线称为外线♯2、♯3 和♯4。与外线♯1 相邻的边界线称为边线♯1,从边线♯1 顺时针方向,其他线称为边线♯2、♯3 和♯4。如果是八角形竞赛区域,与外线♯1 相邻的边界线称为边线♯1,从边线♯1 顺时针方向,其他线称为边线♯2、♯3、♯4,♯5、♯6、♯7 和♯8,两种不同边裁数量的场地布局如图 7‑21 和图 7‑22所示。

(2)比赛开始和结束时裁判员和参赛者的位置:参赛者的位置应在两个相对的点,距离赛区中心点 1m,平行于外线♯1。裁判员应设在距离赛区中心至外线♯3 的 1.5m 处。

(3)裁判员的位置:1 号裁判员的位置应位于距离 2 号边线拐角至少 2m 处。2 号裁判员的位置应位于从 5 号边线中心向外至少 2m 处。3 号裁判的位置应位于距离第 8 号边线拐角至少 2m 处。如果由两名裁判确定,1 号裁判的位置应位于距垫子左侧♯1 外线至少 3m 处,并且 2 号裁判应位于距离右侧外线♯3 至少 3m 的位置。裁判的位置可能会改变,以方便媒体、广播和/或体育展示。

(4)记录员和录像审议委员(IVR)的位置:应位于距离外线♯1 的 2m 处。记录员的位置可能会改变,以适应场地环境和媒体广播和/或体育节目的要求。

(5)教练员的位置:教练员的位置应标在距离每名参赛者一侧外线中心点至少 2m 或以上的点。教练的位置可能会改变,以适应场地环境和媒体广播和/或体育节目的要求。

(6)检查台位置应靠近赛区入口处,用于检查选手的护具。检查员检查参赛者所有护具是否经 WT 批准并适合参赛者。如发现不合适,请参赛者更换防护装备。

(7)若设置两块以上场地,两场地之间的距离应不少于 4m(若采用并行排布多块场地方案,可忽略此条件)。

(8)应备有满足竞赛运行所需跆拳道护头、护胸等护具,包含电子护具或普通护具,以及用于称量体重的电子秤至少 3 台(运动员训练场地 2 台,各代表队驻地应放置至少 1 台),并在赛会运动员报到前统一校准。无论是否采用电子护具系统,每个场地至少需配备 3 台大屏幕显示设备,并且可以满足录像审议(IVR)系统及场上部分情况可实时向场内观众展示。配套音响、对讲机等设备若干。如有条件可开放赛事视频信息的实时直播。

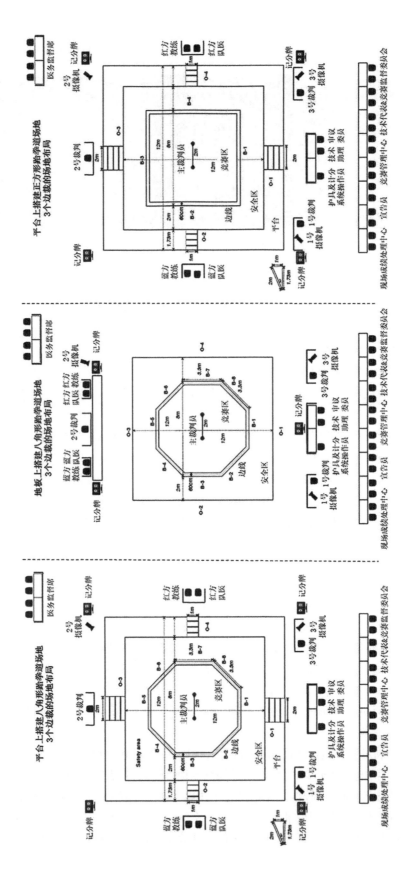

图7-21 竞技跆拳道比赛场地布局（3个边裁）

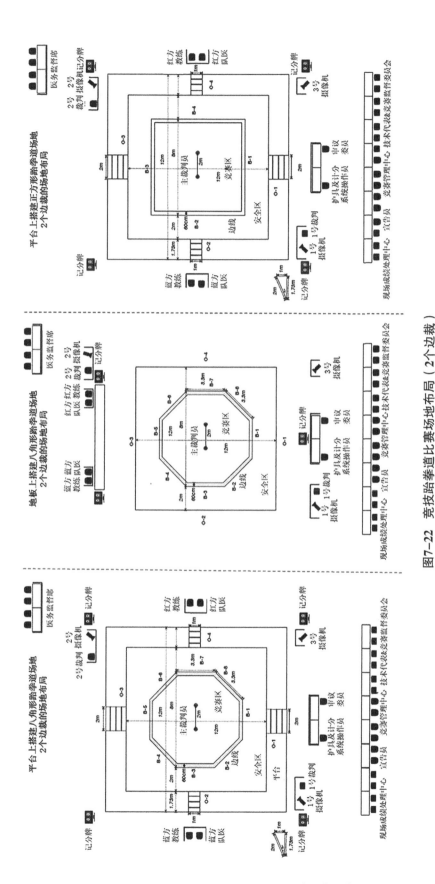

图7-22 竞技跆拳道比赛场地布局（2个边裁）

（二）品势项目场地规格

1.场地规格

对于由 WT 推广的跆拳道品势锦标赛的组织，场地必须能够容纳至少 2 000 人的座位。场馆的大小应至少为 30m×50m，场地高度应至少 10m。照明应为最低 1 500lx 至最高 1 800lx，并应从比赛场地顶部直接照射到比赛区域。所有安排应在锦标赛开始前至少两天完成，并须经技术代表批准。

品势比赛场地为 10m×10m（团体赛为 12m×12m）的比赛场地，场地平整，无任何障碍物。比赛场地应铺有弹性垫或木地板，必要时可安装在距底座 0.5～0.6m 高的平台上。为了参赛者的安全，界线外侧的倾斜度应小于 30°。在使用平台的情况下，考虑到评委的位置，平台必须比比赛区域更宽。

2.场地布局

(1)10m×10m（团体赛为 12m×12m）区域称为比赛区。如为木质比赛场地，比赛场地的界线应以 5cm 宽的白线进行区分。

(2)裁判员位置：7 名裁判距离比赛区域 1m，相距 1m，4 名裁判员面向运动员，3 名面向运动员背部。与四名裁判相邻的边界线应视为边线♯1，顺时针依次为边线♯2、♯3 和♯4。裁判从边线♯1 的左侧顺时针排列。在五位裁判制的情况下，三名裁判面向运动员，另外两名面向运动员背部，或者五名裁判面向运动员（可选）（注：技术代表将根据赛区环境和锦标赛情况调整裁判员的位置和人数，并在锦标赛前说明）。

(3)主裁判员位置应位于 1 号裁判员旁边。

(4)运动员位置应位于赛区中心后方 2m 处，朝向边界线♯3。

(5)记录员位置应位于主裁判员右侧 3m 处。

(6)竞赛协调员位置应位于比赛区域外，距离♯2 角和♯2 边线 1m。

(7)运动员和教练员等待区，应位于赛外，距离♯2 和♯3 边线的拐角处 3m。

(8)检查台的位置：考虑到比赛场地的设施，检查台应设在♯3、4 边线拐角外的赛区入口处。

(9)其他要求。垫子：只能使用 WTF 认定的跆拳道专用垫子，垫子表面的配色不得阐释刺眼的反光，或影响参赛者或观众的视力。检查台应确认参赛运动员的道服和护具是否符合相关规定、是否合身，若不符合，运动员将被要求更换。

具体比赛场地如图 7 - 23 所示。

三、比赛服装护具要求

(1)运动员穿着和佩戴的道服和护具必须由世界跆拳道联合会指定或认可。

(2)运动员比赛时须佩戴：护具、头盔、护裆、护臂、护腿、护齿、手套、感应脚套（使用电子护具的情况）。其中护裆、护臂、护腿应穿戴在道服内；除了头盔，头部不得佩戴其他物品。与宗教信仰相关的物品，应提前获得许可并佩戴在头盔或道服内。护具的大小和运动员的级别相对应。同一级别的运动员穿戴相同尺寸的护具参加比赛。护齿：护齿的颜色只能是白色或透明。如果有医生诊断证明使用护齿会对运动员造成伤害，该名运动员可不戴护齿。

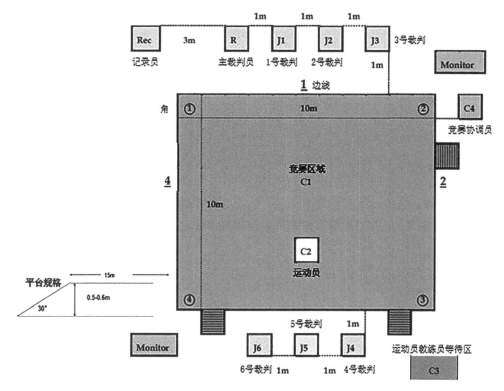

图 7‑23　品势跆拳道比赛场地布局

（3）跆拳道比赛道服、护具及其他装备的具体要求应分别指定。

（4）教练员在赛场执教时，必须穿着规范的运动服、运动鞋。严禁穿着与比赛不相适应的衣着入场执教。

（5）赛事组委会应根据所需比赛装备的数量，负责准备比赛所需装备。

第四节　拳击项目场馆与设施

拳击项目场馆与设施部分主要依据国际拳击联合会 2010 年印发的《IBA Event Operational Manual》和 2021 年修订的《IBA Technical & Competition Rules》。

一、比赛场馆与设施

国际拳击联合会赛事需要两个主要场地：比赛场地和训练场地。

根据比赛场地的基础设施，称重、药检、正式抽签和技术会议可能需要额外的场地。用于比赛的所有场地必须提前确定并在锦标赛期间得到保障。

根据主办城市协议（取决于锦标赛）中的规定，比赛场地必须满足有关观众座位数量以及地板和办公空间的特定标准。每个场地都有自己的规格和标识，因此对于每个锦标赛，必须设计一个详细的计划，包括流程、座位安排等。

对于 AIBA 批准的活动,需要以下最低场地规格:1 或 2 个拳击台(取决于锦标赛);会议室;办公空间;巨型屏幕;记分牌;VIPs 和裁判员休息室;运动员更衣室;配备 IT 设备的新闻室;兴奋剂检测室;AIBA 要求比赛场地距离提议的酒店最多 30 分钟车程。

(一)比赛场馆

场馆规格:根据参赛者的数量,应考虑在场馆内设置 1 或 2 个拳击台。两个拳击台的场馆,至少需要 800m²(40m×20m)的占地面积,而对于 1 个拳击台的场馆,最小占地面积是 400m²(20m×20m)。在设置两个拳击台的情况下,在 1/4 决赛和半决赛之间的休息日,将两个拳击台调整为 1 个拳击台,用于半决赛和决赛。看台座席位置 3 000 以上(因锦标赛而异);场地光照度应为 1 800lx(符合电视转播要求)。对于大多数比赛,会在场地内安装音响系统,用于开幕式和颁奖典礼等官方活动。

(二)训练场馆

组委会应根据与比赛场地和球队酒店的距离,根据位置确定训练场地。理想情况下,训练场地可以位于比赛场地内或团队代表团酒店附近。训练场地应该是现有的体育中心或拳击特定训练区域。

训练场地必须有足够的空间容纳至少 3 个拳击台,具体取决于锦标赛和参赛人数。训练场地必须具备以下设施:足够的跑步空间;拳击台;防震地板;拳击装备(头盔、拳击手套、沙袋、绷带、速度袋等);体重秤(校准);桑拿和按摩室;淋浴间和更衣室;厕所;训练区照明充足等。

训练场地必须有当地组委会(LOC)人员在场,主要目的是让 LOC 人员监督训练计划并控制任何时候使用训练场地的团队数量。这样做的理由是确保所有团队尊重他们分配的训练时间,并避免训练空间过度拥挤,为每个团队创造更好的条件。LOC 人员必须与场地管理人员一起工作。如有需要,LOC 人员将与场地管理人员协调,以满足 IBA 和/或团队的要求。当训练场地必须与其他运动项目共享时,LOC 必须安排拳击手与其他人完全分开。非拳击手不得在训练设施开放期间使用任何训练设施。

由于大多数球队在锦标赛期间的第一天(比赛开始前 2 天或 3 天)抵达,训练场地应从锦标赛期间的第一天开始就可以使用。但是,对于 IBA 认可的赛事,一些团队可能会选择提前 1 周到达以适应环境。由 LOC 决定要提前多长时间提供训练场地。

(三)竞赛功能用房及相关设施

具备必要的竞赛功能用房及相关设施。根据比赛规模及实际情况酌情配备工作室,如运动员休息区;运动员热身区;贵宾休息室;技术官员休息室;更衣室;医疗室;兴奋剂检测室;竞赛办公室;设备室;新闻中心;新闻媒体工作室;新闻发布厅;混合区等。需注意的是:

(1)运动员热身区的面积应约为 200m²,其中热身的房间/区域必须在 150m² 左右,以让拳击手在进入擂台前进行热身,该区域最好有隔板,在另一侧至少配备 4 张按摩床,每个按摩床配备 2 把椅子和 1 个垃圾桶。在热身区域内,至少应放置 2 台 32 英寸电视监视器(每个拳击台配置一台),以显示拳击台内的动态,以便拳击手及时为比赛做好准备。

在热身区域靠近场馆的一面还应包括一个带隔间放置储物柜和装备的公共区域。

（2）更衣室。每个拳击台应该有两个更衣室，一个在蓝方角落，一个在红方角落。每个更衣室都必须标记拳击手参赛的颜色和拳击台。每间更衣室的最小面积约为 $35m^2$。如果赛程存在男、女比赛，当地组委会(LOC)应安排单独的更衣室或按性别安排比赛。

（3）医疗室。最小面积为 $25m^2$，通常首席医疗官(CMO)会做出必要的安排和设备安装在医疗室中。医疗室应包括所有必要的医疗设备（即听诊器、温度计、医用手套等），必须在医疗室附近提供制冰机（或供应）。位置应尽可能靠近更衣室，并方便直接通向紧急车辆的外部入口。通往房间的门和走廊应该足够宽，以便担架和轮椅可以进入。房间应配备检查/治疗台、两个便携式担架（除拳击台旁的担架外）、带冷热水的洗脸盆、药品玻璃柜、可上锁的非玻璃柜和电话。房间应该有墙壁或隔板，以便在必要时将其分成 2 个。

（4）兴奋剂检测室包括等待区和检测区，两个房间都应该在 $30m^2$ 左右，两个房间彼此相邻，但有单独的通道。兴奋剂检测室必须靠近运动员更衣室，并且公众和媒体都无法进入。隐私和安全是基本要求，以确保兴奋剂检测过程不受任何干扰。

（5）混合区。在比赛场地外，必须设置一个混合区，拳击手和他们的助手在比赛结束后必须通过该混合区。混合区必须只有经过认证的媒体才能进入，并且必须与公共座位分开。混合区还必须易于从媒体工作区进入。

拳击场馆竞赛功能用房及相关设施的布局如图 7-24 所示。

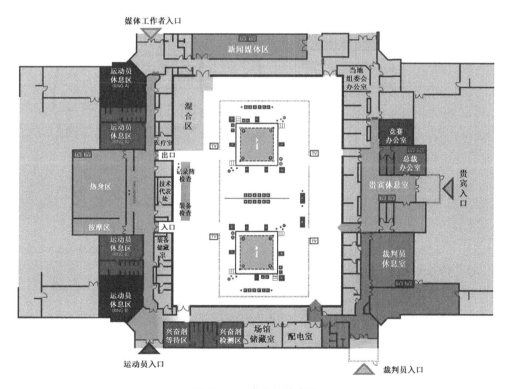

图 7-24　拳击场馆布局

二、比赛场地规格

（一）拳击台台面尺寸

所有国际拳击联合会（IBA）批准的比赛，拳击台长宽为 7.8m×7.8m，拳击台围绳内边长为 6.1m，拳击台外延与围绳的间距是 85cm。

（二）拳击台台面高度

所有国际拳击联合会（IBA）批准的比赛，拳击台距离地面的高度为 100cm。

拳击比赛场地规格及台面要求如图 7 - 25 所示。

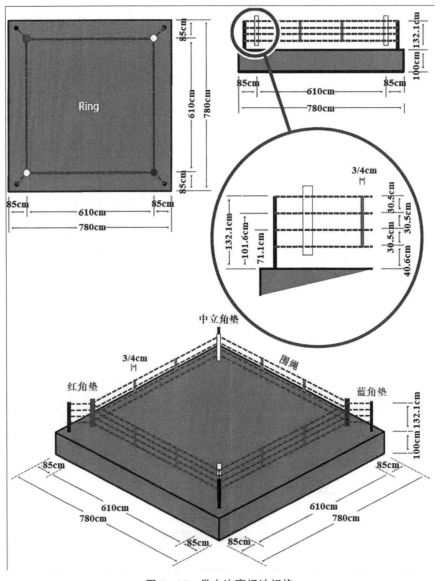

图 7 - 25　拳击比赛场地规格

三、比赛设施规格

(一) 拳击台面和角垫

拳击台必须平整并且没有任何阻碍性的突出物,台的四角设有 4 个角柱,角柱用角垫缠绕,以防止拳击手受伤。角垫颜色:面向技术代表,左近角为红色,右远角为蓝色,其他两个角为白色。

(二) 台面覆盖物

拳击台表面必须用毛毡、橡胶或其他经过批准的柔软且有弹性的材料覆盖,厚度不得小于 1.5cm 且不大于 2.0cm。垫子必须覆盖整个平台,并且必须由防滑材料制成。除非 IBA 另有批准,否则垫子必须是蓝色(pantone299)。

(三) 围绳

拳击台必须在角柱的每一侧设 4 条单独的绳索。绳索必须用厚填充物覆盖。绳索不包括覆盖物应有 4cm 厚。4 根绳索的高度必须距垫子 40.6cm、71.1cm、101.6cm 和 132.1cm。围绳的每一边用两条宽 3～4cm 的帆布带将其上下相连、拴牢,四边帆布带之间的距离应相等。帆布带要稳固,不能顺着围绳滑动。围绳要绷紧,以抵消运动员的冲撞力。如必要,裁判员或技术代表可随时调整围绳的松紧度。

(四) 台阶

拳击台设有 3 个台阶,红、蓝角各设一台阶,供参赛运动员及其助手使用;中立角设一台阶,供裁判员和临场医务监督人员使用。

(五) 拳击台辅助设施

所有国际拳击联合会(IBA)批准的比赛,辅助设施要求如下:

锣;两个用于吐痰的容器;供竞赛官员使用的桌椅若干。所有 IBA 比赛的裁判桌都必须标准化,长 70cm×宽 70cm×高 80cm,颜色选择与比赛品牌相匹配的纯色或者白色。一个符合 IBA 评分系统要求的电子秒表和一个手动秒表作为备用;一个 IBA 评分系统;一个麦克风连接到扬声器系统。根据 IBA 医疗规则的要求提供急救用品;一个不透明的小塑料袋,放在拳击台两个中性角的外面;每方放 3 把椅子,并有明确的区域边界;一个担架;用于清洁拳击台的拖把或毛巾。

四、比赛场地布局

分别为使用一个拳击台和两个拳击台的比赛场地布局如图 7 - 26 和图 7 - 27 所示。

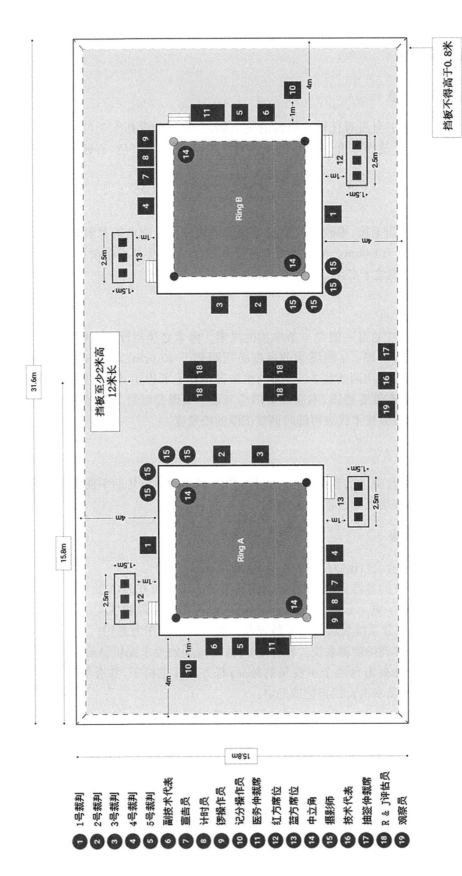

图7-26 两个拳击台的比赛场地布局

① 1号裁判
② 2号裁判
③ 3号裁判
④ 4号裁判
⑤ 5号裁判
⑥ 副技术代表
⑦ 宣告员
⑧ 计时员
⑨ 锣操作员
⑩ 记分操作员
⑪ 医务仲裁席
⑫ 红方席位
⑬ 蓝方席位
⑭ 中立角
⑮ 摄影师
⑯ 技术代表
⑰ 抽签仲裁席
⑱ R & J评估员
⑲ 观察员

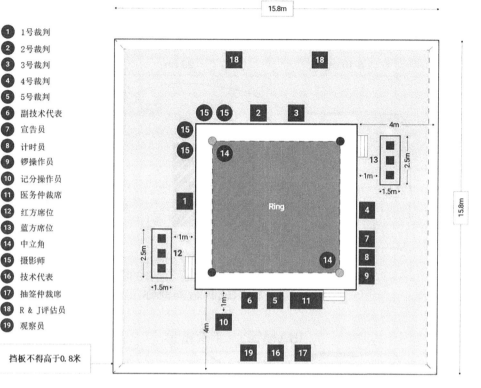

图 7‑27　一个拳击台的比赛场地布局

五、比赛装备规格

（一）拳击手套

参赛运动员应当根据各自角的颜色，戴红色或蓝色拳击手套，并在上擂台前戴上。在比赛结束后和宣布决定之前，必须脱下拳击手套。拳套的衬垫物不能错位或破损外露。所有拳套在再次使用之前必须使用 10% 次氯酸钠清洁。

在 IBA 公开拳击男子比赛中，轻量级（46～48kg）到次中量级（67kg）选手必须使用 10 盎司拳套，轻中量级（71kg）到超重量级（92＋kg）必须使用 12 盎司拳套。在 IBA 公开拳击女子比赛中，所有重量级别都必须使用 10 盎司拳套。拳套重量必须为 284g（约 10 盎司）和 340g（约 12 盎司），上下偏差为 5%，其中皮革部分的重量不得超过总重量的一半，衬垫部分不少于总重量的一半。

在所有国际拳击联合会批准的比赛中，运动员只允许戴尼龙搭扣型拳套。在拳套的手腕部分周围最多可使用一层外科胶带（必须是 5cm 宽）覆盖尼龙搭扣带，以避免对手割伤。拳套的皮革部分必须以优质材料制成，如牛皮、A 级皮革或具有同等质量且通过 IBA 批准的材料。拇指必须经由顶部固定在拳套主体上，最大间隙为 10mm。

在每只拳套前顶部，允许印竞赛标识或制造商商标，最多 $50cm^2$；在每只拳套的拇指位置，允许印官方制造商商标，最多 $24cm^2$；IBA 标志必须放在拳套的内部；禁止其他任何形式的广告,例如且不限于图形标志、设计标志、文字和制造商名称等。具体如图7 - 28所示。

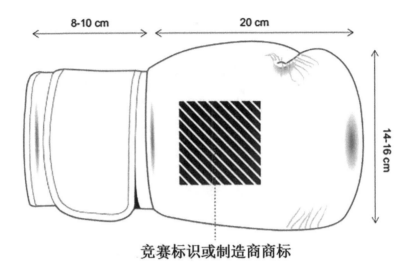

竞赛标识或制造商商标

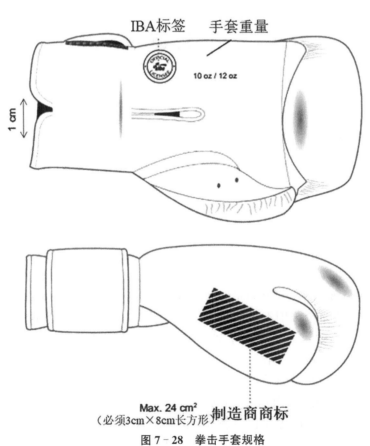

Max. 24 cm²
(必须3cm×8cm长方形)
制造商商标

图 7 - 28 拳击手套规格

(二) 头盔

在 IBA 公开成年男子比赛中,不允许佩戴头盔。在其他类型比赛中,如果运动员没有戴头盔并且头发长到领口以下,则必须戴上发网或其他物品来固定头发。在所有的国际拳击联合会公开赛中(除了成年男子赛),运动员必须根据各自拳击手角落佩戴红色或蓝色头盔。长发不应限制拳击手的视野,应适当扎起。头发长度没有限制。运动员只有在进入擂台后才必须戴上头盔。比赛结束后和宣布决定之前,必须立即取下头盔。可以保留发网或任何其他用来固定头发的物品。在再次使用前,必须使用 10% 次氯酸钠清洁所有头盔。

头盔的重量不得超过 450g(约 16 盎司)。在竞赛中,头盔应有 4 种强制性尺寸(S=小、M=中、L=大、XL=超大)。所有国际拳击联合会公开拳击赛只承认使用尼龙搭扣带的头盔。头盔的衬垫必须遵守至少 2~3cm 的厚度。头盔的皮革部分必须以优质材料制成,如牛皮、A 级皮革或具有同等质量且通过 IBA 批准的材料。

头盔的前面部分,允许印竞赛标识或制造商商标,最大为 $50cm^2$;头盔的背面部分,允许印官方制造商商标,最大为 $40cm^2$;IBA 标志必须放在头盔的内侧;禁止其他任何形式的广告,这些广告不限于图形标志、设计标志、文字和制造商名称等。头盔规格要求如图 7‐29 所示。

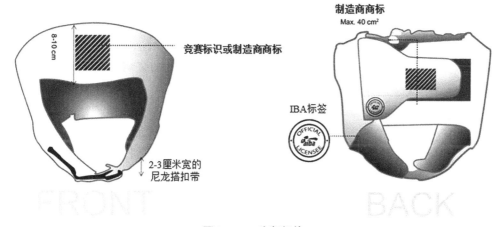

图 7‐29　头盔规格

(三) 绷带与专业绑带

每个运动员的绷带必须在检查台上进行检查和标记。绷带必须带有尼龙搭扣的柔软弹性棉质材料制成。绷带不得长于 4.5m(14.76 英尺),且不得短于 2.5m(8.2 英尺)。绷带的宽度必须为 5.7cm(2¼ 英寸)。

在国际成年男子竞赛中,例如但不限于奥运会、世界锦标赛、洲际锦标赛、洲际多项运动竞赛,或由国际拳击联合会决定的任何其他任何赛事,强制性使用专业手绑带,并由竞赛筹办单位提供手绑带以确保质量。为每位运动员提供专业护手材料如下:

（1）纱布绷带：2 卷 5cm×15m 纱布（每只手 1 卷纱布）来覆盖手，另外 2 卷 5cm×10m 纱布来覆盖指关节。

（2）外科胶带（氧化锌胶带）：2 卷 2.5cm×13m。1 卷 1.25cm×13m 用于手指之间。

运动员可根据喜好在手上缠绕绷带，只要他未使用外科胶带保护指关节。禁止在纱布或氧化锌胶带上使用任何物质。

Bandax Technology Handwraps 可用于任何 AOB 比赛。一对 Bandax Handwraps 只能用于最多 6 场正式比赛。

（四）拳击传感器

在所有 IBA 批准的比赛中，应允许佩戴由 IBA 官方数据提供商/合作伙伴制造的拳击传感器，以收集比赛和拳击数据/指标。根据比赛期间使用的官方手套品牌，传感器应插入比赛手套或绷带上。

（五）护齿

拳击手在每场比赛中都必须佩戴护齿。不得佩戴红色或部分红色的护齿。拳击手永远不应该使用借来的护齿。护齿必须准确舒适地贴合。

（六）保护器

男子拳击手在比赛期间必须佩戴护裆，并且可能还需要佩戴护膝。护裆不得覆盖目标区域的任何部分。护裆不得有金属部件，除非拳击手背面有固定装置。

女子拳击手可以在比赛期间使用胸部保护器。胸部保护器应限制在乳房的自然轮廓内，以免对周围结构提供额外保护。它可能不会覆盖身体的任何目标区域，包括胸骨。胸部保护器不得有金属部件，除非拳击手背面有固定装置。

（七）Hijab

女子拳击手可以穿黑色运动合身 Hijab，在比赛背心下穿合身长袖衫；比赛短裤或裙子下穿全长紧身裤；运动 Hijab 头巾、围巾。在比赛场地使用头巾不得干扰裁判和裁判的视野，或可能造成任何伤害或割伤，或给予任何不公平的竞争优势。头巾、紧身衣上不得显示会员协会的标识，也不得显示标记、徽章、声明或标语等其他元素。Hijab 服装必须在运动入场检查期间出示并获得批准。

拳击手的比赛服、鞋、袜子以及身体上的永久或临时文身不得有任何包含政治、宗教和种族宣传的示威、符号或图案以及 WADA 禁用物质清单上的项目、拳击手身体或比赛服上可见的违反 IBA 道德准则的信息。

第五节　击剑项目场馆与设施

击剑项目场地与设施主要依据中国击剑协会审定的国家击剑联合会 2019 年版《击剑规则》和国际击剑联合会（FIE）2021 年修订的《FIE Material Rules》和《FIE Technical

Rules》。

一、比赛场馆与设备

（一）比赛场地

比赛场地应该有一个平坦的表面。它不应该给有关的两个击剑手中的任何一个带来优势或劣势，尤其是在光线方面。比赛场地用于击剑实战的部分叫作剑道。三个剑种（花剑、重剑、佩剑）的比赛均在同样的剑道上进行。

剑道的宽度为1.5m，长度为14m。以中心线为界，比赛开始时，双方运动员应各自位于距离中心线两侧2m处，身后5m的剑道为其活动空间。可以后退，但双脚不得同时越过剑道的端线。

导电安全边界，如图7-30（小组循环赛、直接淘汰赛、决赛和半决赛剑道）所示，包括已经包含安全边界的剑道的这一部分，不属于剑道。

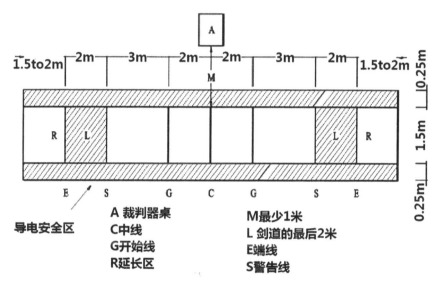

导电安全区

A 裁判器桌
C 中线
G 开始线
R 延长区

M 最少1米
L 剑道的最后2米
E 端线
S 警告线

对于电动花剑和重剑金属物必须覆盖着整个剑道、延长区部分及颜色不同的其他区域

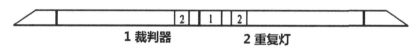

1 裁判器   2 重复灯

图7-30　半决赛、决赛剑道（剑道最高位50cm）

计分机台或支架与剑道边缘的距离应在1m至1.5m之间。

在剑道上要非常明显地画出与剑道长边垂直的五条线，即：一条中心线，与剑道宽度等长，画为虚线；两条准备线，在中心线两边各2m处，与剑道宽度等长；两条端线，剑道两端，距中心线各7m处，与剑道宽度等长。此外，在剑道端线前最后的2m区域应做出明显标记（如有条件，可使用不同颜色的剑道加以区别，以便运动员更容易确定自己在剑道上所处的位置）。

三种剑道的标准剑道如图 7 - 31 所示。

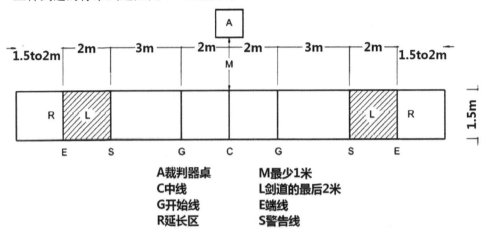

图 7 - 31　三种剑种的标准剑道

(二) 场地设备规格

组织者提供的设备包括(m.44)①:

(1)外部带有重复灯的裁判器。①裁判器的数量和质量(m.52)。对于国际剑联的正式比赛,组委会应提供至少与剑道数目相等的裁判器,加上至少 2 台备用裁判器。所有裁判器应完全调节好,并且是经批准可用于世界锦标赛的型号。一般来说,组委会更愿意选择可在三个剑种中兼用的裁判器。组委会应选择能够提供经器材委员批准的优质裁判器并可以保证竞赛中技术服务的厂商。②重复信号灯(m.59)。对于国际剑联正式比赛,必须在裁判器外部安装重复信号灯。信号灯将位于剑道上方至少 1.80m 处。当运动员在高 0.5m 的决赛台上比赛时,重复信号灯必须位于地面以上 2.30m 处。显示有效击中的重复灯一盏红色,另一绿色,最好有 150 瓦的功率。表明无效击中的白色灯可以只有 75 瓦。同一组的两盏灯相距不能超过 15cm,两组灯相距至少 50cm。白色或彩色重复信号灯应水平排列,或是在裁判器两侧垂直排列,并从各个方向都可见。显示击中次数的灯不能与重复信号灯并排安装。③必须满足的条件(m.51):①击中金属场地或武器的金属部分不得显示信号,也不得妨碍对手同时击中时信号的显示。对于花剑,如果运动员武器的非绝缘部分与其金属衣接触,那么对手击中其武器部分也会显示信号。②裁判器不得带有使技术人员以外的任何其他人员可以在比赛期间中断其工作的装置。③击中通过灯光信号显示。信号显示灯安装在裁判器上方,以便让主裁判、运动员及裁判器工作人员都能看见。信号显示灯通过其发光位置的不同,应清楚地表明哪一方已被击中。为增加信号的可见度,应能够在外部增加重复指示灯。在花剑中,使用裁判器用应注意:a) 如果刺中无效部位,裁判器同侧不能显示可能击中有效灯。b) 裁判器不会显示两个或多个同时击中而发出信号,是否存在计时优先权。④一旦亮灯,显示的信号应

---

① m.44 表示《FIE Material Rules》第 44 条,以下以此类推。

保持稳定,直到裁判器重置为止,不能由于随后的击中或震动而产生熄灭或闪烁。⑤灯光信号发出的同时须伴有声音信号。⑥重置键须位于裁判器上方或前面。⑦对于国际剑联的正式比赛,须用蓄电池或 UPS(不间断电源)供电。裁判器的电源插头要设计成不能因为错误连接而导致直接与主电源相连。所有击剑馆、俱乐部等,以及电动武器训练或比赛的组织者,只有严格遵守其所在国和国际组织规定的有关技术标准,才可以使用普通电网供电。⑧当连接声音信号发生器与计时器的电缆电源被切断时,声音信号发生器发出的声音音量应在 80～100 分贝(在剑道中线上测量),持续 2～3s。但是裁判器主体不应停止运转,计时器也不得停止。

(2)拖线盘及连线,或挂线(m.55)。①拖线盘每根导线各插孔之间测定的最大电阻为 3 欧姆。②拖线盘即便在全速转动时,也不得出现任何接触中断。为确保这一点,接触环必须具有双刷。连接到武器接地电路的电线将连接到线轴的框架。③拖线盘应备有放线后达 20m 长的电缆,弹簧能承受放线后的拉力。④用于插接运动员背后手线插头的拖线盘导线插孔,应具备以下条件:若未进行正确连接,就不可能连接上;在交锋过程中,不能脱落;使运动员有可能检验上述两点是否均已落实。⑤连接电缆的三根导线中每根的电阻不能超过 2.5 欧姆。⑥手线连接在拖线盘导线上的插头,电缆连在拖线盘和裁判器上的插头,都包括三个直径为 4mm 的插芯,直线排列,两边的插芯与中间的插芯分别相隔 15mm 与 20mm。手线与连接电缆带有插头,拖线盘和裁判器则带有插孔。⑦准许使用悬挂电缆代替拖线盘,同时上述段落的规定仍然适用。

(3)金属剑道,以保证击中地面不显示信号(m.57)。①金属剑道由金属、金属网或导电的材料制成。从剑道一端到另一端的金属剑道的电阻不能大于 5 欧姆。②金属剑道应覆盖住剑道,包括延伸部分,以消除对地面的劈刺信号。③如果剑道设在决赛台上,金属剑道应覆盖决赛台的整个宽度。决赛台高度不得超过 0.5m,同时其两侧应比剑道宽至少 25cm。决赛台两端各配一块坡度平缓的斜板,延伸到地面。④拖线盘导线长度有限,因而金属剑道按 14m 长的剑道设置;为了使越出边界的运动员能后退到一块平坦的场地上,剑道两端各增加 1.5m 到 2m 的长度。因此金属剑道将有 17～18m 长。⑤金属剑道最好铺设在木地板上,木板上铺有软质垫料。金属剑道配有一种收紧器,可以保持其良好的拉紧状态。木地板放置于地面以上 0.12～0.15m 高处,侧面不铺任何斜板。最好使用金属条,如有可能用螺钉把它固定在木板两侧。金属网剑道绝不可以直接铺在钢筋混凝土和瓷砖地面。⑥在金属剑道上划线使用的颜料成分不能妨碍剑道的导电性能,以防止击中于剑道划线上时同样不产生信号。⑦组织者应在现场备有可以立即修理剑道的器材。⑧在金属剑道末端,不得有妨碍运动员正常后退的障碍物。⑨世锦赛和奥运会使用的剑道,器材委员会代表必须在赛前用摩擦力测试仪进行检测。⑩摩擦力测试仪的规格必须符合认证手册规定的相关要求。

(4)电源(蓄电池)(m.58)。①裁判器应使用 12 伏特的电压(±5%),或者在两侧分开供电的情况下,电压为 2×12 伏特,或者也有可能是 2×6 伏特(推荐供电分开,可以解决花剑裁判器制造中遇到的若干问题)。②裁判器可以装有一些指示灯,以表示是否通电。这些灯是无色的。③若裁判器构造是以干电池进行运转的,应装备电压表,或是可以检查电压的其他装置,以便随时检查。为了通过蓄电池供电,裁判器应配有上文规定的电源插座。④每台裁判器必须至少配备插头使能由 12 伏特 AC/DC 适配器或汽车蓄电池组供电。⑤通常,如果设备由电池或 UPS(不间断电源)供电,则外部电池或 UPS 的最短备用时间为 5 分钟。

(5)对于国际剑联正式比赛的决赛,一台计时器,可以连接发声控制装置和电动信号裁判器(m.51)。①在个人及团体赛每轮的最后 10 秒,计时器需显示:十分之一秒(当裁判器在工作中),百分之一秒(当裁判器停止工作)。计时器需配备远程起停遥控设备。②对于国际剑联正式比赛的决赛,计时器应配有一套连接显示大图像数字的外部扩展时钟的系统,和另一套连接声音信号发生器的系统。这两套连接系统应通过光电耦合器与裁判器的内部线路分开。

(6)世界老年人锦标赛不要求必须使用无线设备。

二、比赛器材与装备

(一)比赛器材

1. 所有剑种武器的共同特点

(1)一共有三种武器:花剑、重剑和佩剑。所有剑种的武器只有在符合本规则和所附的安全准则的条件下,才被准许使用。武器的构造应使其通常不会伤害使用者或其对手。禁止通过磨、锉或其他方式对护手盘和剑头之间的剑身部分进行任何处理。禁止将剑头磨利(m.1)。

(2)任何剑种武器均由以下几个部分组成:①一个柔韧的钢制剑身。最前端是剑头,最后端是柄芯(当武器装配好后柄芯插在剑柄内)。对于所有这三种武器,必须使用马拉金刚制作剑条。②一个剑柄。柄芯通过螺母扣紧或其他方法固定在剑柄内,以使运动员能够用手抓握武器。剑柄可以由一个或数个部件构成。当由数个部件构成时,可分解为柄颈(手握的地方)和平衡锤(把柄颈紧固在柄芯上的剑柄后面部分)。③一个金属护手盘。固定在剑身和剑柄之间,其凸起部分朝前,用于保护持剑手。花剑和重剑的护手盘必须安装一个软垫作为缓冲设备。另外,护手盘内还须安装一个用于连接手线的插座。

(3)规格。各个剑种的武器都有其特有的形状和标准。①剑身的长度包括剑头、护手盘前面的附加部件,无论该部件是否固定在护手盘上。②武器在总长度是其各部分之和,等于垂直于剑身中心轴的各平行面间的长度之和。这些平面位于:A 武器的最前端;B 护手盘的凸面与剑身连接处;C 护手盘的后端;D 柄颈和平衡锤之间;E 剑柄的末端。③武器的总长度为 A 和 E 平面间的距离;剑身的长度为 A 和 B 间的距离;剑柄长度为 B 和 E 间的距离;护手盘深度为 B 和 C 间的距离。④武器的最大总长度应短于剑身和剑柄最大准许长度的和,因此这两部分长度互补之和形成武器的总长度。⑤为测量武器的总长度或剑身长度,剑身不得弯曲;在测量时,剑身应放在一个平面上并保持平直。⑥在 D 与 E 之间只能有平衡锤或固定螺母。

(4)剑柄。①在花剑和重剑中,剑柄最大长度为:B、E 平面间距不超过 20cm,B、D 平面间距不超过 18cm。在佩剑中手柄的最大长度为 17cm。②剑柄应能穿过用于测量护手盘的量规。剑柄的构成方式,在正常情况下不能伤害自身和对手。③符合规则的剑柄形式都可以使用,规则的目的是平等地对待各个不同的剑种。然而,在重剑中,金属或非金属的枪柄不能覆盖皮革或其他可能遮盖导线或插座的材料。④剑柄的各部件不得包含有助于把武器当作投射武器使用的装置。⑤剑柄的各部件不得增强护手盘对运动员手或手腕的保护作用。禁止十字形柄的横臂或插头超越出护手盘边缘。⑥如果剑柄(或手套)包括一种可将手固定在剑柄上的装置、系扣用品或专用产品(矫形),这种剑柄应符合以下两个条件：手必须固定在剑柄的唯一位置；当握住此位置时,拇指伸直,指尖距护手盘内侧的距离不得大于 2cm。

(5)护手盘。①护手盘的凸面表面光滑,稍有亮光,不能卡住对手的剑也不能阻滞对手剑尖。护手盘的边缘不能翻卷。②在花剑和重剑中,护手盘内部必须装有一个足够大的软垫,用以保护运动员的手线。垫料厚度小于 2cm,其放置方式不得增加护手盘对手的保护作用。插座的安装应使运动员在比赛中不能任意切断或连接。在花剑中,导线被一个绝缘套保护。在重剑中,两根导线被两个绝缘套分开保护。导线和绝缘套接到固定接线柱时的长度要几乎是一样的。在任何情况下,非绝缘的线不能越出固定接线柱。③在护手盘内部,连接方式自由灵活,但须符合以下条件：易于拆卸和安装；能够借助简单工具进行检查,如小折刀或硬币；便于对手的剑尖接触连接于地线的部分；配有防止比赛过程中插头断开的安全装置；如果武器本身不含有这样的安全装置,则手线必选安装有这样的装置；保证电路的触点正常,在电路保持联通时,绝不允许中断；不能包括可使各部分形成回路的部件。④花剑和重剑的电阻最大为 2 欧姆。安装电动武器时,即使不具备电路检查手段,仍然发现只要是稍加注意就可以成功安装完成,因为各剑种的电阻选择已经考虑到了这一点。安装时注意以下几点：护手盘的外表面及内部接触面须脱氧；不要损坏导线外部的绝缘体,尤其在导线经过剑身的凹槽进入剑头和护手盘的位置；避免剑身凹槽里堆积胶水。⑤花剑、重剑和佩剑的剑身及护手盘都必须是金属的。得尝试除了佩剑护手盘平衡锤一边是绝缘的(绝缘的套子),它的外部不能再被任何材料(塑料或其他)覆盖。护手盘上不能再带有任何广告,此规则同样适用于佩剑护手盘绝缘的部分。

(6)剑头。在花剑和重剑中,只有传统和得到认证的剑头才能被接受。其他任何剑头,包括新款没有被认证的剑头都是不能被检查通过的。只有一种传统剑头,它包含两个固定剑头按钮和底座的螺丝,整个底座都是金属的,没有任何塑料成分。为了便于器材检查以及全面观察剑头及其底座,请花剑运动员检查武器时,整个剑头都要裸露在外面,不要在剑头部分 15cm 的范围缠绕胶带。为了使剑头刺中对手接通电路并正确地被裁判器记录,剑头必须是干净的。欧姆表检测出来的电阻值不能超过 2 欧姆。

2. 花剑

(1)重量。花剑总重量要低于 500g。

(2)长度。花剑的最大长度为 110cm。

(3)剑身。①剑身截面呈四角形,根据安全准则,剑身应用符合标准的钢制造。②棱边应打磨,使其变钝；打磨形成的斜面应呈 45°(±5°)角(每边 0.5±0.1mm),使其钝化或不易变得锋利。③剑身的安装应使得最宽的边水平放置。④剑身的最大长度为 90cm。⑤剑身应具有一定柔韧性,弯曲度最小为 5.5cm,最大为 9.5cm,用以下方法测定：在距剑头顶端 70cm 处固定剑身；将一个 200g(±1g)的砝码挂在距剑头顶端 3cm 处；剑头顶端不负重和负重的位置之差即为弯曲度；剑的凹槽面在上方。⑥剑身应尽量保持平直：剑身曲线应当是均匀的,在任何情况下弯曲度应小于 1cm；弯曲的位置应出现在靠近剑身中央的垂直方向。剑身的弯曲度按以下方式进行测量:将剑身置于一个平面上,弧度朝上;测量平面到剑身的最大距离,这个距离就是剑身的弯曲度。

(4)护手盘。护手盘应当能够穿过一个直径 12cm、长 15cm 的圆柱形直管(量规),剑身与圆柱中轴线平行。禁止中心偏移,也就是说剑身应从护手盘中心穿过。护手盘直径应在 9.5cm 到 12cm 的范围内。

(5)导线。花剑在剑身的凹槽内贴有唯一一根导线,该导线在护手盘内部通过相应的插头与剑头连接在一起。

(6)剑头。①剑尖的直径介于 5.5~7mm;剑头的直径,包括外部的绝缘材料,不能比剑尖直径小 0.3mm 以上。②剑尖呈圆柱形。它向前的一面平滑,并垂直于中轴线。剑尖的边缘呈半径为 0.5mm 的弧形,或为 0.5mm 宽的 45°角斜面。③施加在剑尖上的压力必须超过 500g 方能接通并启动裁判器发出信号。就是说剑头上的弹簧必须能顶起 500g 砝码。由组委会提供的 500g 砝码可以有±2g 的误差。即:498g 到 502g。④启动裁判器发出信号所需剑尖行程,即"亮灯"行程可以非常小,剑尖的总行程最大为 1mm。用于测量的卡尺误差最大为±0.05mm。⑤剑尖必须固定在剑头上,固定点是至少两个相隔同样距离的点,或在器材委员会(SEMI)认可后用其他方法固定。⑥在静止时,剑尖要连接在花剑地线上,当击中时,这一连接应断开。

(7)剑头的固定。①如果剑头的基座与剑身不成一体,或是剑身顶端不能保持平直,就应在遵循以下条文的情况下,在切断的剑身顶端加工螺纹,用螺口固定剑头。②正常情况下只允许把金属固定在金属上。不过,在器材委员会许可后,可准许用一种机械强度很大的绝缘材料来固定。③任何焊接、钎焊或通常能影响剑身淬火加热的操作,均禁止使用。只准使用一种用于防止螺丝松动,用烙铁操作的易熔锡焊。④在加工螺纹之前,剑身顶端直径不能小于 3.5mm,且加工中严禁用任何填料。⑤对于剑头,螺纹内核直径最小为 2.7mm(螺纹反向旋转 3.5×0.60)。螺纹应加工得十分紧密。⑥剑身上用以安装剑头的长度应有 7~8mm,并完全被剑头覆盖。建议只在半段加工螺纹。在另半段上,剑头呈现直径为 3.5mm 的光滑面,而剑身的相应部分应在一定的压力下进入这一光滑面。⑦如果使用轻合金材料的剑头,应呈报器材委员会。⑧在导线进入剑头之处,凹槽宽度不能超过 0.5mm,深度不能超过 0.6mm。应在加工螺纹内核的直径上测量,以便尽量减小截面。⑨只有器材委员会成员或技术委员会可以要求核查上述几点。

(8)剑头、剑身及剑柄的绝缘。剑头主体和花剑剑身直至距剑头 15±1cm 处,将全部被绝缘材料覆盖(绝缘胶布、橡皮膏、透明胶带、塑料或清漆)。承受剑尖的滑动套管,其直径应小于剑尖的绝缘头直径,这样在击中时,就不会与金属衣产生意外接触。

比赛用花剑规格要求如图 7-32 所示。

3. 重剑

(1)重量。重剑总重量要低于 770g。

(2)长度。重剑的最大长度为 110cm。

(3)剑身。①剑身为钢制,截面为三角形,棱边不锋利,根据附录的安全准则制作。共有两种制作方式:锻造钢制圆柱体;折叠钢板。②剑身应尽可能平直;安装时凹槽朝上。可能出现的弓形应是均匀的,弓形的高应小于 1cm;只允许在垂直方向产生,且弓形应靠近剑身中央处。剑身的弯曲度按以下方式进行测量:将剑身置于一个平面上,弧度

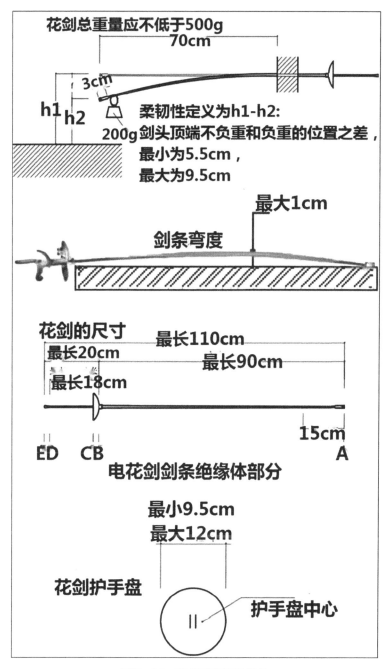

图 7-32　花剑规格与柔韧性

朝上；测量平面到剑身的最大距离，这个距离就是剑身的弯曲度。③剑身最大长度为90cm。④剑身三个棱面的任一面最大宽度为24mm。⑤剑身应具有一定柔韧性，其弯曲度最小为4.5cm，最大为7cm，按以下方式测量：在距剑头顶端70cm处水平固定剑身；在离剑头顶端3cm处悬挂一个200g砝码（允许有±1g的误差）；剑头顶端不负重和负重的位置之差即为弯曲度。

（4）护手盘。护手盘应呈圆形，并能穿过一个直径 13.5cm、长 15cm 的圆柱（量规），剑身与圆柱中轴线平行。护手盘深度（B 与 C 之间的距离）在 3～5.5cm。A 和 C 之间的总长度不能超过 95.5cm。允许不超过 3.5cm 的偏心距（护手盘中心与剑身穿过处之间的距离）。

（5）导线。①重剑装有两根贴在剑身凹槽中的导线，这两根导线接在护手盘内部插座的两个插芯上，与剑头相通，并形成重剑的有效电路。重剑的地线连接在插座的第三个插芯上。②剑柄顶端与护手盘相连接的地方有一个至少 2mm 深的凹槽，可以使电线和绝缘护套在不被压扁的情况下连接护手盘里面的插座。③重剑护手盘内的连接插座必须有两个单独的孔，以便两条导线可以分别穿过插座的小孔，然后连通到插座。

比赛用重剑规格要求如图 7-33 所示。

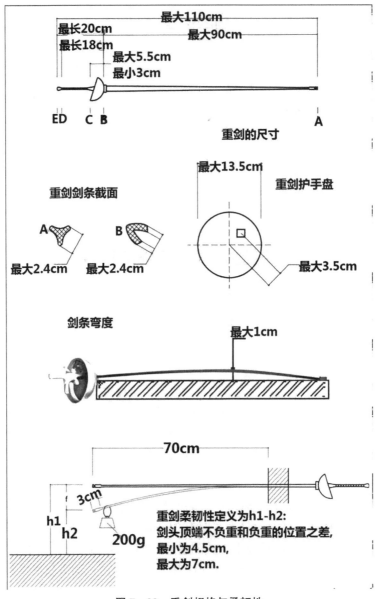

图 7-33　重剑规格与柔韧性

（6）剑尖和剑头。①剑头的末端为剑尖，它应符合以下条件：剑尖是圆柱体。顶端平直，垂直于中轴线。其边缘为半径0.5mm的圆弧形外廓，或是宽0.5mm的45°斜面。剑尖直径为8mm，误差在±0.05mm范围内。基座直径不能小于7.7mm。剑尖内的滑动套管以及任何绝缘层应缩进足够深处（建议直径缩小0.3～0.5mm），以免因为剑尖在对护手盘"凸面"的压力作用下滑动而触发信号。②用以接通重剑电路，导致电动裁判器启动所需剑尖压力应大于750g，也就是说剑头弹簧应该顶起这一重量。③用于检验场上运动员重剑的砝码是一个金属圆柱体，其内部开有一个与剑身纵向平行并有一定深度的孔；该孔配有一个绝缘套，使得剑身顶端插入孔后，不会与地线接通，也就不会导致检验结果错误。750g的砝码由组委会提供，允许误差±3g，即747～753g。④用于接通重剑电路，启动裁判器所必需的剑尖行程，即"亮灯行程"，应大于1mm。剑尖的剩余行程应小于0.5mm（此规定与亮灯行程之规定同样是强制性的）。用于测量的卡尺误差最大为±0.05mm。为了能够在场地上进行检验，全部行程应大于1.5mm。用于测量的卡尺误差最大为±0.05mm。剑尖由螺丝或任何其他外接装置连接在剑身上时，禁止调节亮灯行程。外接螺丝或类似装置只允许用来使剑尖装配得更牢固。螺丝或类似的加固装置的顶部绝不能超越剑尖前部的平直面，该平面的凹槽直径不得超过2mm。⑤剑尖应在剑头中至少两个相等间距的点上固定，或者在器材委员会同意后，采用其他方法固定。⑥当发生击中时，应当引起电流回路。重剑的剑尖规格如图7-34所示，剑尖的结构如图7-35所示。

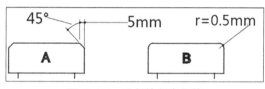

图 7-34　重剑的剑尖规格

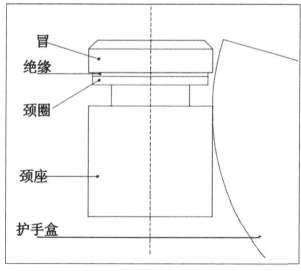

图 7-35　重剑的剑头结构

(7)剑头的固定。①如果剑头基座与剑身不成一体,或不能使剑身保持平直,就应当按照以下规定,在切断的剑身顶端加绞螺纹后用螺口固定剑头。②在正常情况下只允许把金属固定在金属上。不过,经过器材委员会同意,可以允许用一种机械强度很大的绝缘材料来固定。③只允许一种用烙铁操作的易熔锡焊,且只能用于防止螺丝松动。④在加工螺纹之前,剑身顶端任何部位的直径不能小于 4mm,并且加工中严禁用任何填料。⑤剑身顶端加工螺纹内核直径不能小于 3.05mm(螺纹反向旋转 4×0.70)。剑身上安装剑头的部分长度应在 7~8mm,并完全被剑头覆盖。建议只在长度末端的半段加工螺纹。在另半段上,剑头呈现出直径为 4mm 的光滑表面,剑身的相应部分应在一定压力下进入这一表面。⑥剑头导线经过的凹槽应尽可能少地减小截面。⑦只有器材委员会或技术委员会的成员可以要求核查上述几点。

4. 佩剑

(1)重量。佩剑总重量要低于 500g。

(2)长度。佩剑的最大长度是 105cm。

(3)剑身。①剑身钢制,截面近似长方形。其长度最大为 88cm,剑身宽度最小处在剑头部位,为 4mm;同样紧接在剑头下面的剑身厚度,应至少有 1.2mm。②剑身顶端卷曲合拢或独立一体,形成剑头。从顶端看,剑头应呈现一个正方形或长方形截面,最小 4mm,最大 6mm,最大规格应位于距剑头顶端最多 3mm 处。剑身顶端的边缘或者是剑头要进行至少 0.5mm 范围的削边处理,以便处理掉所有的锋利棱边。③剑身末端也可用与折拢剑头呈相同截面的实心剑头制作。④如果剑身呈现弓形,弓形应明显、持续,且弯曲度小于 4cm。禁止剑身顶端形成钩状,或剑身朝剑刃方向弯曲。剑身的弯曲程度按以下方式进行测量:将剑体置于一个平面上,弧度朝上;测量平面到剑身的最大距离,这个距离就是剑身的弯曲度。⑤佩剑剑身应具有一定的柔韧性,其弯曲度最小 4cm,最大 7cm,用以下方法测量:在距剑头顶端 70cm 处水平固定剑身;在距剑头顶端 1cm 处悬挂一个 200g(允许有±1g 的误差)的砝码;剑头顶端不负重和负重的位置之差即为弯曲度。

(4)护手盘。①护手盘是实心的,用整块材料制成,外表光滑。呈现出连贯的凸面,不得有翻边和破损。②护手盘应穿过一个截面为 15cm×14cm 的长方形、长 15cm 的量规,剑身应与量规中轴线平行。③护手盘内应当有一个插座以便按规定的方法插上手线的插头。④线插头的两根插芯应插在手线插座里,经过手线、拖线盘、过桥线(或挂线)和裁判器形成一个闭合电路。⑤佩剑的电阻不得超过 1 欧姆。⑥护手盘内部应使用绝缘清漆或一层垫子,保证完全绝缘。⑦护手盘外部距平衡锤 7~8cm 应绝缘。⑧剑柄和平衡锤应完全绝缘。

比赛用佩剑规格要求如图 7-36 和图 7-37 所示。

(二)辅助装备

国家队比赛服包含袜子、裤子和上衣。保护作用:装备和服装应提供最大限度地保护作用,同时又能使运动员在做动作时保持自由灵活。安全性:装备和服装不管以什么方式,都不得有妨碍或伤害对手的危险,不得有环状扣或开口(意外情况除外),以保证对手剑尖不被卡住或刺偏。上衣和衣领须完全扣住或闭合。

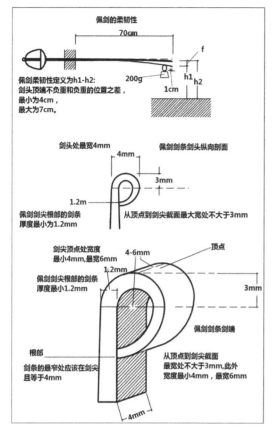

图 7-36　佩剑规格与柔韧性

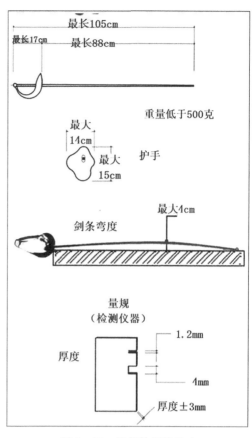

图 7-37　佩剑的规格尺寸

1. 花剑的特有规则

（1）手套。手套内部可以衬少许垫料。

（2）面罩。①面罩的金属网延伸到运动员下巴部位中止，并从面罩内部及外部均使用一种抗冲击的塑料来绝缘。②护舌在下巴下部 1.5 至 2cm 水平以下的部位要采用和金属背心一样导电特征的材质。③连接方式：金属背心与面罩护舌的电路接通依靠一根白色或淡色的电源线以及两个鳄鱼夹。这根电源线依靠一个鳄鱼夹固定在面罩的护舌上，依靠另一个鳄鱼夹固定在金属背心上。电源线要有 30～40cm 的长度。不允许使用螺旋式头线。鳄鱼夹的设计和尺寸必须符合规定条件（鳄鱼夹应坚固，且确保与金属衣接触良好。接触点宽度应至少有 10mm，夹子内部应具有一个至少 8mm 长、3mm 高的自由空间。它应夹在持剑手臂一侧的金属衣背部。），必须焊接到电线的末端。此外，此导线（两个鳄鱼夹之间）的电阻不得超过 1 欧姆。

（3）金属衣。①运动员在上衣外还要穿一件金属衣，在预备姿势时其导电表面应完整且毫无遗漏地覆盖住整个有效部位。在金属衣的背部中央位置附近，衣领下方，须有一个最小为 2cm×3cm 的舌状金属织物，以便与来自面罩的鳄鱼夹连接。②不管使用的是什么式样的闭合方式，导电面料叠放起来应有足够宽度，可以确保在所有姿势中都能覆盖住有效部位，被叠放的部位前面必须在持剑手臂的一侧。③金属衣的内部应当用一层衬里或金属丝织物绝缘。④金属衣领的高度最小为 3cm,花剑金属衣的背部中央位置附近衣领下方处须有一个最小为 2cm×3cm 的导电的金属舌,以便与来自面罩的鳄鱼夹连接。⑤所用的金属丝织物应当用金属线双向编织;从导电性角度看,该织物应符合以下条件:在织物表面任意两点间测量的电阻不得大于 5 欧姆。为测量织物电阻,可使用一个铜或黄铜做的 500g 砝码,末端为半径 4mm 的半球体,这一砝码的末端放在金属丝织物上来回移动,在保证持续接触的情况下,最大电阻为 5 欧姆。在任何情况下,都不容许出现可能妨碍有效击中的小洞、氧化斑点或其他情况。如果一件金属衣的面料被判定为不能使用,将被器材委员会一名成员涂上一种显眼的颜料,从而无法再使用。⑥当金属衣平放时,其下部分的外形应该是,一条直线将两侧胯骨顶端对应的点与腹股沟交汇处对应的点连接起来。⑦从双腿间穿过的不导电带状面料应至少有 3cm 宽。

(4)手线和连接插头。①手线(运动员专用器材)完全绝缘,防潮,集束或拧成绳索状。手线的每一端分别是一个连接插头,该插头的固定连接板必须由透明材料制成。如果剑身没有安装安全装置,需要有这样的安全装置。手线每根导线的电阻,从插头到插头,以及从插头到鳄鱼夹,不能超过 1 欧姆。②在连接拖线盘的一端,三相连接插头应符合第 m.55 条中规定的制造与装配规定,并按以下方法连接在拖线盘的导线上:15mm 插芯,连接金属衣;中央插芯,连接花剑导线;20mm 插芯,连接花剑地线或金属剑道。借助鳄鱼夹将手线后插头和金属衣连接起来的导线应至少有 40cm 的长度。这根导线应焊接在鳄鱼夹上,且焊缝不得被绝缘材料或其他材料覆盖。在器材委员会同意后,可以准许其他具有同样保障的固定方法。鳄鱼夹应坚固,且确保与金属衣接触良好。接触点宽度应至少有 10mm,夹子内部应具有一个至少 8mm 长、3mm 高的自由空间。它应夹在持剑手臂一侧的金属衣背部。③在花剑护手盘内部,连接方式是灵活的。另外,在任何情况下,插头上的插芯都不能触及护手盘的金属部件。来自花剑剑尖的导线从进入护手盘直到接线柱为止,都应用一个绝缘套包住保护起来。不绝缘电线不得超出接线柱。

2. 重剑特有规则

(1)面罩。面罩不能全部或部分地覆盖有可能导致剑尖刺滑的材料。面罩的护颈部分应延伸到锁骨以下。

(2)手线。①手线(运动员专用器材)完全绝缘,防潮,彼此集束或拧成绳索状。从插头到插头的每根导线的最大电阻为 1 欧姆。②手线的每一端分别是一个连接插头,该插头的固定连接板必须由透明材料制成。如果剑身没有安装安全装置,需要有这样的安全装置。③在连接拖线盘的一端,三相连接插头按以下方式连接:15mm 的插芯,连接重剑剑尖最直接的一根导线;中央插芯,连接重剑的另一根导线;20mm 的插芯,连接重剑地线和金属场地。④在护手盘内部,连接方式可自由选择,但应符合护手盘规定。⑤此外,插头上的插芯在任何情况下都不能触及护手盘的金属部件。⑥来自剑尖的两根导线从进入护手盘直到插头支架的两个接线柱为止,应用两个绝缘套分别包裹保护起来。不绝缘导线不能超出接线柱。

3. 佩剑特有规则

(1)面罩。①面罩的金属网不能被绝缘,须确保导电性。②护颈及附件应被导电材料完全覆盖,须具有与金属衣相同的导电特性。③附件也可以由导电材料制作。④金属衣与面罩的电路接通依靠一根白色或透明的电源线以及两个鳄鱼夹。这根电源线可以依靠一至两个鳄鱼夹固定,或者焊接到面罩金属网上。电源线要有 30～40cm 的长度。禁止使用螺旋式头线。⑤鳄鱼夹与面罩上任意一点间的电阻应小于 5 欧姆。鳄鱼夹要焊接到电源线头上。另外,这根电源线(鳄鱼夹之间或鳄鱼夹及焊接点之间)的电阻不能超过 1 欧姆。

(2)手套。①击剑手套必须在以下图示位置处至少具备 800N 的保护强度,接缝强度至少为 200N,袖口处保护强度至少为 350N。导电材料应使用可拆卸或者固定方式,须覆盖整个长手套直至持剑手手臂腕骨外侧突出部位,在实战姿势和伸直手臂时均应保持此位置。手套内部必须带有经国际剑联授权的 FIE 认证标识,标明生产年份和 800N 字样。②导电面料应向手套筒部内侧翻边,翻边宽度至少 5cm。③经过器材委员会允许,可以使用一根松紧条、一个按扣或者一种可以保证导电性的方法,以便能够确保手套与金属外衣袖口的良好接触。佩戴导电袖套时,袖套要能够用某种设置固定其在胳膊上的位置,以便即使是在交锋的过程中,袖套的位置仍不会发生变化。④导电面料要符合明确的检查要求(见图 7-38)。

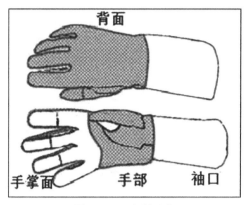

图 7-38 击剑手套

(3)金属衣。①运动员在上衣外穿一件金属衣,其表面应完全且无遗漏地覆盖身体的有效部位,即在"预备"姿势时,从运动员大腿与躯干形成的褶痕顶端通过的水平线以上部分。使用佩剑无线设备时,剑手要身着金属衣。导电部分是由导电织物构成:金属衣导电织物上(包括连接鳄鱼夹的金属舌)任意两点间的电阻不能超过 15 欧姆。这些检测由无线器材制造商进行。②导电面积遮盖双臂直至手腕。上衣衣领至少有 3cm 高。金属衣背部衣领下正中央处应备有一块 3cm 长 2cm 宽的舌状金属织物,用来连接面罩上的鳄鱼夹。③不管使用何种闭合式样,金属面料应有足够宽度,可以确保在所有姿势中都能覆盖住有效部位。④导电面料应符合器材检测规定。⑤金属衣的衣袖须用松紧带固定在手腕上。上衣须通过一根从运动员双腿间穿过的带子固定在原位。

(4)手线和连接插头。运动员应使用花剑规则中规定的手线,手线可用任何方式连接在护手盘上,但是应符合规定的制造和装配要求。

第六节 摔跤项目场馆与设施

摔跤项目场馆与设施部分主要依据中国摔跤协会审定的国际摔跤联合会（UWW）2019 年 1 月版《国际式摔跤竞赛规则》，国际摔跤联合会 2022 年修订的《International Wrestling Rules》，国际摔跤联合会 2017 年印发的《Uniform Guidelines》，以及国际摔跤联合会 2021 年印发的《Field of Play Layout》和《Regulations for the Licensing of Mats》。

一、摔跤场馆规格

摔跤比赛一般都在设备齐全的馆内进行，比赛馆的规模应能放置 3 至 4 块标准比赛垫子，每块比赛场地 14m×14m，并附有赛前练习馆，辅馆必须具备两块以上准备活动场地，并铺设准备活动用垫子，同时安装可同步观看比赛实况的显示器（数量同比赛场地）。摔跤场馆布局如下。

奥运会、世界和洲际锦标赛，比赛垫子应安装在 0.8～1.1m 的平台上。跤垫边缘到平台边缘至少有 2m 宽的空间。全国锦标赛、全国冠军赛、全国俱乐部锦标赛三项赛事必须搭建摔跤高台，高度 80cm，在高台上铺设符合比赛要求的摔跤垫子进行比赛；青年赛与少年赛不强制要求搭建摔跤高台（见图 7‑39）。

比赛馆内须具备大屏幕回放系统、符合比赛要求的灯光、音响设备。

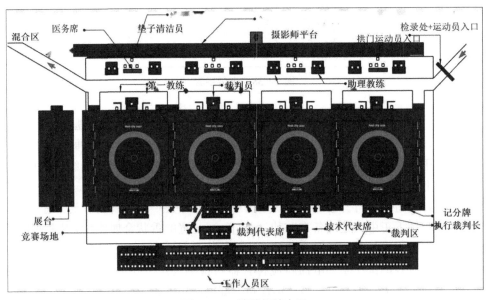

图 7‑39 摔跤场馆布局

二、摔跤场地规格

奥运会、锦标赛、杯赛中必须使用国际摔联认可的摔跤垫，垫上有 9m 直径的圆圈，圈外由同样厚度的1.5m宽的边缘区所包围。在其他国际赛事中,不要求摔跤垫为崭新的,但必须获得官方认可。奥运会和世界锦标赛上,热身和训练场地也必须使用国际摔联认可的、与比赛垫子同等质量的新的摔跤垫。沿9m圈内有1m宽的橙色区(域),该区域也是比赛区的组成部分。下列几个部分构成摔跤垫子的不同区域:中央的圆圈为摔跤垫子中心(Center),在一个10cm宽的橙色圈中,直径1m,蓝色(PMS2757和CMYK100、100、0、70);橙色区以内为中心比赛区,直径7m,蓝色(PMS2757和CMYK100、100、0、70);消极区,即橙色(PMS158和CMYK0、60、100、0)环状区,宽1m;保护区,宽1.5m,蓝色(PMS654和CMYK100、84、31、17)(见图7-40)。

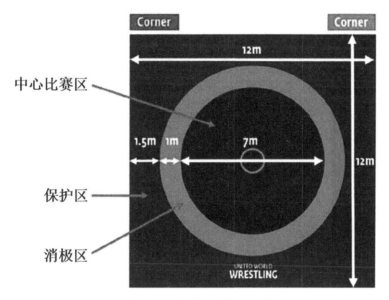

图7-40 摔跤比赛场地区域

比赛场地上如果多于一块比赛垫子,垫与垫之间应隔开2m。任何情况下,保护区的颜色应该区别于比赛垫子的颜色。在靠近垫子附近的木地板上要铺上结实固定的软覆盖物。安全起见,记分板应该放在比赛垫子相邻的另外一个平台上。

为防止污染,每单元比赛前必须对摔跤垫子进行清洗和消毒。如摔跤垫表面覆盖有平滑、整齐、无腐蚀性盖单,则必须对盖单也进行同样的清洗和消毒。中心圈必须画在垫子中央,直径为1m;中心圈边线的宽度为10cm。教练员和运动员在比赛垫子的同一侧。红方在左,蓝方在右。比赛场地应设置在四周宽阔无障碍的地方,以保障比赛的正常进行。所有国际摔联标志和生产商标志的细节应发给国际摔联总部,垫子供应商根据国际摔联相应准则执行。

思考题

(1)武术套路、散打、太极推手和短兵项目比赛场地规格,以及相应的比赛器械规格有何要求?

(2)空手道比赛中组手和型的比赛区别,场地要求又如何?

(3)跆拳道项目中竞技项目场地与品势项目场地有何要求?

(4)拳击比赛场馆、训练用房有何要求,正式比赛场馆布局有何要求?

(5)三种击剑比赛器械(花剑、重剑和佩剑)的规格有何要求?

第八章　冰雪类项目场馆与设施

教学目标

　　(1)知识:通过各类冰雪类场馆及设施的学习,掌握各类冰雪项目的场馆知识点,延伸其他冰雪项目知识及规则要求。

　　(2)能力:能理论联系实际,掌握冰雪项目的场馆设施、基本结构和器材设施规格要求,能区分各类场馆的场馆数据,并具有场地绘制能力和操作能力。

　　(3)素质:充分了解本章节知识点,拓展冰雪类项目运动,从实际的需求出发,场馆设施随规则变化要求及时更新,与时俱进,促进我国冰雪项目发展。

教学内容

　　本章教学主要内容为速度滑冰、短道速滑、冰球及花样滑冰、冰壶场地、高山滑雪、越野滑雪、单板滑雪、平行回转、U型场地、跳台滑雪及室内滑雪场馆,以及各项目相应的器材设施。

第一节　速度滑冰场馆与设施

一、比赛场地规格

(一)场地规格

　　速度滑冰跑道分为标准跑道和其他规格跑道。标准比赛场地应在周长400m的环形跑道上进行。跑道两长边为直滑道,两短边的弯道分别由180°的圆弧组成。跑道内包括两条比赛道和一条练习道,这三条道的宽度均为4.0m。跑道内弯道的半径不得小于25.0m,不得大于26.0m。

　　如不能划出标准速滑跑道,可规定其他规格的跑道,划一全长不少于300m的双跑道,其内弯道半径不少于18.0m。换道区不小于40.0m,每条直道宽不少于2.0m。

　　标准和非标准场地都应设有练习道、换道区和两条同宽的比赛跑道。具体场地规格见图8-1。

(二)场地线

　　比赛场地两条跑道要用整齐的等线划分,并一直延伸至换道区(直曲段分界线处)。

雪线要保证不冻结在冰面上。如无雪,可将宽5.0cm的橡皮、木块或其他合适的物质涂上协调颜色代替雪线。在此情况下,弯道的前和后15.0m物块之间的距离为50.0cm,弯道中间的物块之间的距离为1.0m,直道上物块之间的距离为10.0m。

1. 跑道分界线

相邻两条跑道的界线,由场地划线和放置在场地划线上可移动的胶块或木块组成,线宽计算在内跑道的宽度之内。

2. 终点线

场地划线,线宽不计算在滑跑距离之内。

3. 终点5.0m线

从终点线后沿5.0m每隔1.0m画一条线,共画5条。

4. 起点线

场地划线,线宽计算在滑跑距离之内。

5. 预备起跑线

场地划线,画于起点线后沿向后2.0m处。

6. 弯道分界线

场地弯道与直段交界处,按场地顺时针方向,设置第一弯道分界线,第二弯道分界线,第三弯道分界线和第四弯道分界线。

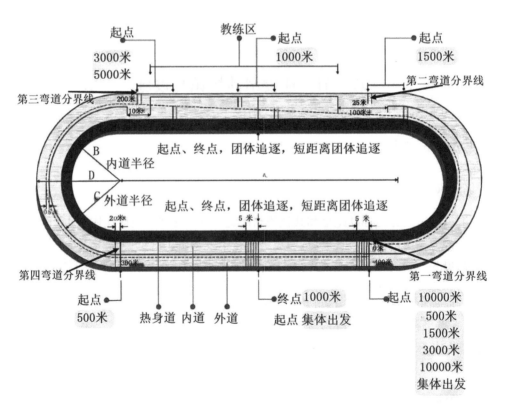

图8-1 速度滑冰场地

二、场地设施

（1）标志块为底座直径10.0cm、顶部直径5.0cm、高不超过5.0cm的圆锥形橡胶块或者木块，放置在分界线上用以划分跑道。

（2）海绵护垫。速滑比赛场地四周应设有可移动防护垫。防护垫为矩形，一般高1.0～1.1m，厚度不应小于70.0cm。防护垫用尼龙搭扣，通过上下两条尼龙绑带绑定，围合场地一圈，形成海绵护垫走廊，使外表面尽量平滑。防护垫之间不需设立柱。

防护垫的表层应由耐磨、耐切割、无胶的防水材料组成。

弯道处4.0m外障碍物应设防护垫，防止运动员运动时受伤。

（3）场地中间应有联系运动员进入场地内的地下通道。位于场内通道口附近布置活动座椅，方便运动员更换冰鞋及休息。

（4）速滑道内应设置一块融雪池，用于场地内侧两块短道及花样场地使用；速滑道直道外侧应设一块融雪池，位于扫冰车库房内，供速度滑冰场地使用。

（5）速度滑冰两条直道外侧应各预留3个上水口，用于速度滑冰跑道浇冰使用。在速滑场地内侧的两块标准冰场界墙外侧应各预留4个上水口。应在速滑道内侧的融雪池旁为浇冰车配经软化加热处理的热水接口等设施。

三、场地环境

冰场建设方应向设计方提供当地气候、环境、水质等资料。

（一）冰层下地面构造

（1）冰层下地面面层需用抗冻混凝土，厚度均匀，高差控制在0.5cm之内，并且应该充分考虑场地使用时所承受的荷载。混凝土强度宜选用C30～C40。

（2）冰层下地面应能承受因温度变化而产生的反复热胀冷缩。

（3）应有防止面层产生冻结的措施。

（4）冰层下地面必须设置可靠的防水层。

（二）冰层

（1）冰面厚度：4.0～5.0cm。

（2）冰面温度：−5℃～−7℃。

（3）冰面平整度：冰面应该光滑平整，不能出现高低不平之处，更不能有鼓包、沟、坑及起伏。

（4）冰场湿度：冰场湿度应控制在50%。

四、速度滑冰跑道的丈量与标记

应在离跑道内侧沿（分道线）0.5m处计算跑道。要用色线清晰标出起、终点线。所有的起、终点线均是与直道线或直道线的延长线成直角，并要划出弯道的正确角度和弯道弧度；预备起跑线应距起跑线后1.0m；终点线前5.0m每隔1.0m标出一条清晰色线（线宽均为5.0cm；终点线为红色，其余为蓝色，预备起跑线为虚线）。标准400m跑道，

500m 的起点线应设在终点的直道之内并与直道线成直角。1 000m 的起点线应设在换道区中部,其终点线根据起跑线而定。1 500m 的内道起跑线应与直道延长线成直角。其他规格的跑道,应尽量避免把终点划在弯道上。

五、其他要求

(一)场地排水

人造冰场排水主要是考虑化冰时排水,在冰场两侧设置排水沟。

(二)服装、冰鞋、冰刀

1. 服装

速滑运动员穿尼龙紧身全连服(衣、裤、帽、袜、手套连在一起)。由于尼龙服保温不好,在温度较低的气候条件下,运动员需穿贴身的棉毛内衣。男运动员还要穿三角裤衩或护身。天气奇寒时则应在膝、胸等部位垫上防风纸或其他物品。

2. 冰鞋

速滑冰鞋主要由优质厚牛皮制成,并用玻璃纤维和碳钢加固。速滑冰刀由刀刃、刀身管、前小刀托,前大刀托、前托盘、后刀托和后托盘等部分组成。速滑冰鞋为半高腰瘦长形,鞋跟部为坚硬式,以包围和固定脚跟。鞋底为硬皮,冰刀以螺钉或铆钉固定在鞋底上。

3. 冰刀

比赛用的高级速滑冰刀由优质高碳钢和轻合金制作而成,刀刃非常耐磨。冰刀在冰鞋下方,比冰鞋长,底板和刀刃是冰刀的主要组成部分,除此之外,冰刀还包括刀身管、前后刀托、前后托盘等部件。厚牛皮是制作冰鞋的主要材料,鞋跟采用坚硬材质,鞋底是硬皮,冰刀固定在鞋底上。冰刀的前后都比冰鞋长,前端比鞋尖长 8.0～9.0cm,后端比鞋跟长 5.0～6.0cm。左脚和右脚的冰刀固定在冰鞋上的位置有差异,这是比赛弯道的方向决定的。过弯道时,运动员的身体向左倾斜。为适应弯道滑行,装冰刀时应该让左脚的冰刀尖处于大脚趾和二脚趾之间,右脚的冰刀尖应处在大脚趾的位置,不论哪只脚,冰刀的末端都应在鞋跟的中部位置。

冰刀和冰鞋是成套组合在一起的,具体来说是冰刀的尺寸样式依据冰鞋的鞋码而定。

第二节　短道速滑场馆与设施

一、比赛场地规格

(一)场地外要求

短道速度滑冰、冰球以及花样滑冰场地,在标准场地周围应该考虑安全缓冲区,其总尺寸(含场地)长不应小于75.0m,宽不小于40.0m。休闲健身场地可酌情减小。场馆为多功能使用时,可采用混凝土地面上铺地板,也可采用下凹式铺地板,凹槽预留深度为6.0cm。

(二)场地规格

短道速滑比赛场地的大小为60.0m×30.0m,场地周长111.12m,直道宽不小于7.0m,弯道半径8.0m,直道长28.85m,跑道应该为椭圆形。为确保运动员的安全,赛场四周要安放泡沫防护垫。弯道弧顶距可移动防护垫内侧距离不小于4m。

新建场地规格为61.0m×31.0m时,场地长边线内侧各0.5m范围内的制冷排管采取分控制冷方式,以满足不同赛事要求。具体场地规格见图8-2。

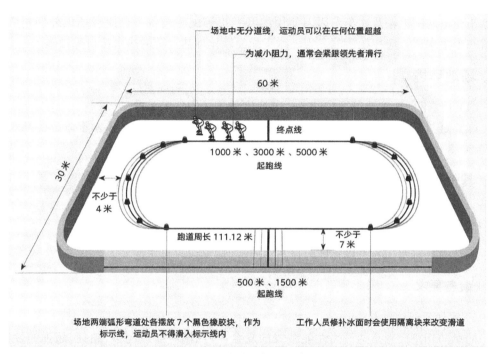

图8-2 短道速滑标准比赛场地

(三)场地划线

跑道起点、终点用线标识,弯道用点标识。起点、终点以及起点预备线为场地划线,其样式、颜色以及宽度根据最新规则和要求来确定。

二、场地设施

(一)标志块

标志块为底座直径10.0cm、顶部直径5.0cm、高不超过5.0cm的圆锥形橡胶块或者木块,放置在分界线上用以划分跑道。

（二）海绵护垫

（1）速滑比赛场地四周应设有可移动的防护垫。防护垫为矩形，一般高 1.0～1.1m，厚度不应该小于 70.0cm。防护垫用尼龙搭扣，通过上下两条尼龙绑带绑定，围合场地一圈，使外表尽量平滑。防护垫中间不需设立柱。

（2）防护垫的表层应由耐磨，耐切割，无胶的防水材料组成。

（3）防护垫需压放在冰面上。

（4）弯道处 4m 外障碍物应设防护垫，防止运动员运动时受伤。

（三）融雪池

短道速滑场地周围应设一块融雪池，设置于扫冰车库内，并配备冷热水接口、供电动扫冰车充电的配电箱及冰车专用刀使用的磨刀机等配套设备。在速滑场地外四角应各预留一个上水口。应在融雪池旁为浇冰车配经软化加热处理的热水接口等设施。

三、场地环境

（1）冰层下地面构造等要求同上一节速度滑冰场的技术要求。

（2）冰层除以下要求外，其他冰层技术要求也同速度滑冰场的技术要求。①冰层厚度：2.5～3.0cm。②冰面温度：一般 $-7℃～-9℃$；特殊要求可达 $-12℃$。

四、其他要求

（一）场地排水

人造冰场排水主要考虑化冰时排水，在场地两侧设置排水沟。

（二）装备要求

1. 防切割训练比赛服

防刺防切割面料是两种高性能纱线的复合，可以同时兼顾超强、超韧、超弹的性能，有效保护短道速滑运动员的安全。国际滑联研究认为，短道速滑运动员高危险区域包括颈部、腹股沟、腋部、臀部、下臂、手部、膝盖。从 2003 年 7 月 1 日起，要求所有运动员在参加比赛的时候，必须身穿防切割服，以保护自己的安全。

2. 冰刀

短道速滑的冰刀与速度速滑的冰刀虽然从外观上看有较大的区别，但其结构却是基本相同的。短道速滑的赛道有许多弯道，倾斜角度大。一场比赛的选手人数较多，比赛时选手躲闪的次数多，滑跑的速度快，要求冰刀能够适应比赛的特点。和普通冰刀相比，短道速滑的冰刀更高更短，弧度更大，刀托是可移动的，滑跑时选手可自行调节刀刃的位置。冰刀管必须是封闭的，刀根必须是圆弧形。最小半径为 10mm。刀管最少有两点固定在鞋上。

3. 冰鞋

短道速滑的冰鞋与长道速滑的冰鞋比较相似，不过它的鞋腰更高，鞋底、前鞋帮、后跟两侧都是硬性材质,其他部位为皮制。这样冰鞋更具稳定性,滑跑时的力量更大。

4. 头盔

短道速滑选手使用硬塑料头盔来保护自己,以免遭撞击所致的伤害。短道速滑安全头盔应符合现行的 ASTM 标准。头盔必须有一个规则的形状不能有突起。

5. 防切割护颈和护踝

护颈和护踝的主要作用是保护运动员的颈部和踝关节部分,他们的材质都为防切割、防刺穿的防切割材料制作而成。

6. 护腿板

护腿板主要是放在防切割服膝关节下带有软垫部位,用来保护胫骨。目前大多数护腿板都是来自足球中的护腿板,短道速滑爱好者可以用足球护腿板保护腿。

7. 防切割手套

短道速滑运动员的手套主要以防切割为主,其次兼顾防水性能。手套都会使用防切割材质并在手掌内侧挂一层胶,可以帮助运动员在弯道扶冰过程中避免弄湿手套。短道速滑手套还有一个特点,运动员的左手五个手指都会粘有树脂或胶质的手指扣,目的是能够让运动员在弯道扶冰的过程中减少扶冰摩擦力。

第三节 冰球及花样滑冰场馆与设施

一、场地尺寸

(一) 场地外要求

(1)冰球及花样滑冰场地,在标准场地周围应考虑安全缓冲区,其总尺寸(含场地)长不小于 75.m、宽不小于 40.0m。休闲健身场地可酌情减少。

(2)当冰球场地用于比赛时,边线处的界墙外侧走廊宽度应不小于 2.5m,其用于设置监门席、运动员替补席、受罚席及裁判席的走廊宽度不应小于 1.5m。

(二) 场地规格

1. 冰球场地

冰球场地最大规格长 61.0m、宽 30.0m;最小规格长 56.0m、宽 26.0m;四周圆弧的半径为 7.0～8.5m。国际冰联主办的锦标赛及国内大赛应采用长 61.0m、宽 30.0m、角圆弧半径为 8.5m 的场地。

在冰场两端,各距端墙 4.0m,横贯冰场并延伸到边线界墙,画出宽 5.0cm 的两条平行红线为球门线。两个球门固定在球门线的中央。两条 30.0cm 宽的蓝线横贯整个冰场并垂直延伸到边线界墙,将两条球门线之间的区域作三等分,自己球门一侧为守区,中间为中区,对方球门一侧为攻区。

在冰场中间,有一条 30.0cm 宽的红线平行于蓝线,横贯冰场并垂直延伸到边线界墙,称为中线。中线的中间有一个直径为 30.0cm 的蓝点为开球点。此外,在中区和两端区还有 8 个直径为 60.0cm 的争球点和 5 个半径为 4.5m 的争球圈。在每个球门前有一 1.22m×2.44m,线宽 5.0cm 的红线连成的长方形,称为球门区。

在中线附近靠近一侧边线界墙的冰面上还画有半径为 3.0m 的半圆形裁判区。冰球门宽 1.83m,高 1.22m,球门内最深处不大于 1.0m 或小于 60.0cm。球门支架后面应覆盖门网,门内悬挂垂网,以便把球挡在门内。球门柱、横梁等向外的表面为红色,向内的表面和其余支架、底座的内表面为白色。

在冰场一侧的界墙外设有分开的、供比赛队使用的队员席,对面边线界墙外设裁判席和受罚席。为使比赛顺利进行,冰球场必须备有信号装置、公开计时装置和光线充分良好的照明设备。

2. 花样滑冰场地

最大规格同冰球场地,最小规格长 57.0m、宽 26.0m。

3. 冰球场地

四周围以高 1.15～1.22m 木质或可塑材料制成的牢固界墙。除场地正式标记外,全部冰面和界墙内壁均为白色。

二、场地设施

(一)冰球

1. 球门

应用规定的样式和材料制成,门柱垂直高度从冰面算起 1.22m,两个门柱内侧相距 1.83m。从球门前线前沿至球门网后部,最深处不得大于 1.12m,且不小于 0.60m。

2. 冰球防护界墙

界墙需选用能保证国际、国内比赛要求的可塑材料制成,其高度从冰面算起不低于 1.07m,且不高于 1.22m,内侧全部为白色。界墙面向冰面的一面应是平滑,不得有任何能使运动员受伤的障碍物;所有通向冰场的门需向外开启;界墙每块之间的缝隙,应小于 3.0mm。界墙内侧应安装一圈黄色防踢板,其高度从冰面算起 15.0～25.0cm,厚 1.0cm。

3. 防护玻璃

位于界墙上的防护玻璃在场地端面应为 1.6～2.0m,长度应从球门线向中心区延伸 4.0m。场地侧面的界墙上防护玻璃不低于 0.8m。

4. 保护网

场地两端应安装固定保护网,在界墙上离开冰面的一侧,高度至顶棚。

融雪池及配套设施等要求同短道速滑滑冰技术要求。

比赛场地规格如图 8-3 所示。

(二)花样滑冰

花样滑冰比赛在长 60.0m、宽 30.0m 的长方形冰场上进行,非国际滑联举办的比赛其场地最小不得小于 56.0m×26.0m,冰的厚度不少于 3.0～5.0cm。冰面要平滑并保持无线痕;大型竞赛应准备两个同样大小的场地,以便安排训练,其中一个可安排图形比赛,其他项目可在另一场地进行;规定图形竞赛,应有适当图形。

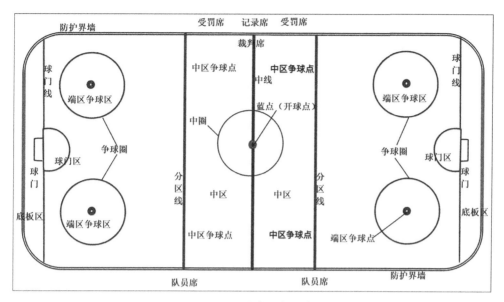

图 8 - 3 冰球比赛场地

防护界墙、防护玻璃等同冰球场地设施要求。

三、场地环境

(1)冰层下面构造同速度滑冰场的技术要求。

(2)冰层除以下要求外,其他冰层技术要求详见速度滑冰场的技术要求。

①冰球冰面厚度:4.0~5.0cm。花样滑冰冰面厚度:5.0~5.5cm。

②冰球冰面温度:−5℃~−6℃。花样滑冰冰面温度:−3℃~−5℃。

四、其他要求

(一)场地排水

人造冰场排水主要考虑化冰时排水,在冰场两侧设置排水沟。

(二)装备要求

1. 冰球装备

1)球鞋

为高腰型,鞋头、鞋帮、两踝、后跟等外层均为硬质。前面的长鞋舌加上硬实的高腰,可将腿踝箍紧,帮助运动员支持和用力。冰球鞋原为优质牛皮缝制,20 世纪 60~70 年代出现全塑料模压鞋。现国际上多用尼龙纤维鞋帮、塑料底的冰球鞋。这种鞋比皮制鞋轻,坚硬、耐湿,适合室内冰场使用。

2)球刀

原为铁托钢刃,现多采用全塑刀托,优质合金钢刀刃,具有质量轻、抗击打、不易生锈等优点。冰球刀刀身高而短,弧度大,刀刃较厚。刀身高,在运动员急转弯冰刀倾斜时也不会使鞋触及冰面;刀身弧度大,和冰面接触面积小,可以灵活地滑跑和改变方向;刀刃厚,可抗打击而不弯;刀刃带有浅沟可使其锋利持久。守门员冰鞋在鞋的四周包有特殊加厚的硬皮革,以抗球击打,保护脚部。守门员冰刀与运动员冰刀有较大区别,全为金属制作,刀身矮而平,刀刃与刀托有多处连接以防漏球。

3)球杆

经国际冰联批准的材料制成即可,球杆杆柄从根部至端部最长163.0cm,最宽3.0cm,最厚2.54cm,球杆杆刃从根部至顶部最长32.0cm,高5.0~7.62cm。守门员球杆杆柄的加宽部分从根部向上不得长于71.0cm,不宽于9.0cm,杆刃长不超过39.0cm,宽不超过9.0cm。为了减轻重量现已有碳素材料所制的球杆,在长宽不变的情况下重量减轻,更容易让选手发挥。

4)护具

为防止在紧张激烈的对抗中受伤,运动员全身穿戴护具。护具包括头盔、面罩、护肩、护胸、护腰、护身、护肘、手套、裤衩、护腿、护踝等。现代冰球护具一般多采用轻体硬质塑料外壳,内衬海绵或泡沫塑料软垫。守门员戴有特制的面罩、手套,加厚的护胸及加厚加宽的护腿。

2. 花样滑冰装备要求

花样滑冰的冰刀与普通冰刀最显著的不同在于前端有着"刀齿"。刀齿主要用在跳跃中,不应用在滑行和旋转中。冰刀以螺丝固定在冰鞋的鞋底。高水平的花样滑冰选手通常都会定制冰鞋和冰刀。冰上舞蹈的冰刀后部比其他项目的要短1英寸,这是为了满足舞蹈对双人近距合作和精细步法的要求。选手穿着冰鞋在冰场外行走时,要在冰刀外套上硬塑料的保护套,这是为了避免冰刀被地面磨钝或沾上灰尘杂质。选手不穿冰鞋时,则用软套保护冰刀,它可以吸收残留的融水,防止冰刀生锈。

第四节　冰壶场馆与设施

一、比赛场地规格

比赛场地为长方形。这一区域可以通过划线标出场地范围,也可通过在边界上放置隔板标出场地范围。比赛场地赛道应用0.1m(宽)×0.1m(高)的黑色海绵条围起,从海绵条内缘算起,场地长为45.72m、宽为5.0m。

当现有的场地不够放置一个上述规模的赛道,场地长度可减少至44.5m,宽可减少为4.42m。

赛道内的冰层要求清晰可见的标志线,标志线分为T线、后卫线、前掷线、中线、起踏线、限制线。线宽及颜色根据最新规则要求确定(见图8-4)。

(一)T线

线的中心距离赛道中心17.375m,在赛道中心两侧各一条。在前投线和后卫线的中间有一个纵横交叉的十字线,称圆心线,也称丁字线。

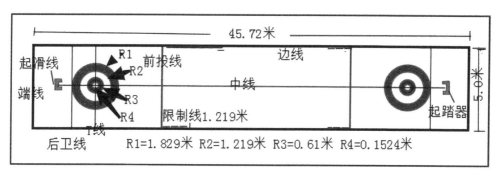

图 8-4　冰壶场地

（二）后卫线

线的外缘距 T 线中心 1.829m，在赛道中心两侧各一条。

（三）前掷线

线的内缘距 T 线中心 6.401m，在赛道中心两侧各一条。

（四）中线

连接两条 T 线的中心，并向两端分别延长 3.658m。

（五）起踏线

线长 0.475m，与 T 线平行，位于中线的两端。

（六）限制线

线长 0.1524m，距前掷线外沿 1.219m，位于中线的两端，与前掷线平行。限制线在赛道两侧及左右两边各一条，并紧挨边线。

（七）圆心

中线位于 T 线与中线的交叉点。以此为圆心，在赛道两端各有一个由四个同心圆组成的大本营。最大圆的外沿距离圆心的半径为 1.829m，第二个圆的半径为 1.219m，第三个圆的半径为 0.610m，最内侧圆的半径最小值为 0.1524m。划线颜色根据最新规则要求确定。

标准冰场最多可布置五块冰壶场地。

二、场地设施

（1）起踏器，两个起踏器分别放在中线与两侧起踏线的交叉点上，高 5.1cm。每个起踏器的内沿距中线 7.62cm，每个起踏器的宽度不应超过 15.24cm，对称于中线放置。起踏器应固定在适当的材料上，该材料的内侧应该位于起踏器的内侧，起踏器在起踏线前端不能超出 20.32cm。如果起踏器嵌于冰层之内，其嵌入深度不得超过 3.81cm。

（2）冰壶场地应具备供冰壶扫冰车充电的配电箱,冰壶赛道浇喷专用的软化水处理及加热设备,以及冷热水接驳口等。

（3）配备室内冰场除湿设备,冰面专用温控头及接口,以供电子设备对冰面面层的温度进行监控。

三、场地环境

（1）冰面1.5m以上的空间要保持室内温度在8℃～10℃,湿度在50%～60%,冰面上方不可有空气的移动对流。

（2）冰层下地面构造同速度滑冰场的技术要求。

（3）冰层除以下要求外,其他冰层技术要求同速度滑冰场的技术要求。①冰面厚度:4.0～5.0cm。②冰面温度:－6.5℃～－5℃。

（4）根据冰面的不同情况选用不同孔径的喷洒头,宜用经过软化处理的矿泉水或者纯净水,加温到50℃左右进行喷洒制冰。冰面需经磨边机打磨,以确保冰面光洁平整。

四、器材规格

冰壶比赛用的标准砥石是由苏格兰产不含云母的花岗岩石凿琢而成。冰壶周长不超过91.44cm(36英寸),高度不低于11.43cm(4.5英寸),包括手柄和螺钉的重量不超过19.96kg(44磅),不低于17.24kg(38磅)。

五、其他要求

（一）场地排水

人造冰场排水主要考虑化冰时排水,在冰场两侧设置排水沟,同时配备融雪池。

（二）服饰

比赛时,运动员要身着运动服,脚穿比赛鞋(或鞋套),比赛鞋(或鞋套)两脚的底部不同,蹬冰脚鞋的底部为橡胶,而滑动脚鞋的底部则为塑料。

第五节　高山滑雪场地与设施

一、比赛场地规格

高山滑雪场地分为竞技滑雪场地和大众滑雪场地。雪上项目场地宜结合地形布置。

（一）竞技滑雪场

竞技滑雪场地有回转、大回转、超级大回转和滑降等线路。

1. 竞技滑雪场地的最低要求

至少有一条主要在自然坡上修建的滑雪道,其面积大于6 000m²,有效长度不小于

100.0m。至少有一处适于初学者使用的初级滑雪场地。滑雪道停止区须开阔平缓,最短20.0m。

2. 线路宽度要求

高山滑雪比赛速降、大回转、超级大回转线路宽约30.0m;回转线路宽至少40.0m(特别情况可少于40.0m)。

3. 各种级别高山滑雪道的要求

不同级别赛事高山滑雪道角度、宽度及坡度要求详见表8-1。

表8-1 高山滑雪雪道规格

雪道等级	变向处角度(°)	宽度(m)	坡度角(°)
初级	大于135	大于20.0	小于8
中级	大于150	大于25.0	9~30
高级	大于160	大于30.0	16~30

4. 不同赛事高山滑雪道的具体要求

速降场地起点、终点之间的垂直高度差详见表8-2。

表8-2 不同赛事起点、终点间垂直高度差   单位:m

分组 赛事等级	冬奥会	世界滑雪锦标赛	滑雪世界杯	洲际杯	其他杯赛	联赛
男子一轮滑行		800~1100		650~1100	500~1100	400~500
男子二轮滑行		500~550				300~400
女子一轮滑行		500~800				400~500
女子二轮滑行		不小于450				300~400

5. 回转场地垂直差要求

回转场地起点、终点之间的垂直高度差详见表8-3。

表8-3 回转场地起点、终点之间的垂直高度差   单位:m

分组 赛事等级	冬奥会	世界滑雪锦标赛	滑雪世界杯	其他杯赛	联赛
男子		180~220		140~220	80~120
女子		140~200		120~200	

6. 大回转场地垂直高度差要求

大回转场地起点、终点之间的垂直高度差详见表8-4。

表 8 - 4

表 8 - 4　大回转场地起点、终点之间的垂直高度差　　　　　　　单位:m

分组 赛事等级	冬奥会	世界滑雪锦标赛	滑雪世界杯	其他杯赛	联赛
男子		300~450		250~450	200~250
女子		300~400		250~400	

7. 超级大回转场地垂直高度差要求

超级大回转场地起点、终点之间的垂直高度差详见表 8 - 5。

表 8 - 5　超级大回转场地起点、终点之间的垂直高度差　　　　　単位:m

分组 赛事等级	冬奥会	世界滑雪 锦标赛	滑雪 世界杯	洲际杯	其他杯赛	联赛
男子		500~600			350~650	350~500
女子		400~600			350~600	350~500

(二) 大众滑雪场

大众滑雪场地难度较小,可分为初级、中级和高级雪道。滑雪场一般有几条或多达几十条雪道,以满足竞赛和大众健身娱乐等需求。

初级雪道:坡面与滚落线(一个球体从山顶向山下顺着山坡不改变运行方向滚动的完整直线)一致,雪道变向处的角度大于 135°,宽度大于 20.0m,坡度小于 8°。滑雪道的停止区必须开阔平缓,能达到滑行基本自然停止。"盘山"式的初级滑雪道多数地段的宽度要大于 5m。

中级雪道:多数地段的坡面要与滚落线一致,雪道变向处的角度大于 150°,宽度大于 25.0m,坡度在 9~25°。

高级雪道:多数地段的坡面要与滚落线一致,雪道变向处的角度大于 160°,宽度大于 30.0m,坡度在 16~30°。滑雪道中的过渡雪道、引道、连接道最窄处不少于 25.0m。

二、场地设施

(一) 起点区

起点坡道要能使运动员放松地站在起点线上,但出发后很快能达到全速。出发门柱之间距离为 0.6m,柱子高出雪面不超过 0.5m。

(二) 终点区

(1)终点区要让接近终点的运动员容易辨认,地区要宽,终点线后必须有一段平缓的逆坡停止区,雪要压平,使运动员通过终点后容易停下来。

(2)终点区要用清晰的红线标出,红线两侧由标杆或竖起的旗杆连接横幅形成终点线。速降和超级大回转比赛的终点线宽不少于 15.0m；回转和大回转比赛的终点线宽不少于 10.0m。

（三）计时系统

无线计时系统采用无线传输方式。可以根据实际需要，选择站在起始门、终点线或雪道上的关键位置点，对任一单独赛次进行计时。将起始门连接至编码器，当运动员触动起始门时，开始时间则随同相应的运动员号码直接被进行无线传输。当运动员越过终点线时，配有嵌入式无线传输系统将结束时间发送到计时器。最大传输距离为 9.0km，传输精度可达千分之 0.4 秒的无线传输系统。

（四）旗门

旗门是高山滑雪项目中限定运动员滑行线路的标志。旗门是由两面插在单杆或双杆上的旗离开一定距离插在雪地上构成的。单杆旗门用于回转，双杆旗门用于大回转、超级大回转、速降场地。

（五）回转旗门杆

高山滑雪比赛中，一切杆子都称为回转旗门杆，且分为硬直杆和弹力杆两种。

1. 硬直杆

直径为 2.0cm 至 3.2cm 的圆杆，样式统一，没有接头。其长度应为插入雪中后高出雪面 1.8m，由不易碎材料制成（如塑料、可塑性等材料）。在滑降比赛中，允许使用最大直径为 5.0cm 的硬直杆，作两节高度的旗门。

2. 弹力杆

是指有弹力性能的旗杆。除了速降比赛外，其他所有已列入国际雪联国际竞赛日程内的高山滑雪赛都应使用弹力杆。

（六）方向旗

按滑行方向插设在线路两侧，用于指明滑行方向。旗的颜色为左红右绿，一般为小型三角旗，旗杆高约 0.3m。

（七）安全网

为保证运动员安全，在雪道外侧有障碍物地段、明显危险源暴露地段、雪道一侧陡峭地形段、拖牵索道有必要的地段、中快速转弯处的外侧地段、中高级雪道两侧的必要地段、禁止滑行的入口、能冲出范围的终点等区域应设置安全网。在滑雪道内设施的周围（如索道立柱、变电箱、机械停放处等）及可能有危险的地方需用安全网围住或用弹性软体物包裹。安全网要求高 1.5～2.0m，一般为橙色，立柱要有弹性，与障碍物间要有一定安全距离。

（八）索道

一个滑雪场最少应配备一条索道。索道与滑雪道要留有安全间距，不得影响滑雪者正常安全滑行。各索道的起点、终点区域不宜狭窄,要便于排队、停留及上、下索道。

三、场地环境

(1)地面的天然不平之处可保留,但突出的沟、块应平整。场地应尽可能在坚硬的雪面上。

(2)赛道起跳前的凹处必须平缓地与斜坡连接。高速地段线路不得变窄。大回转、超级大回转线路最好选用多坡和成波浪形的地形,线路设计应尽量利用地势。

(3)赛道内不得有障碍物。运动员以高速通过曲线线路外沿,必须设置摔倒区或设有安全装置(如安全网、安全护栏、草垫子、草袋子或其他物品加以保护)。

四、装备要求

高山滑雪的器材有四大件,即滑雪板、滑雪鞋、固定器、滑雪杖。

高山滑雪着装也有一大三小共四件,滑雪服为大件,滑雪手套、滑雪帽(或头盔)、滑雪镜为三小件。

(一)高山滑雪板

高山滑雪板组成的材质及制作工艺都很复杂。滑雪板由前部、中部(腰部)、后部组成,中部安装固定器的部分称为"重量台"。滑雪板两侧镶有硬钢边。高山滑雪板的外形是前部宽、中部窄、后部居中,侧面形成很大的弧线。近年出现的"卡宾"板,俗称"大头板",这种外形设计就是为了便于转弯,特别是有利于小转弯。高山滑雪板的种类很多,由于功能以及种类的不同,高山板间的档次及价位差别很大。

(1)按竞技滑雪项目分有:回转板、大回转板、超级大回转板、滑降板;

(2)按滑雪水平分有初学者板、中级板、高级板、竞赛板、世界杯用板等;

(3)按雪质分有适于滑硬质雪的板、适于滑粉状雪的板、适于特技的滑雪板等;

(4)按年龄、性别分有男性雪板、女性雪板、儿童雪板等。

(二)高山滑雪鞋

高山滑雪鞋也可称为滑雪靴。高山滑雪鞋对脚与踝部有固定、保护及保暖等作用。鞋由内外两层组成,外层壳连同鞋底很坚硬,由塑料或 ABS 材质注塑而成,防水、抗碰撞,上面镶有 1 个或多个夹子及调整鞋的肥瘦、前倾角的装置。内层由化纤织物和松软材料组成,具有对踝脚保暖、裹紧、缓冲等作用。高山滑雪鞋高低档次及价值相差很大,一般大众初学型鞋靿向后开启,而且只有一个在后侧的夹子,便于穿脱。准高级或竞赛型雪鞋表面有鞋舌,滑雪鞋夹子多,依次排列在前面,鞋靿在前部开口,外壳很硬,内靴较紧,穿脱较困难,但是可以将脚踝各部位及小腿下部紧紧裹住,又不会导致血液不畅,只有脚趾有点活动空间,这就使滑雪者的脚与鞋固定成一个整体,将滑雪者的用力动作,精确传导于滑雪板上。有的滑雪鞋通过调整相应装置,可使其穿着步行方便,更适合滑雪者的脚型。

(三)高山滑雪固定器

高山滑雪固定器一般由金属材质制成。固定器的主要功能是起到连接滑雪鞋与滑雪板及保护滑雪者人身安全。固定器由前、中、后三部分组成,前部与后部都有显示与调整其松紧强度的装置。前部是固定雪鞋前端,并能在横向外力过大时自动脱开;后部具有固定雪鞋后端,调整前后长度,锁住或松开雪鞋,在纵向外力过大时自动脱开等功能;中部的止滑器可防止雪板与滑雪鞋分离后滑向山谷,中部的垫板用于防止立刃时雪鞋侧面与雪面的摩擦。

（四）高山滑雪杖

高山滑雪杖的杖杆部分由轻铝合金材料制成,上粗下细,有鞘度;其上端有握柄和握革,便于手握和防止雪杖脱落;其下端有杖尖,防止雪杖在硬雪撑插时脱滑,杖尖以上有圆形或雪花形雪轮,限制雪杖过深插入雪面。高山滑雪杖的功能是支撑、加速、维持平衡、引导转变。

（五）高山滑雪服装

除滑雪专业竞赛服外,滑雪服的概念很广,凡是基本能满足滑雪要求的服装都可称为滑雪服。通常的专用滑雪服有上下分身款式的,由上衣与下裤两件组成,另有滑雪服是连体款式。

（六）高山滑雪手套

专用滑雪手套五指分开,掌心部加缝耐磨层,达到防水、不沾雪、保暖、不妨碍手部动作的要求,腕口要较长及宽大,可松紧,便于脱戴及套住滑雪服的袖口。

（七）滑雪帽与滑雪头带

滑雪帽或头带属必备的,其作用是防止耳部冻伤,使头部热量不会过度流失,同时防止头发在滑行中纷乱遮住视线。滑雪帽及头带是由毛绒线编织而成,轻松、保暖、有弹性,便于汗气挥发。

（八）滑雪头盔

滑雪头盔是硬质材质注塑而成的,款式多种。头盔的作用是当滑雪者失控跌倒后,保护头部不致被雪面或其他物体撞伤。在参加比赛快速滑行及在树林中穿行时必须戴用头盔。

（九）滑雪镜

滑雪镜一般有两种,一种是太阳镜,一种是封闭式防风专用高山滑雪镜。滑雪镜高低档差别很大,专业及通用滑雪镜的价位相差很悬殊。滑雪时应大力提倡戴用滑雪镜,特别是在中、快速滑行中。戴太阳镜时,最好用镜带将镜腿系在颈部,以防脱离。戴隐形眼镜者,一定要佩戴专用高山滑雪镜,以防隐形眼镜脱落。

第六节　跳台滑雪场地和规格

一、比赛场地规格

（一）场地外要求

跳台滑雪场地宜结合地形布置。跳台滑雪场地包括跳台、裁判塔和教练员台。冬奥会和世界锦标赛还应备有电梯和供应动员使用的暖房。跳台可以就山形修建，也可以用建筑材料架设。跳台滑雪线路由助滑道、着陆坡和停止区组成。助滑道包括出发区段、斜直线区段、过渡曲线区段以及起跳台。其宽度不得少于 2.5m。两侧须设有界墙。

跳台滑雪的台阶由 K 点距离 W 来决定。W 指从跳台起跳边缘到 K 点的曲线距离。K 点则是着陆区评分坐标原点，此点可根据台阶大小调整，以原点向两侧延伸的与运动员跳跃方向相垂直的线，距离监视裁判员和距离测量员用以评定运动员跳跃距离的标准线。

着陆坡的宽度，标准台不得少于 7.2m，大型台不得少于 9.6m，并将此宽度不断地扩大到 K 点。

（二）场地规格

1. 赛道距离
不同跳台的赛道距离不同，详见表 8-6。

表 8-6　不同跳台赛道距离

类型	起跳台至着落区终点距离（m）	起跳台至着落区临界点距离（m）
小跳台	≤49	≤44
中等跳台	50～84	45～74
标准台	85～109	75～99
大跳台	≥110	≥100
自由跳台	≥185	≥170

2. 雪道长度
新建跳台着陆区临界点始终围绕着 5.0m 的倍数设置。雪道的长度宜在 400～700m，最佳长度为 550m。

二、场地设施

（一）起滑台

运动员准备出发的区域。

（二）助滑道

（1）助滑道由斜度为 γ 的直线段、末端半径为 r_1 的过渡曲线和长度为 t、斜度为 α 的起跳台组成。助滑道斜度 γ 不应大于 $37°$，一般情况，建议不大于 $35°$。

（2）W 为起跳台至着陆区临界点的距离，在跳台滑雪比赛场地中，当 W 大于 $90.0m$ 时，γ 应该不小于 $30°$；当 W 小于 $90.0m$ 时，γ 应不小于 $25°$。对于跳台滑雪的初学者，W 应小于 $30.0m$，γ 应不大于 $32°$。

（3）助滑道的最小宽度 b_1 应满足表 8-7 要求。

表 8-7　助滑道的最小宽度 b_1 要求

序号	参数	
	W（m）	b_1（m）
1	$W \leqslant 30$	1.5
2	$30 < W \leqslant 74$	$1 + W/60$
3	$75 < W \leqslant 99$	$1.5 + W/100$
4	$W > 100$	2.5

（4）起跳台长度 t 值为 $0.25 \times V_0$（V_0 为台端处的抛射初速度），高度 S 值为 $0.025 \times W$，最小高度为 $0.7m$。其宽度 b_2 为 $0.06 \times W$，最小值为 $3.0m$。

（5）各出发口间的距离必须相等。出发口高度间的最小距离是 $0.4m$，各出发口必须标上连续的序号，最低出发口编号为 1。

（6）助滑道表面预备的雪层必须与轮廓板一样高。轮廓板外面要安装高度为 $0.5m$ 的护栏或护墙。

（三）着陆坡

包括起跳台底部圆丘区、着陆斜坡区、r_2 曲线和停止区几个部分。

1. 起跳台底部圆丘区

始于高为 S 的起跳台底部。起跳台底部区着陆坡的设置，必须为较短距离的跳跃，形成一条较低的飞行曲线。

2. 着陆斜坡

P 为着陆坡斜坡区的始点，从 P 点到着陆区临界点的着陆斜坡应有 $0.25 \times W$ 的长度，规则规定必须是倾斜的直线段，倾斜度取决于跳台参数 α、W 和 h/n。

3. 过渡曲线

从着陆斜坡到停止区的曲线段呈圆弧形,半径 r_2 的限值最小为 14.0cm。

4. 停止区

应为缓冲和停止提供足够的区域。停止区应平坦宽阔,侧断面长度应有一定的倾斜度或弯曲度,具体要求详见表 8-8。

表 8-8　停止区要求

序号	参数	
	W（m）	b_1（m）
1	$W \leqslant 30$	1.5
2	大于 30,小于等于 74	$1 + W/60$
3	大于 75,小于等于 99	$1.5 + W/100$
4	大于 100	2.5

如果停止区具有倾斜度,则每变动 1°,停止区就要减少或者增加 2%,停止区的长度需从 R_2 过渡曲线的最低点开始丈量。其中着陆区临界点（K 点）宽度 b_k 为 $0.20 \times W$,最小值为 6.0m;停止区宽度 b_u 为 $0.22 \times W$,最小值为 6.5m。

5. 着陆坡标志

着陆坡两侧必须标出 P 点和 K 点,P 点用蓝色板标示,K 点用红色板标示。着陆坡两侧从 P 点向下到 R 点设置一条长的蓝色带子,从 K 点向下到 r_2 过渡曲线的着陆坡两侧设置 5m 长的红色带子。停止区的跌倒线用颜料或松枝标出一条横线。从跌倒线开始,将 5m 长的绿色带子放置在终点区两侧。跌倒线应按如下要求定位:标准台,超过 r_2 过渡曲线末端 20m 处;大跳台,超过 r_2 过渡曲线末端 30m 处。

6. 着陆坡护栏

着陆坡的护栏或护墙必须超出雪面至少 0.7m。这些护栏应从 $0.1 \times W$ 安装到停止起始点,并应在边沿板上标好距离。护栏边缘必须与跳台水平并保证平滑,从停止区始点到整个停止区的护栏或护墙都要高出雪面 1.0m。

（四）裁判塔

裁判塔的水平高度需保证裁判员的视线可以跟随运动员从起跳台边缘起飞至着陆地区末端。

（五）光电测速仪

设置在离跳合端 10.0m 处,高出雪面 0.2m。

（六）风向、风速的测量

在着陆区临界点为 75.0m 或更长距离的跳台上比赛,必须测量、记录风速和风向。在只能设置一个测量点的情况下,该点应设在着陆坡上端的圆丘处。自由跳台应设置三个测量点。测量器分别设在台端、75.0m 和 150.0m 处。另外还应设置气球和风标，以识别风向和风的强度。

（七）出发的灯光信号仪器

大型比赛必须使用自动控制的灯光信号（交通灯），实现出发时间的控制。

（八）升降设备

应有升降梯或其他机械升降装置供跳合运动员进入赛道。

三、场地环境

（1）跳台滑雪的比赛场地建设标准要满足现行的国际滑雪联合会标准（见图 8 - 5）。

（2）跳台滑雪场地多建在多雪的地带，选址根据对滑雪道的坡度、宽度、长度和起点终点标高差的要求确定，应尽量利用自然地形。

（3）雪的准备必须达到必要的密度和牢固程度，雪面应完全水平并与轮廓板同高。

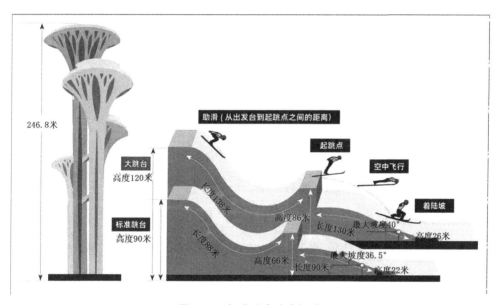

图 8 - 5　标准跳台比赛场地

四、器材要求

跳台滑雪的装备有滑雪板滑雪靴、滑雪服、头盔、护目镜以及手套。

（一）跳台雪板

跳台雪板宽 11.0～13.0cm，长 275.0cm，每副雪板重约 8kg。由高强度尼龙纤维等合成材料制成，重量轻，弹性和韧性强。跳台雪板的板底装有 6 条雪槽增强滑行时的稳定性。

（二）跳台固定器

跳台固定器包括前固定器、弹簧弓、弹簧弓调整器和缓冲胶垫。前固定器原多为铁质，现改为高强度尼龙或塑料的。前固定器的作用是固定鞋尖。弹簧弓子为钢丝制成，弹性很强。不易拉断，固定鞋跟的部分是弹簧弓，可因鞋抬起的角度改变而被拉长并产生张力，起到固定跟的作用；弹簧弓与弹簧弓调节器相连接的那部分是无弹性的软体钢丝，套在调节器上，弹簧弓调节器固定在前固定器之前，其螺丝扣可松可紧，松则鞋跟可抬起较高，紧则鞋跟抬起较低。

（三）跳台连身服

跳台连身服是由高强海绵扣尼龙经过特殊工艺加工压制而成的上衣与裤子的连体服转。跳白连身服质地柔软而挺拔，穿着舒适合体，可保持良好的形体，海绵厚度适中且富有弹性，既可保暖又可缓冲因摔倒而产生的冲撞力；表层的尼龙面光滑耐磨，既可减小因摔倒而产生的摩擦力又可减小空气阻力。

（四）跳台鞋

跳台鞋为高质牛皮面和硬底制成，鞋后腰置入弧形钢片，鞋腰前帧与鞋脸形成一定角度。

（五）跳台头盔

跳台头盔体积较其他头盔小些、轻些，侧面没有耳孔。

（六）跳台手套

跳台手套为五指分开的手套，质料不限。

（七）跳台风镜

跳台风镜的镜框较窄且软，紧贴面部，运动员戴上风镜时既防风雪又便于观看前下方。

第七节　单板滑雪场地与设施

一、比赛场地规格

（一）场地类型

单板滑雪分为高山单板滑雪和自由单板滑雪两类。单板高山类项目包括双人平行大回转、回转、大回转、超级大回转、自然雪面极限滑降；单板自由类项目包括单板 U 型场地滑雪、单板空中技巧、场地障碍赛和追逐赛。

单板滑雪道的滑行人数密度要进行总量控制。在雪道实际滑行的人均所占面积不能低于下列范围：初级道约 50～100m²；中级道约 70～130m²；高级道约 80～160m²。

（二）场地规格

1. 单板高山类项目场地

单板高山类项目赛道及落差要求详见表 8-9。

表 8-9　单板高山类项目要求

高山类项目	高度差（m）	赛道宽（m）	旗门数
双人平行大回转	20～200	≥20	至少 18 个，比赛建议使用 25 个
回转	＞50	＞20	一般 20～25 个
大回转	＞120	＞25	——
超级大回转	150～500	10～30	高度差的 10%个，但不少于 18 个
自然雪面极限滑降	此项目是利用自然雪面从高山上滑下的竞技项目，属于极限运动范畴。		

2. U 型场地

U 型场地的滑道的平均坡度为 17°～18°；推荐长度为 170m，不得短于 150m；半圆筒须宽 19.0～22.0m，筒高须达到 6.7m（见图 8-6）。

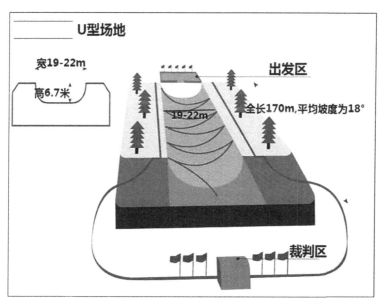

图 8-6　U 型比赛场地

1）一般 U 型场地

一般 U 型场地要求详见表 8-10。

表 8-10　一般 U 型场地数据要求

场地数据	最小	推荐	最大
坡度角(度)	14	16	18
长度(m)	100	120	140
U 型口宽(m)	14	16	18
U 型深度(m)	3	3.5	4.5
单侧过渡区弧长(m)	3	4	5
壁角	≤0.2m		83°
出槽平缓区(m)	≤5.0		
入槽平缓区(m)	≤2.0		
壁角至内围网的距离(m)	2.0		
内网至外围网的距离(m)	0.5		

2)超级 U 型场地

超级型场地要求详见表 8-11。

表 8-11　超级 U 型场地数据要求

场地数据	最小	推荐	最大
坡度角(度)	14	16	18
长度(m)	120	140	160
U 型口宽(m)	16	18	20
U 型深度(m)	4.7	5.2	5.7
单侧过渡区弧长(m)	5.2	6.2	7.2
壁角	≤0.2m		83°
出槽平缓区(m)	≤5.0		
入槽平缓区(m)	≤2.0		
壁角至内围网的距离(m)	2		
内网至外围网的距离(m)	0.5		

3. 平行大回转场地

场地坡面的宽度应足够容纳两条或更多条赛道,最好路有凹面,每条赛道的宽度至少为 40m。赛道平均坡度角 17°~22°,投影长度宜在 400~700m,最佳长度为 550m。整条赛道需全部用围栏围住。至少须设置 18 个旗门(建议设置 25 个);蓝旗赛道与红旗赛道之间应保持 20.0~27.0m 的距离。线路的设置应注意引导运动员按地形的自然线路到达终点,并设置旗门(见图 8-7)。

出发区域:用于比赛的场地应设置出发坡和出发门。出发坡应能满足使运动员轻松地站在出发线上,并能以最快的速度冲出出发门,且需搭建合适的出发棚。

地势:用于比赛的多条赛道的地势变化应相同,并能满足雪面平实的要求。

终点区域:终点线应有两个标杆或竖起的旗杆,中间有一条横幅连接。用于比赛场地的终点线要与起点线平行,每个线路的终点都要有两个旗杆,两个旗杆之间的宽度至少为8m。终点区要宽敞,终点线后需有一段逆坡和平缓区。整个终点区需完全用栅栏围起,并用红色线标记"终点区内"。

每个赛道第1个旗门与出发线的距离应为8.0~10.0m,两个连续的旗门相距最近的旗门柱之间的距离不得少于10.0m,旗门之间的水平距离应在20.0~25.0m,垂直距离应在8.0~10.0m。

4. 障碍追逐场地

赛道由曲折的雪道构成,包括直道、雪坡、弯道和形式多样的障碍等组成。高差130~250m;赛道长1 050m(±150m);平均坡度12°(±2°);坡宽40.0m;赛道宽6.0~16.0m,如图8-8所示。

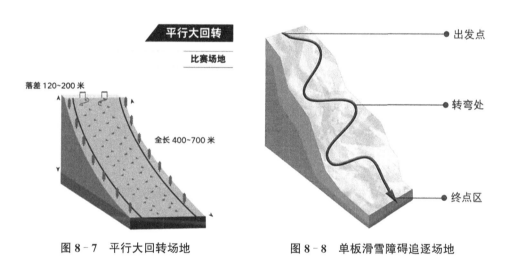

图8-7 平行大回转场地　　　　图8-8 单板滑雪障碍追逐场地

5. 坡面障碍技巧

赛道高差最少为150m,平均坡度应在12°以上,赛道宽度至少应为30.0m,由最少6个以上赛段(地形+跳跃)、3个以上的跳台构成,如图8-9所示。

6. 空中技巧场地

斜台(助滑台、加速台):坡度宜为22°,长度宜为60.0m,宽度不小于8.0m。起跳之前的平直区域坡度应为0°,长度为5.0~10.0m。

起跳台:宽度至少为5.0m,高度应为2.5~3.5m,飞出方向角度应为25°~30°,台前距10.0~18.0m。

落地坡:坡度宜为30°(±2°),宽度最小为22.0m,长度应为35.0m,平坡过渡长度应为10.0m。

终点区域宽度应为30.0m,深度30.0m,坡度0°~3°。

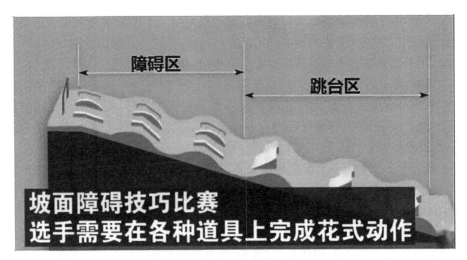

图 8-9 坡面障碍技巧比赛场地

7. 追逐赛场地

垂直落差:所有用于比赛的场地垂直落差最小为 100m,最大为 240m。

长度、坡度:雪道的长度宜在 500~900m,平均坡度宜为 14°~18°,以保证滑行时间在 40~70s。

宽度:雪道宽度最小为 40m,如实际条件允许,雪道宽度越宽越好。雪道宽度也取决于雪道的陡峭程度,越陡峭的雪道越宽。

出发区域:地势应相对较平缓,坡度宜在 12°~14°,应能满足摆放 4~6 个出发箱(每个出发箱宽 0.9m、高 0.3m,每两个出发箱之间至少有 0.5m 的距离)。出发区与第一个障碍应成一条直线,该段距离不得少于 50.0m。

雪道:单板追逐赛雪道应能适合建造下列全部或部分障碍:新月形雪坝、双雪坝、波浪形地形障碍、偏置波浪形障碍、跃升型障碍、山脊型障碍、双山脊型障碍、Pro style 跳障碍、扭转跳障碍、平顶型障碍、下降跳障碍。在无法修建上述障碍时,场地中应可以修建中等长度或较长的超级大回转头型的转弯。在任何环境下都禁止修建缝隙型跳跃障碍,即在起跳坡和着陆坡之间有壕沟的地形。雪道地形障碍的总数量可根据不同场地情况自由设置,但应结合尽量多类型的地形。

终点区域:终点线后需有一段逆坡和平缓区。整个终点区需完全用栅栏围起,并用红色线标记"终点区内",并保证运动员能容易地借助雪板到达该区域。

二、场地设施

(一)旗门

应使用三角旗门,基础长度为 1.0~1.3m,长侧高度为 0.8~1.1m,短侧高度为0.45m。三角旗门旗要与滑降线成 90°插放,系在旗门的底部,旗颜色应与旗门杆统一为红色或蓝色。回转及双人平行回转比赛赛道应使用三角旗门旗。

（二）旗门杆

旗门杠分为硬直杆和弹簧杆两种。其中,单板滑雪高山项目旗门应使用弹簧杆,大回转和超级大回转旗门外侧旗门杆可使用硬直杆,单板追逐赛两种旗门杆均可使用。

硬直杆为直径 2.0～3.2cm 的圆形杆,长度在插入雪中后应高出雪面 1.8m。

弹簧杆短杆铰链底部到杆末端顶部的长度(雪面上的长度)不超过 0.45m,弹簧垫厚度应为 0.35m,弹簧以下的长度应为 0.25m。

（三）安全网

为保证运动员安全,在陡坡及急转弯外侧应设置用于保护运动员的安全网。安全网高度 1.5～2.0m,一般为橙色,立柱要有弹性,与障碍物间要有一定安全距离。

三、场地环境

（一）雪道的雪层、雪量

用于娱乐的场地雪道内经压实的雪层厚度最低为 15.0cm。雪层表面不得形成光状冰面。"代用雪"的表面材质铺设要均匀,不能有逆茬,不能有杂物。用于比赛的场地,雪道内起点和终点区域积雪深度应为 0.3～0.5m,滑行区域内积雪深度应为 0.5～0.7m。

（二）雪道障碍物

滑雪道上不得有裸露的土石、树桩、杂物等障碍物。不能给滑雪者形成障碍。滑雪道地面应在春、夏、秋季进行养护、绿化,要注意排水。

四、硬件要求

（一）滑雪单板

滑雪单板构造及滑行条件同高山板很相近,但玩法(技巧)和装备不同。滑雪单板一般分为三类:

1. 回转式板

板尖部分略微向下翘起,板尤其板腰部分比较窄,基本上只在雪道上滑行,适合于回转、比赛。

2. 便于操纵式板

多功能的大众全能板,不仅可以在雪道上滑,而且可以在深雪中滑。此板前后端都向上翘起,但方向性还是很明确的。

3. 自由式板

用于跳跃、旋转等方式的技巧滑雪。

4. 滑板长度

合适的滑板长度要与滑雪方式、身高和体重,大多数人需要的滑板长度应该达到他的下巴或嘴唇附近。深雪或比赛滑板要长些;自由式或花样滑板短些;偏胖的滑雪者可以用稍长的、质地更坚硬的滑板;同样,稍瘦的滑雪者可用短些、质地软些的滑板。

5.滑板宽度

宽度是挑选单板的另一个非常重要的因素。女性和脚小的男性要用窄滑板,脚大的男性则需宽滑板。基本原则是:当站在滑板上时,靴子应该齐平或稍稍超过边缘。

6.滑板尺寸

手扶滑板后端,短滑板应该到达滑雪者的领口和下巴之间。因为短些的滑板更易操纵,所以对于初学者和喜欢玩花样、管道滑雪的人更合适;长滑板要控制在眼睛至高出头顶几厘米的长度。长滑板适宜高速切人;深雪和大山地形。

(二)单板滑雪鞋

单板的鞋分为软鞋和硬鞋两种。硬鞋同高山滑雪鞋非常相似(硬的外壳及柔软的内鞋套),现在几乎只用在少数竞技比赛中(如大回转)。舒适轻便的软鞋在近年得以推广。

(三)固定器

同高山滑雪最大的区别是单板固定器是将鞋和板真正地固定在一起的。软鞋和硬鞋要配不同的固定器,软鞋系列占领着市场。固定器的最新发展趋势是所谓的 STEP IN 固定器,即在鞋的底部加上一块特殊金属,用于固定鞋和板。

(四)滑雪服

同高山滑雪服一样,滑单板时的服装也要防水、防风、透气,并能保证身体活动自如。

(五)帽子

滑雪帽应以保护耳部、轻便、不影响视野为宜,一般用弹性较好的细绒线织成。如果滑行中感觉冷风对脸部的刺激太厉害,可选择一个只露出双眼的头套,再加一个全封闭型滑雪镜,则可将面部完全包住,能有效阻止冷风对面部的侵入。

(六)头盔

单板滑雪时最好佩戴头盔。在滑雪或玩滑雪板时戴上合规格的头盔能有效防止头部受伤。

(七)滑雪镜

滑雪中冷风对眼睛的刺激很大,雪地上阳光反射很强,所以滑雪者应准备一副具有防雾、防紫外线、防风等性能的滑雪镜。

(八)手套

单板不需要雪杖,因此手套这里的作用主要不是耐磨,而是为了保暖、防寒。滑雪手套一般用天然皮革和合成材料制成,外层面料一定要防水。

(九)防晒霜

中国北方的冬季寒冷干燥,皮肤在这种气候条件下水分散失的很多,加上滑雪时形成的相对速度很大的冷风对皮肤的刺激和雪面上强烈紫外线对皮肤的灼伤,因此可选用一些具有抗紫外线效果较好的防晒霜。防晒霜只能在短时间内有效,所以应每隔一段时间(一般2个小时)就在暴露的皮肤上涂一次,不可因为阴天就不涂防晒霜,因为阴天紫外线依然很强烈。

第八节　越野滑雪场地与设施

一、比赛场地要求

雪上运动场地,线路要尽量选择森林地带等多变地形,要保证雪质、雪量,线路宽度应达到4.0~5.0m,雪面要经过机械或人工捣固踏压,厚度至少10.0cm。最好在线路的一侧开有带雪辙的雪道,两条雪辙的内壁相距15.0~18.0cm,雪辙深度至少2.0cm,雪辙的宽度以雪板的固定器不撞击两侧雪壁为准。线路的着板雪面低于撑杖雪面2.0cm或在同一高度上,线路的另一侧不带有雪辙的雪道。

线路应平坦、宽阔,其中上坡、下坡和平地各占1/3。上坡的斜度应在9%~18%,其高度差保持10.0m以上,个别路段可以加上一些短的大于18%斜度的陡坡。起伏路面由短暂上下坡构成,其高度差为1.0~9.0m。下坡线路要有变化,以适应多种滑降技术要求,但必须确保运动员能安全通过。所有线路宽至少3.0~4.0m。要避免单调而过长的平地滑行、难度过大的急陡坡滑降,以及连续较长距离的蹬行。开始阶段要较易滑行,难度应出现在全程的3/4处。在出发后2.0~3.0km内不应出现难度极大的急弯陡坡,在终点前1km内不应出现较长的危滑降,线路中要避免有危险的斜滑降,同时要避开冰带、陡角和狭窄的地带。

冬奥会和世界锦标赛线路的最高点不得超过海拔1800m,线路中用里程牌、方向标、方向旗和标志带指示和限定前进方向。越野滑雪不同项目和滑行技术对线路设计的要求有所不同。雪道应根据比赛项目分别设立蓝、紫、黄、红、绿或橙黄色醒目的标志,以指示运动员滑行的方向及路线。冬奥会和世界锦标赛还要设立距离标志,如北京奥运会比赛场地——国家越野滑雪中心。

在比赛之前应压好路线和布置好雪道。每一天的比赛结束后,应重新整理准备。如果使用1个以上的雪道,雪道之间必须间隔1.0~1.2m,测量从两个雪道的中间算起。个人滑雪雪道应相距20.0~24.0cm,测量也是从两个雪道中间起。雪槽深度为2.0~5.0cm。当决定是否开一个滑冰道或者第二个雪道时应当考虑运动员的能力水平。至少应设置一个雪道,根据规则,另外一个赛道可以设置为滑冰道或者第二个雪道。设置供暖场所于线路容易接近的地方,场所必须足够大以备在极恶劣的天气下能够容纳运动员。再者,由于在室内进行打蜡调试比在室外容易得多,因此供暖场所应提供空间以供打蜡。

在起点区附近应设置热身区和打蜡调试区。滑雪区的停车场应有足够的空间供志愿者、工作人员、教练和运动员使用。必须按要求就近配置救护车。

二、场地规格

（1）比赛距离要求，详见表8-12。

表8-12 不同赛事的距离要求

赛事项目	青年男子（km）	成年男子（km）	青年女子（km）	成年女子（km）
一般比赛	10、15、30	10、15、30、50	5、10、15	5、10、15、30
世界锦标赛	10、30、4×10	10、15、30、50、4×10	5、15、4×5	5、10、15、30、4×5

（2）不同距离赛式高度差控制要求，详见表8-13。

表8-13 不同距离赛式高度差控制要求

赛式	高度差 比赛线路最高点与 最低点高度差小于	最大爬坡 超过200m的无间断的 一次爬坡，其高度差小于	累计爬坡 累计爬坡高度小于
5km	100m	50m	150~210m
10km	150m	80m	250~420m
15km	200m	100m	400~600m
30km	200m	100m	800~1 200m
50km	200m	100m	1 400~1 800m

注：冬奥会、世锦赛和世界杯赛中，线路的最高海拔高度不应该超过1800m。

（3）应在比赛线路上开设带有雪槽的雪道，从每条雪槽中心测量，两条雪槽分开距离为0.17~0.3m。雪槽深度为2.0~5.0cm。宽以雪板固定器不撞击雪槽两侧的雪壁为准。当使用两条雪道时，每相邻两组雪槽之间的距离应至少达到1.2m，应以两条雪道中间为准测量。

（4）单人线路雪道宽度至少3.0~4.0m，双线路雪道宽度至少6.0m。

（5）越野滑雪的线路系统应包括一条能够用于1.0~10.0km比赛的线路，且该条线路应尽可能避免重叠；若有重叠，重叠部分不超过1.0km。

（6）起点区宽度不应小于4.0m。终点线后15.0~20.0mm处画出一条限制线，并标上"检查滑雪板"字样。起始区和终点区应用围栏围起来，以区分比赛与非比赛范围。

三、场地设施

（1）起点和终点应尽可能地接近。应用横幅标记出起始线和终点线。用标志杆在线路端点设置适当的出发门和终点门。

（2）在冬奥会、世界锦标赛和世界杯赛中，必须设立所有参赛队试板区。试板区须位于各队准备区附近。

（3）线路中应使用里程牌、方向标、方向旗和标志带指示和限定前进方向。各种标记应统一尺寸和颜色，间隔方向标在线路沿线，使运动员在一个标记处能够清楚地看到下一个标记。

（4）接力竞赛的接力区选择在起、终点附近，要求平坦、宽阔。接力区长 30.0m，应有明显的标志，并用围栏围好。

（5）接力区前、后 100m 以内要求平直，并有明显标志。如接力区位于终点线后，在终点线和接力区后沿之间应留有 5.0m 宽的安全区，以避免等待接力运动员无意切断计时器光束。

（6）接力区起滑点间隔 2.0m。起滑点至第二个 100m 间，应至少有三条雪道；起滑点至第三个 100m 间，应至少有两条雪道。

四、场地环境

（1）越野线路设计应尽可能自然，避免单调；有起伏波动和上、下坡的路段；在可能的条件下应设计穿过森林的线路，但线路不宜由急转弯和陡坡构成。下坡线路要确保运动员安全通过。

（2）在线路开始阶段应容易滑行，有难度的路段应出现在全程的 3/4 处。在出发后 2～3km 内不应出现难度板大的急陡城，在终点前 1.0km 内不应出现较长的危险滑降，线路中要避免有危险的斜滑降，同时要避开冰端、陡角和狭窄的地带。

（3）越野滑雪赛道要求：

①1/3 的上坡，斜度应在 9%（1∶11）～18%（1∶5.5），其高度差为 10.0m 以上，加上一些短的大于斜度 18% 的陡坡。

②1/3 的起伏路面，利用短的上下坡路面（其高度差为 1.0～9.0m）。

③1/3 变化的下坡，要求多种滑降技术。下坡的坡度应小于 14%，转弯处的雪道角度大于 135°。

（4）越野滑雪道可修成往返赛道或环形赛道，顺时针滑行，采用一圈或多圈线路。

（5）起点要求：

①线路前 500m 内不应有狭窄地段、急转弯、陡坡。

②对于传统技术，接力赛集体出发应设有 100～200m 长的数条平行雪道。在下个 100m，雪道逐渐减少，然后合并为 2～3 条雪道。

③对于自由技术，接力赛集体出发应设有 100～200m 长的数条平行雪道，然后至少 100m 无雪道。

（6）线路要求：

①线路分为传统技术线路和自由技术线路。

②传统技术的线路准备：应在比赛线路上开设一条最理想的雪道，雪道通常应设在线路中间（转弯处除外）。转变处的前、中、后部分都须精心选择，以保证运动员能按最佳路线滑行，避免偏离雪道，应在必要路段设置标志。距终点前 2 000m 路段，线路应尽可能为直线，并设三条雪道。

③自由技术的线路准备：应压好雪道。根据需要，可在线路的一侧单独修筑一条雪道。在线路的下坡地段应开设雪槽，在距终点前 200m 路段和接力区前的线路应尽可能

直,并准备至少 9.0m 宽的线路。

④最后 100~150m 为终点区。该区起始处要用有颜色的线清楚地标出。该区域通常分成三个通道,通道的标记要明显、清楚但是不能绊阻滑雪板。

(7)要保证雪质、雪量、雪面要经过机械或人工捣固、踏压,厚度至少 10.0cm。尽可能保持地形原貌及其起伏。

五、器材要求

(一) 滑雪板

据规定,选手从起点到达终点,脚穿的滑雪板必须带有出发时裁判画上的标记,打上标记是为了预防运动员中途换雪板。不同滑行技术对滑雪板的要求不同,传统板和自由板的区别主要是在构造和长度上。

传统板:传统板略长,具有很明显的弓形弧线(即有一定的张力),并被划分为蹬坡部分和滑行部分。雪板的长度为身高加上 30.0cm。但最长不得超过 230.0cm,板底前后1/3使用滑行蜡,中部 1/3 为防滑蜡。同样,雪板的张力要和体重相适应。可通过如下方法来测量:站在雪板上,测量板底和地面之间的缝隙,具体测量位置是在从脚跟到雪板上的每两个标记之间这一段。如果这个缝隙正好可以通过一张纸,则雪板的张力是合适的。如果只用一只雪板测试(即全身重量落在一只板上),则纸张应该无法通过这个缝隙。

自由板:自由式技术滑雪板的长度为 175.0~200.0cm,板的整个底部均用滑行蜡,从而形成一个较大的涂蜡层。这个表层的作用就是滑行。在选择一副自由式越野板时应注意以下几点:雪板的长度应该在自己身高上加长 10.0~15.0cm,但同时也要考虑雪板的硬度(张力)和自己的体重相适应。雪板上一般都标注了适合的理想体重。

(二) 滑雪鞋

自由式滑雪鞋的鞋帮应该高出踝骨,以形成一定的支撑,同时要保证踝关节能自如地活动,以确保任何时候都能以最佳姿势站在雪板上。传统式滑雪鞋:在滑传统技术时,通常穿鞋帮较低的鞋。既保证了有一定的支撑,同时也能让脚踝有最大的活动范围,从而达到理想的滑雪动作。如果不想受项目的限制来选鞋的话,可以选用一种多用鞋,这种鞋适合自由式和传统式两种技术要求。

(三) 滑雪杖

可供选择的滑雪杖有很多,应该根据不同的项目来选择合适的长度。在传统技术比赛中,雪杖的最大长度不得超过运动员身高的 83%。在自由技术比赛中,雪杖的最大长度不得超过运动员身高的 100%。

(四) 滑雪服

选择服装一定要保证身体能自如活动。所有的服装都应该具有高弹性,并应防风,防水,良好,易保养,可水洗的。选择手套时应注意,开始戴时感觉稍紧更好,一定不能选有褶皱的,以免以后手上磨出水泡。

（五）其他装备

有色雪镜(镜面由镀有防雾、防紫外线涂层的有色材料制成;紧贴面部,防止进风)、尼龙内衣等。

思考题

(1)速度滑冰与短道速滑项目有何区别,两项目的场馆设施规格有何要求?

(2)高山滑雪和越野滑雪项目分别对雪道有何要求?

(3)跳台滑雪场地要求,其着落坡的要求如何?

(4)单板高山、U型场地、平行大回转项目的场地设施要求如何?

参考文献

[1] 陈博.理论与实践:体育场馆的运营管理[M].北京:中国经济出版社,2020.

[2] 王俊奇.唐代体育文化史[M].北京:北京体育大学出版社,2010.

[3] 陈康,段小强.体育考古学导论[M].北京:中国社会科学出版社,2016.

[4] 乔志霞.中国古代体育[M].北京:中国商业出版社,2015.

[5] 李艳丽.体育场馆管理[M].北京:北京体育大学出版社,2019.

[6] 孙麒麟,毛丽娟,李重申.中国古代体育图录[M].兰州:甘肃教育出版社,2015.

[7] 刘秉果.中国古代体育史话[M].成都:四川人民出版社,2007.

[8] 钱锋,喻汝青.中国体育建筑150年:1840—1990[M].上海:同济大学出版社,2021.

[9] 刘志军.当代中国体育建筑的建设历程与发展趋势[M].北京:中国建筑工业出版社,2021.

[10] 李艳丽.体育场馆管理[M].北京:北京体育大学出版社,2019.

[11] 谭华,刘春燕.体育史[M].北京:高等教育出版社,2017.

[12] 路光辉.古希腊体育文化研究[M].上海:上海三联书店,2017.

[13] Behringer,W.运动通史:从古希腊罗马到21世纪[M].丁娜,译.北京:北京大学出版社,2015,5.

[14] 张新,凡红,郭红卫.英国体育史[M].北京:人民体育出版社,2019.

[15] Gerald R.Gems,Linda J.Borish,Gertrud Pfister.美国体育史(上)[M].霍传颂,宋秀平,张鹏翔,等译.北京:人民体育出版社,2019.

[16] 中国体育科学学会中国建筑学会体育建筑分会.新中国体育建筑70年[M].北京:中国建筑工业出版社,2019.

[17] 辛克海.体育场馆的科学化运营于管理研究[M].北京:中国商业出版社,2017.

[18] 詹新寰.体育场馆管理:理论研究与管理实践[M].北京:中国国际广播出版社,2019.

[19] 罗时铭,曹守和.奥林匹克学[M].北京:高等教育出版社,2016.

[20] 梁强.现代奥林匹克运动会的文化创意:历史演进与价值创新[M].北京:人民邮电出版社,2013.

[21] 国家体育总局,中华人民共和国国家发展和改革委员会.公共体育场馆建设标准系列-1(体育场建设标准)[EB/OL].https://wenku.baidu.com/view/2009.

[22] 国家体育总局,中华人民共和国国家发展和改革委员会.公共体育场馆建设标准系列-2(体育馆建设标准)[EB/OL].https://wenku.baidu.com/view/2009.

[23] 国家体育总局,中华人民共和国国家发展和改革委员会.公共体育场馆建设标准系列-3(游泳馆建设标准)[EB/OL].https://wenku.baidu.com/view/2009.

[24] 国际田径协会联合会,中国田径协会译审.田径设施标准手册[M].北京:人民体育出版社,2009.

［25］中华人民共和国住房和城乡建设部.体育场馆照明设计及检测标准［S］.JGJ153-2016,2017-06-01.

［26］中国建筑标准设计研究院.国家建筑标准设计图集——体育场地与设施 08J933-1［M］.北京:中国计划出版社,2021.

［27］中国建筑标准设计研究院.国家建筑标准设计图集——体育场地与设施 13J933-2［M］.北京:中国计划出版社,2021.

［28］谭黔.体育场地与设施［M］.再版.北京:北京师范大学出版社,2011.

［29］陈定华.体育场馆、运动场地国家强制性技术标准与体育场馆建设运行维护及管理达标实务全书［M］.北京:体育科学出版社,2008.

［30］曾建明.我国大型体育赛事场馆的空间布局研究［D］.武汉:华中师范大学,2015.

［31］李建臣,王永安,文世林编.田径运动教程［M］.北京:化学工业出版社,2018.

［32］田径运动教程编写组编.田径运动教程［M］.北京:北京体育大学出版社,2013.

［33］中国田径协会审定.田径径赛规则(2018—2019)［M］.北京:人民体育出版社,2021.

［34］香港业余田径总会技术及裁判委员会发布.田径竞赛规则(2020—2021 年度)［Z］.香港业余田径总会,2020.

［35］雷艳云.体育场地设计［M］.长沙:湖南师范大学出版社,2013.

［36］王崇喜.球类运动——足球［M］.北京:高等教育出版社,2014.

［37］中国篮球协会审定.篮球规则解释［M］.北京:北京体育大学出版社,2021.

［38］王家宏.球类运动——篮球［M］.第三版.北京:高等教育出版社,2016.

［39］黄汉升.球类运动——排球［M］.第三版.北京:高等教育出版社,2015.

［40］张枝梅,冯明新.球类运动［M］.北京:化学工业出版社,2017.

［41］香港乒乓总会裁判组编译.乒乓球比赛规则及国际竞赛规程［Z］.国际乒乓球联合会,2022.

［42］周林,陈祚珺.乒乓球［M］.北京:北京体育大学出版社,2009.

［43］《球类运动》编写组.球类运动——乒乓球 手球 垒球 羽毛球［M］.第三版.北京:高等教育出版社,2017.

［44］中国羽毛球协会审定.羽毛球竞赛规则(2021)［M］.北京:人民体育出版社,2021.

［45］陈莉琳.羽毛球［M］.福州:福建科学技术出版社,2008.

［46］中华人民共和国住房和城乡建设部.体育场馆照明设计及检测标准(JGJ 153—2016)［M］.北京:中国建筑业出版社,2015.

［47］陈融.体育设施与管理［M］.第二版.北京:高等教育出版社,2009.

［48］国家体育总局.体育场地使用要求及检验方法第七部分:网球场地［S］.中华人民共和国国家标准 GB/T 22517.7—2018,2018.

［49］2022 ITF RULES OF TENNIS(2022 年网球规则)［Z］.国际网球联合会,2021.

［50］宋英杰.沙滩排球、软式排球、气排球［M］.武汉:武汉理工大学出版社,2010.

［51］中国排球协会审定.沙滩排球竞赛规则［M］.北京:人民体育出版社,2008.

［52］气排球竞赛规则 2017—2020［Z］.中国排球协会审定,2017.

［53］陈后发.现代门球竞技与训练［M］.北京:人民体育出版社,2001.

［54］中国门球协会.门球竞赛规则与裁判法:2015［M］.北京:人民体育出版社,2016.

[55]《门球竞赛规则》编写组.门球竞赛规则裁判法(2004)[M].北京:人民体育出版社,2004.

[56] FINA FACILITIES RULES (2021—2025)[Z].国际业余游泳联合会,2021.

[57] FINA SWIMMING RULES (2017—2021 游泳规则)[Z].国际业余游泳联合会,2017.

[58] 游泳竞赛规则 2019—2022[Z].中国游泳协会,2019.

[59] DIVING RULES (2017—2021 跳水规则)[Z].国际业余游泳联合会,2017.

[60] WATER POLO RULES (2019—2021 水球规则)[Z].国际业余游泳联合会,2019.

[61] ARTISTIC SWIMMING RULES(2017—2021 花样游泳规则)[Z].国际业余游泳联合会,2017.

[62] OPEN WATER SWIMMING RULES (2017—2021 公开水域游泳规则)[Z].国际业余游泳联合会,2017.

[63] OPEN WATER SWIMMING GUIDE(公开水域游泳指南)[Z].国际业余游泳联合会,2022.

[64] 群众性(公开水域)游泳赛事组织与安全管理指南(2021 版)[Z].中国游泳协会,2021.

[65] 童韶岗.体操[M].第 2 版.北京:高等教育出版社,2010,11.

[66] 2022—2024 评分规则 竞技体操规则[Z].国际体操联合会,2021.

[67] 张涵劲.体操(第三版)[M].北京:高等教育出版社,2015.

[68] 2022—2024 评分规则 技巧[Z].国际体操联合会,2020.

[69] 国家体育总局体操运动管理中心审定.全国技巧比赛评分规则 2022—2024 [Z].2022.

[70] 2022—2024 周期评分规则 竞技健美操[Z].国际体操联合会,2020.

[71] 2022—2024 评分规则 艺术体操[Z].国际体操联合会,2022.

[72] 钱宏颖,葛丽华.体育舞蹈与排舞[M].杭州:浙江大学出版社,2011.

[73] 国家体育总局武术运动管理中心.武术赛事活动办赛指南[EB/OL].(2020-05-18) [2022-07-14].https://www.sport.gov.cn/wszx/n5395/c950224/content.html.

[74] 国际武术联合会.IWUF Event Operation Manual[EB/OL].(2019-10-30)[2022-07-15]. http://www. iwuf. org/wp-content/uploads/2019/10/IWUF-Event-Operation-Manual-2019.pdf.

[75] 国际武联武术散打比赛规则与裁判法(2017 年版)[Z].国际武联合会,2018.

[76] 武术太极拳推手竞赛规则[Z].中国武术协会,2018.

[77] 武术兵道(短兵)竞赛规则(2021 试行版)[Z].中国武术协会,2021.

[78] 中国空手道协会.《中国空手道协会全国赛事活动指南》[EB/OL].(2019-12-31) [2022-07-16]. https://www. chnka. org. cn/bulletin/gzzd/2019/1231/184657. html.

[79] 空手道竞赛规则[Z].世界空手道联盟,2020.

[80] 中国跆拳道协会.《中国跆拳道协会全国赛事活动办赛指南》[EB/OL].(2022-07-15)[2022-07-16]. https://www. taekwondo. org. cn/gzgd/sspxgl/2019/1227/

309462.html.

［81］世界跆拳道联合会. WT Competition Rules & Interpretation［EB/OL］. (2022-06-01)［2022-07-16］. http：//www. worldtaekwondo. org/att_file/documents/WT% 20Competition% 20Rules% 20% 20Interpretation% 20（June% 201，% 202022）_ Amended%20in%20April.pdf.

［82］世界跆拳道联合会. WT Poomsae Competition Rules & Interpretation［EB/OL］. （2019-05-14）［2022-07-16］. http://www. worldtaekwondo. org/wp-content/ uploads/2019/06/Poomsae_Competition_Rules_and_Interpretation_In_force_as_ of_May_14_2019.pdf.

［83］IBA. IBA Event Operational Manual［EB/OL］. （2010-10-30）［2022-07-19］. https：//www. iba. sport/wp-content/uploads/2015/02/AIBA _ EVENT _ OPERATIONAL_MANUAL.pdf.

［84］IBA. IBA Technical & Competition Rules［EB/OL］. （2021-09-20）［2022-07-16］. https：//www. iba. sport/wp-content/uploads/2022/02/IBA-Technical-and-Competition-Rules_20.09.21_Updated_.pdf.

［85］FIE. FIE Material Rules［EB/OL］. (2021-12-30)［2022-07-20］. https：//static.fie. org/uploads/26/131720-book%20m%20ang.pdf.

［86］FIE. FIE Technical Rules［EB/OL］. （2021-12-30）［2022-07-20］. https：//static. fie.org/uploads/26/131735-technical%20rules%20ang.pdf.

［87］国际式摔跤竞赛规则(中文版)［Z］.中国摔跤协会，2019，10.

［88］UWW. International Wrestling Rules［EB/OL］. （2022-01-30）［2022-07-21］. https：//cdn.uww.org/s3fs-public/2022-01/wrestling_rules.pdf.

［89］UWW. Field of Play Layout［EB/OL］. （2021-12-30）［2022-07-21］. https：//cdn. uww.org/s3fs-public/2021-01/fop_drawing_-_compressed_version.pdf.

［90］UWW. Regulations for the Licensing of Mats［EB/OL］. （2021-10-30）［2022-07-21］. https：//cdn.uww.org/s3fs-public/2021-10/reglt_homolog_tapis_a_2022_ 2024.pdf

［91］董勤广.大学生体育理论与实践教程［M］.哈尔滨：哈尔滨工业大学出版社，2013.

［92］叶鸣.冬季奥运会体育欣赏［M］.上海：立信会计出版社，2018.

［93］刘悦滨.当代运动与艺术潮流：滑冰 滑雪及旱冰赏析［M］.长春：吉林出版集团有限 责任公司，2015.

［94］赵权忠，苏晓明.冰球［M］.长春：吉林出版集团有限责任公司，2008.

［95］萧枫，姜忠哲，庄文中.冰雪运动竞赛［M］.长春：吉林出版集团有限责任公司，2012.

［96］逯明智.高山滑雪［M］.沈阳：东北大学出版社，2011.

［97］张媛，苏晓明.单板滑雪［M］.长春：吉林出版集团有限责任公司，2008.

后　记

　　在历时半年多的资料搜集、分类、归纳、逐步整理,编写、校对,终于完成预期目标。体育场馆设施在运动规则不断改进中逐步完善,本教材编写由于时间仓促,有疏漏错误在所难免。由于篇幅及人力因素,部分内容未能涉及,敬请谅解。期待在今后的学习、教学中不断完善。

　　在搜集最新各项目比赛规则中得到了乒乓球张伟兵老师、气排球黎禾老师、网球周海雄老师、田径王进老师等多位老师的支持,他们给予了及时、正确的场馆信息。

　　本教材在撰写过程中有多位研究生参与了资料搜集、文字校对,他们是王振义、程趁杰、韩世刚、李金涛、王敏、杨尊捷、徐琼冰、刘佳鸿等;同时得到宁波大学体育学院领导的大力支持,在此一并表示感谢。